计算方法丛书·典藏版 20

软件工程方法

崔俊芝　黄玉霞　韩其瑜　著

科学出版社

北京

内 容 简 介

本书系统地论述科学计算和工程应用软件的研制方法，重点讨论软件开发过程中需求分析、总体设计和细部设计三个开发阶段的软件工程方法。主要内容包括：第一章综述科学工程软件的现状和发展趋势；第二章详细介绍需求分析的方法、技术和规定；第三章讨论软件开发的方法论；第四、五、六、七章分别叙述用户接口设计、算法设计、结构设计和细部设计的方法和技术；第八章介绍软件的实现和维护的方法与技术。

本书取材兼顾了先进性和实用性，力求使读者对各种方法有一较全面的了解，并能掌握方法的优点。本书可供软件设计人员、高等院校有关专业师生和科研人员阅读。

图书在版编目(CIP)数据

软件工程方法/崔俊芝，黄玉霞，韩其瑜著. -- 北京 : 科学出版社，1992.8 (2016.1 重印)

(计算方法丛书)

ISBN 978-7-03-002901-0

Ⅰ. ①软… Ⅱ. ①崔… ②黄… ③韩… Ⅲ. ①软件工程 Ⅳ. ①TP311.5

中国版本图书馆 CIP 数据核字(2016)第 012820 号

责任编辑：赵彦超 胡庆家／责任校对：鲁 素

责任印制：张 伟／封面设计：陈 敬

科学出版社 出版

北京东黄城根北街 16 号

邮政编码：100717

http://www.sciencep.com

北京凌奇印刷有限责任公司 印刷

科学出版社发行 各地新华书店经销

*

1992 年 8 月第 一 版 开本：850×1168 1/32

2016 年 1 月 印 刷 印张：10 1/4

字数：263 000

POD定价： 69.00元

(如有印装质量问题，我社负责调换)

献给

科学和工程应用软件

研制者

序

60年代的软件危机提高了人们对软件和软件开发重要性的认识。随着社会对软件，特别是对应用软件需求的增长，计算机软件专家更加强了对软件开发，特别是对应用软件开发和维护的规律性、理论、方法和技术的研究，从而逐步形成了一门介于软件科学、系统工程和工程管理学之间的边缘性学科，称之为软件工程。随着软件商品化的发展，这门学科的研究范围也越来越广，分别形成了软件工程经济、软件工程方法、软件工程标准与规范、软件工程工具与环境等分支学科。作者认为，对于软件研制者来说，了解和掌握软件工程方法是首要的。

软件工程方法是在总结前人软件工程实践的基础上形成的一套支持软件开发和维护的理论、方法、技术和规定。对它的形成和发展做出贡献者，除了知名的软件专家F.Bauer，B.W.Boehm，E.W.Dijkstra，E.Yourdon，L.L.Constantine，M.J.Jackson等人外，还有广大的软件人员，是他们的经验形成了这门学科中最实用的部分。

作者在从事科学计算和工程应用软件研制中体会到了使用软件工程方法的必要性，便开始了软件工程方法的学习和研究。由于科学工程软件在计算方法方面的复杂性，以及在应用领域、用户素质、知识结构、数据和图形组织等方面的特殊性，再加上科学工程软件的研制者常是包揽整个研制过程，用正在流行的软件工程方法指导科学工程软件研制，除基本原理外，具体的方法和技术有许多不当之处，因此作者下决心根据科学工程软件及其研制的特点，为同行写一点材料，本书就是这一决心的产物。

本书是第一本研究科学计算和工程应用软件研制方法的专著。它在系统组织和写作风格上不同于已经出版的软件工程书籍，它突出了科学工程软件研制对软件工程方法的需求，取材兼顾了先进性和实用性；它总结了作者的软件工程实践的经验，其中相当一部分材料属于第一次公开发表。众所周知，在软件开发期中，需求分析、总体设计和细部设计是对软件总体品质影响最大的开发阶段，故本书重点讨论了这三个阶段的软件工程方法，特别是总体设计。本书的内容安排是：第一章综述科学工程软件的现状及研制工作对软件工程方法的需求，并且简要介绍了有关的软件工程的研究领域及工程软件的发展趋势；第二章详细讨论需求分析的方法、技术和规定；第三章集中讨论软件开发的方法论，力求使读者对各种方法论有一个较全面的了解，并掌握其思想要点，能够在使用某一方法进行软件研制时，有效地吸取其他方法的优点；第四、五、六、七章是分别讨论用户接口设计、算法设计、结构设计与细部设计的方法和技术；第八章是概略介绍软件实现、维护的方法与技术。限于篇幅，本书没有对软件工程方法中的形式化技术展开讨论。

作者认为，软件研制不同于公式演绎，它不是在思维的单行线上行进，而是随时要求做出判断和决策，并且要求研制者把某个科学或工程技术领域的知识和计算方法与软件科学中的方法和技术有机地结合起来，创造性地建造出知识高度密集的软件产品。因此，请读者不要把本书介绍的方法、技术或规定当作信条或公式去死背硬套，应该把它们作为促进独立思考和发挥创造性的知识和建议。我们认为按此理解，本书对读者实际贡献会更大些。

自1987年以来，本书的初稿和修改稿已在中国科学院研究生院、北京大学、南开大学、天津大学、中山大学、中国石油化工总公司和中国石油天然气总公司等单位讲授过十多次，同行们的鼓励和建议对本书的出版起了极大的推动作用。

第二、三位作者分别参加了本书第六、七两章的写作，其余内容均由第一位作者完成。

本书的部分内容是在国家自然科学基金资助下完成的。在此向支持了本书出版的单位和对初稿提出过建议和意见的同行们表示感谢。

由于作者的能力和经验的局限性，本书中的不当之处难免，敬请读者指正。

崔俊芝

1989年10月初稿

1991年8月修改稿

目　　录

第一章 绪 论

§1 引 言

45年前，世界上第一台电子计算机在美国诞生。它比机械式计算机提高速度约一千倍，并且首先被应用于尖端科学和工程技术领域。因为预先将计算程序存贮进去是电子计算机的工作特点之一，故第一代的科学工程计算程序也就随之诞生。

45年来，计算机硬件，无论在计算速度、存贮容量、外部设备，还是机器类型都有了突飞猛进的发展，发生了天翻地覆的变化。计算速度提高了10^{10}倍；主机成本每2—3年降低一半，内、外存成本每年降低40%，硬件的性能价格比每十年提高一个数量级；出现了大、中、小、微型计算机及向量计算机、并行多处理机、超级巨型机和超级微型机等各种类型的计算机。计算机已经广泛地应用于国民经济建设和社会生活的各个方面，成为当今信息社会的主要支柱，成为新的工业革命的重要标志。计算机推广应用的程度已经成为衡量一个国家现代化水平的主要指标之一。值得指出，就计算机的应用领域来看，最新式的巨型计算机和超级微机仍然是首先应用于高科技领域，推进科学研究和工程技术的进步。

45年来，伴随着计算机硬件的发展，计算机软件的研制和应用也发生着巨大的变化。软件已经在计算机系统中占据着半边天的地位，对于计算机的每个应用来说，软件，特别是应用软件扮演着主要角色。但是，与硬件不同，软件的发展不是那么顺利，它经历了软件危机时期的曲折发展道路。虽然今天的软件已经达到用户基本满意的程度，可以作为知识密集型产品在市场上销售，但是与计算机硬件和社会对软件的需求相比，“软件瓶颈”问题并未解决，应用软件供不应求的现象相当严重。

45年来，在应用软件方面，科学工程应用软件一直是作为一个独立分支发展的。到目前为止，已经积累了相当丰富的软件资源。但是随着巨型计算机的发展和科学技术的进步，更大规模科学工程应用软件的需求已经出现，为了多快好省地研制出高质量和高水平的软件，以促进科学研究和工程技术的新发展，必须加强科学工程应用软件开发方法和技术的研究，本书就是在这一背景下诞生的。

本章作为本书的绪论，首先介绍科学工程软件的现状、发展趋势及有关问题，说明研制它们需要软件工程方法，然后概要叙述与开发有关的软件工程的研究领域。

§2 软件及其分类

2.1 程序与软件

程序是计算机用户自己为使计算机完成某项特定的任务而编写的一个有序的命令和数据的集合。这些命令可以是计算机指令，也可以是某种高级计算机语言的语句。而特定的任务可以是计算某个具体问题，控制某一制作的工艺流程，或者处理某件日常事务。一般的用户程序属研制者本人所有，即程序的研制者、用户、维护者是同一批人。

软件是程序的完善和发展，它是经过严格的正确性检验和实际试用，并具有相对稳定的文本和完整的文档资料的程序。这些文档资料包括功能说明、算法说明、结构说明、使用说明和维护说明。一般说来，软件的用户多数不是开发者本人，软件可以作为商品在市场上出售。

大中型软件往往称之为“××系统”，因此“系统”是本书的一个常用名词。系统有大有小，一般而言，系统是指为了完成某项任务或论述某个实体，能够方便地和其他事物相区别，而被独立研究或讨论的对象。例如，计算机系统、硬件系统、软件系统、操作系统、编译系统、数据管理系统、有限元分析系统、土建CAD系统等等。通常把围绕着系统，且支持系统运行的部分，称之为系统的环境。因此，每个系统既是受自身的任务、作用和组成实体所规定，也受其支持环境的制约。

按软件工程观点看，程序、软件或软件系统应该由一个个程序模块组成。模块应该是具有独立功能，可以单独命名和单独编程的程序体。按其功能特点，模块可分为控制模块、算法模块、数据管理模块、输入输出模块等等；按其在程序中的地位，模块又可分为上级模块、中级模块和基本模块等。"模块"是本书又一个常用名词，其具体涵义将逐步阐明。

2.2 软件分类

软件按其与计算机硬件和用户的关系，可以分为系统软件、支持性软件和应用软件，图1.1显示了它们的层次性关系。

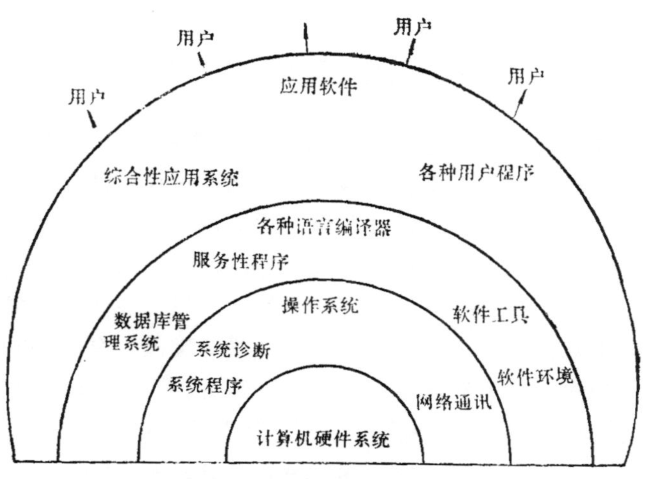

图 1.1 软件的层次性分类

系统软件是和计算机硬件关系最密切的软件，其功能是具体实施计算机硬件资源管理和计算机运行中的最内层作业管理，目标是提高计算机系统的利用指数，是计算机系统的不可分割的组成部分，具有共享性、公用性和基础性等特点。它是各种支持性软件和应用软件生存和工作的基础，是计算机用户所必需的软件。系统软件包括操作系统、网络通讯软件、系统诊断软件和系统服务程序等 。

支持性软件是指支持应用软件开发和运行的软件、软件工具和软件环境，是介于系统软件和应用软件之间的一类软件。它们还可以再分成如下四类：

• 语言处理软件。例如各种程序设计语言编译器，数据流语言、人工智能语言和图形语言处理软件等；

• 数据库管理系统；

• 软件开发、维护和管理的工具以及服务性程序。例如各种程序生成工具、用户接口工具、维护工具以及实施项目和软件配置管理的工具等；

• 软件开发与运行环境。这是一类先进的和迅速发展中的支持性软件。

2.3 应 用 软 件

随着计算机应用于各行各业，便产生了各种各样的应用软件。科学家和工程师们把分析各种科学研究和工程技术问题的数值计算方法和公式编成软件，就是科学工程应用软件；工程师们把生产工艺流程的控制方法和技术编成软件，就是工业控制软件；各行各业的实业家，把日常事务处理计算机化，就产生了事务处理软件；各种各样的情报中心，把信息的搜集、编辑、存贮和利用计算机化，就形成了数据库及其信息管理系统。应用软件的分类大致如图1.2所示。应用软件是各个领域计算机化的开路先锋。哪个行业有了一套行之有效的应用软件，计算机就会在那个行业得到迅速而成功地推广应用。

应用软件一般都采用高级语言编程，与硬件和系统软件相对

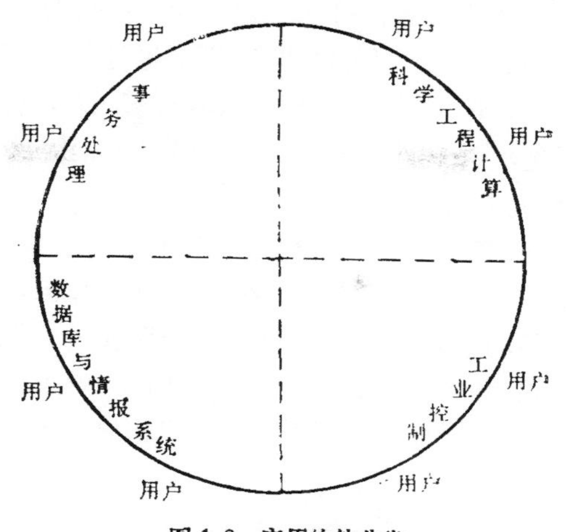

图 1.2 应用软件分类

独立，具有较强的可移植性。

应用软件是计算机软件中的一个大类，拥有和开发应用软件的程度，即深度和广度，是一个国家计算机应用水平的重要标志。美国在计算机应用方面处于世界领先地位，不仅是由于它造出了又多又好的计算机和可靠的系统软件，还因为它拥有和开发了大量的和先进的应用软件。

§3 科学工程软件（一）

如前所述，科学工程软件是最早发展起来的一类应用软件。它们的主要特征是以数值计算为主。它们的应用范围覆盖了科学研究和工程技术的各个领域，从天文到地理，从生物工程到矿山机械，从拖拉机到宇宙飞船，从民用建筑到国防工程。它们在计算机应用软件中占据着重要的地位。

在计算机高度发展的今天，科学工程计算已经成为科学家和工程师们揭示客观世界未知奥秘的三大手段之一。科学工程软件正是构成这一研究手段的核心技术。事实上，这类软件已经成为众多科学家和工程师手中极重要的工具，正在促进着科学的新发现和工程的新设计的诞生。科学工程软件既是各种科学工程数值方法直接转化为社会生产力的关键环节，也是科学工程计算方法研究成果的归宿。伴随着软件研制，还提出了许多新的科学工程计算的研究课题，因此科学工程软件的研制也是促进科学工程计算方法研究的动力和源泉。

科学工程软件一般出于数值分析家和科学工程软件工作者之手，都具有比较高深的算法结构，开发的难度较大。

经过近40年的开发、积累，目前已经形成一大批用之有效的科学工程应用软件。它们可以分为数学软件、辅助性科技软件、结构工程软件、各种专业性技术软件、CAD软件和人工智能软件。

3.1 数 学 软 件

数学软件是计算数学中标准算法程序的总称。每个数学软件仅是实现一个特定的计算方法的程序模块，由一个或几个标准过程（或子程序）组成，可供用户选用，实现其欲求的数值计算。因此，数学软件是计算方法研究的进一步发展，是计算方法研究的真正目标。

由大量数学软件组成的软件库（包）称为数学软件库（包），它为各方面计算机用户、各种综合性的科技计算软件研制者以及计算数学工作者所共享，它是大型科学工程软件研制者必备的辅助性软件之一。

数学软件是和计算机一起发展起来的，并且随着计算机科学和数值计算方法的迅速发展，还在迅速扩充和更新。到目前为止，已经形成许多通用和专用的数学软件包，它们涉及到计算方法的各个分支，比较知名的有

IMSL——综合数学和统计软件包

FUNPACK——函数计算软件包

QUADPACK——数值积分软件包

NAG——综合性数值分析软件包

LINPACK——线性代数软件包

ITPACK——线性方程迭代解法软件包

EISPACK——特征值问题解法软件包

SPARSPACK——稀疏矩阵问题软件包

EIIPACK——椭圆型方程差分方法软件包

MINPACK——优化问题软件包

SPSS——统计计算软件包

STYB——综合性数学方法软件包

SASD——概率统计计算软件包

……

同时还形成了一些支持数学软件研制、检验、测试、维护和移植的工具。

数学软件不同于特定工程技术领域里的应用软件，它有广泛的共享性，并且被经常地反复调用，其研制者既应对计算方法负责，还应对软件本身的正确性、健壮性及运行的效率负责。因此，在建立一个专业性的数学软件库时，必须对计算方法进行严格认真地推敲和选择。选择的原则主要是衡量计算方法的准确性、计算量、稳定性和专业性。显然这些原则有相互矛盾之处，但必须兼顾并存。在任何情况下都十分有效的方法是不存在的。列入数学软件库的每个软件，一般都已经过严格检验，确保了可靠性（即正确性和健壮性）、易用性和执行的有效性。为了确保数学软件的可读性和可移植性，一般都采用标准的高级语言写成，主要是FORTRAN，C，PASCAL等。并且每个软件都配有完整的文字性资料，对计算方法的实用范围、准确度、稳定性和计算量，以及调用方式都给予了确切地说明。

3.2 辅助性软件

辅助性软件是指支持科学和工程应用软件开发的一类共享性软件，它们可以给大中型科学工程软件研制者以有效的帮助。值得指出，利用前人已经形成的标准算法模块和辅助性软件，装配到自己研制的软件中去，是提高自己软件的功能、可靠性和加速研制速度的重要手段之一。这类软件有

1. 图形软件。按照用户的要求和调用软件的方式，图形软件可以分为交互式绘图显示系统和通用的绘图显示软件包。交互式系统比较复杂，它对硬件和系统软件依赖性较大，并且必须拥有一个较灵活的数据管理子系统。通用图形软件包是标准图形应用软件的集合，可以独立于硬件和系统软件环境进行研制。已经投入运行的通用和专用绘图显示软件已经很多，例如

GINO-F——具有 120 个绘图子程序的软件包

PLOT-10——图形子程序包

GS——与硬件独立的图形软件包

AUTOCAD——微机图形软件

但是作者认为，随着图形设备、国际标准图素的制定(GKS)和计算机几何学的发展，必将有更多更新的绘图显示软件陆续涌现出来。应该指出，绘图软件是提高大型科学工程软件前后处理能力、增强软件竞争力的极重要的辅助性软件。

2. 科学工程数据库和数据管理系统。大型科技计算总是要处理大量的数据。这些数据的采集、编辑、存贮、修改和引用都需要建立数据库和数据管理系统。就一般的大型科学工程计算软件而言，当把它扩充为相应领域的计算机辅助设计软件时，同样需要数据库和数据管理系统，因为这些软件本身需要积累知识，存贮各种标准规范以及各种科学研究和工程设计数据。例如，大型建筑工程设计系统GT/STRUDL、综合通用的有限元软件 ASKA 和 STRESS 等都装配有数据库和数据管理系统。此外，PC 机上的 dBASE II、III 均可以作为建立专用数据库和实现数据管理的辅助性软件。

3.3 结构工程软件

结构工程软件在科学工程软件中占有相当的比重，而且多数

属于计算固体力学范畴，主要用于各种结构的强度分析，涉及到水利水电、铁路桥梁、工业与民用建筑、机械制造、造船、飞机、宇航、国防工程等几乎所有结构工程领域。这类软件大都以有限元方法和矩阵结构分析方法为主体，外加适当的前后处理程序。目前世界上通用的有限元软件估计有300个左右，各种专用的有限元软件则数以千计，它们的产值每年都超过一亿美元。但是，知名的有限元软件只有十几个，它们是

NASTRAN (MSC/NASTRAN) ——综合的通用有限元软件

ASKA——综合的通用有限元软件

MARC——综合的非线性有限元软件

SAP→NONSAP——通用有限元软件

ADINA——动态非线性分析系统

STRUDL→GTSTRUDL ——综合的土木建筑结构分析设计系统

MODULEF——综合的有限元分析模块库

ANSYS——有限元分析系统

SHELLS——壳体、平面和墙式结构分析软件

STARDYNE——动力分析系统

EASE——静力和动力有限元分析系统

ABAQUS——动态和非线性有限元分析程序

FIUSH——土壤结构有限元分析软件

JIGFEX——结构分析系统

HAJIFI-III——飞机结构分析系统

FEPS——通用有限元程序系统

BDP——综合的建筑工程设计软件包

目前正在运行的结构工程软件，多数是在60年代到70年代中期所研制的各种专用软件的基础上，经过改造、扩充、完善而形成的。因此，这些软件的功能比较齐全，但是系统结构未必合理，采用的数学方法也不先进。这些软件运行的初期，都缺乏完善的前后处理系统，用户使用时要准备大量难以理解的信息数据，

使用非常不便。

为了提高这些软件的功能，近十年来开发了一批专用的前后处理系统，它们是在理论、方法和应用上都十分有意义的有限元技术。一般而言，前处理系统的核心是用户接口解释子系统，它包括用户命令语言、面向问题语言、带标识符的数据表和菜单解释程序；数据和命令诊断子系统，即诊断用户数据、命令正确性和运行状态的程序；计算模型生成与模型的局部处理；图形输入与显示等。后处理系统包括结果的合理性检验、模型修改、结构优化、辅助设计、图形显示与结果的编辑输出。为了有效地支持前后处理，一般都拥有一个良好的数据库和数据管理子系统。已经联接运行的结构工程前后处理系统，在系统功能、操作方式、设计方法和支持性硬件诸方面是千差万别的，但是它们的目标都是为了使用户易于掌握和运用现有的结构工程软件，减少输入数据准备的工作量，提高运行效率和处理结果的速度，减少出错的机会。

3.4 专业性技术软件

专业性工程技术软件，因其专业技术和应用领域的差异，所采用的基本算法亦截然不同。因此，它们的软件结构也大不相同。比较大的专业性技术软件有电网调度控制软件、地球物理勘探软件、核工程设计软件、宇航软件、航运软件等。这些软件大致可以分两类，一类是大规模科技数据处理软件，另一类是实时控制软件。这些软件在专业上都要求高效率和高精度的数值计算方法。因此，数值计算方法的优劣和程序设计技术的高低是这些软件研制中的一个核心问题。

3.5 CAD/CAM/CAE 软 件

CAD/CAM/CAE (Computer Aided Design/Manufacturing/Engineering) 是 70 年代后期逐步发展起来的一大类工程技术应

用软件，涉及到桥梁工程、建筑设计、汽车设计、机械设计与制造、飞机设计与制造、电子工程和计算机工程设计与制造等各个领域。功能完善的CAD/CAM/CAE软件已经成为系统支持相应行业计算机化的基本软件，并且成为相应计算机系统的宿主软件。近十年逐步发展起来的CAD工作站就是以CAD/CAM/CAE软件为主体的计算机系统。由于CAD/CAM/CAE的应用领域不同，这类软件的算法特征可能千差万别，但是就软件构成而言，一个完善的CAD/CAM/CAE软件至少应该包含如下四部份：

- 一个面向专业设计人员的用户接口处理系统；
- 一个对于相应专业来说功能齐全的工程计算软件；
- 一个适当的工程数据库及其管理系统；
- 一个强有力的图形系统。

3.6 专家系统

从快速计算机问世起，人们就试图使它们成为真正的电脑，这就是所谓计算机的人工智能。目前在科学和工程分析方面，人工智能应用比较成型的模式就是专家系统，它们的应用目标可以分两类：一是模拟实际专家进行思维和决策的智力劳动方式，在一个个特定的科学或工程领域，做出有效的推理、决策、咨询、推荐和问题求解过程中的中间与目标状态的评论，例如结构分析、设备修复、医疗诊断、地质分析、数学公式推导、智能性计算机辅助设计；二是自动定理证明，即从已知公理系统出发，按一定的推导逻辑及其算法进行数学或物理定理的机器证明。

自1957年人工智能提出到现在，已经研制出许多有用的专家系统，它们涉及到科学、工程、医学、军事等广泛的应用领域。就科学和工程应用而言，比较有效的专家系统有

DENDRAL——化学分子结构分析

MACSYMA——数学公式处理

PROSPECTOR——物理勘探

CONGEN——遗传工程
SACON——结构工程分析
BACON——物理定理证明
CRYSALLS——蛋白质三维结构分析
SPERLL——地震后房屋破损情况评估
HI-RISE——高层建筑结构初步设计等

为了迅速和有效地开发实用的专家系统，在LISP,PROLOG等程序设计语言的基础上，人们已经研制出许多开发实用专家系统的支持工具，它们的支持能力、描述格式、实现的语言和运行的环境是各不相同的。就功能而言，分通用型和骨架型，以后者居多；就运行环境而言，以小型机、工作站和微型机居多；就知识描述格式而言，以规则型居多。

值得指出，目前运行的专家系统尚局限于范围比较狭窄，知识比较明确，实现比较容易的应用领域。对于范围较大的科学或工程技术领域，由于领域知识的广泛性和综合性、决策依据的模糊性、知识表示的复杂性，以及知识提取、建模、汇集和求精的难度，建立这些领域的实用和可靠的专家系统，乃是科学和工程应用软件研制者长期研究和开发的课题。

§4 科学工程软件（二）

4.1 发展趋势

近年来，随着计算机硬件和系统软件的发展，特别是巨型计算机和超级微型机，以及CAD/CAM/CAE和人工智能技术的发展，科学工程软件正在偏离传统的以数值计算为主的状况，朝着综合性、集成化和智能化方向迈进。基本趋势是：对于通用软件正在继续扩大横向功能的覆盖面，以求更加通用，争取更多的用户；对于专业性工程技术软件，正在进一步扩大和完善纵向功能，以求实现支持一个工程部门的计算机化。

就软件技术、软件功能和程序模块的性能而言，科学工程软件在如下方面将会有较大的发展：

1．随着高科技发展的需要和计算数学的发展，反映计算数学研究成果的新的计算方法，必将迅速地转化为软件模块，进入大中型科学工程应用系统的核心部分。例如，适应向量计算机和分布式计算机系统的并行算法，大规模线性和非线性代数问题的高效能解法，以及计算数学各分支里的快速高精度算法，自适应计算方法等都将会迅速实用化，并形成软件模块，转化成促进现代化建设的生产力。

2．由于语法制导，多窗口屏幕编辑技术的发展，以及数字化仪、高分辨率彩色扫描设备和高档绘图机的普及，科学工程软件研制者及用户已经不满足那种呆板的人-机接口和繁琐的数据输入/输出方式。自70年代中期以来，已经有越来越多的人在研究软件的用户接口技术和图形输入/输出技术，后者称为科学和工程计算的可视化技术。随着小巨型机、超级工作站，以及针对各种图形算法的专门硬设备（例如几何发生器、图形加速器、z缓冲器和图象记录仪）的不断更新，发展灵活简便的用户接口和可视化方法与技术必将成为科学工程软件研究的一个重要分支。在科学工程计算结果的可视化方法与技术分支上，在基本算法及后处理（Postprocessing）、跟踪（Tracking）和驾驭（Steering）技术诸方面都将会有长足的发展。

3．综合性科学工程软件的算法自适应组织。这是一种把人工智能方法和软件系统设计融为一体的软件设计技术。由于一个大型科学工程应用软件往往涉及到数十到数百个计算方法模块，决非对于每个具体的工程实际问题，所有的算法模块都要参与运行，那么针对一个具体问题，系统控制模块如何自动地选择最合适的计算方法模块并驱动它们运行，以保证最有效的计算？这是一个发展中的软件工程方法。

4．科学工程领域里的专家系统。就专家系统的功能而言，主要是以三种不同类型的目的发展新的专家系统。一是符号计算系统。研制新的功能更全的符号处理软件，以便在更广的范围内充当科学工作者的得力助手，进行繁琐的公式演算。二是数值方法专家系统，众所周知，计算数学有十多个分支，每个分支都有数十种可用的计算方法，没有一个万能的方法能处理所有的计算问题，也没有一个专家能对所有计算方法的性能和适用范围做出合适评价，并回答求解实际问题中的方法挑选与决策问题。所以，建立共享的专家系统则是一个发展方向。三是特定应用领域里的专家系统。

5．发展软件模块的再用性技术与发展专用的软件开发和运行环境。类似于计算机硬件发展中出现的高度集成化功能块一样，在科学工程软件研制中应该开发高度集成化的可再用的标准模块。按功能这些标准模块可以分为

- 多层次的人机接口模块；
- 计算方法模块；
- 数据结构转换模块；
- 数据管理模块；
- 人工智能模块；
- 图形模块；
- 语言处理模块。

以这些可再用的软件模块为基础，开发专用和通用的支持软件开发和运行的环境，既面向于软件开发者，也面向最终用户。未来的科学工程应用软件研制者，可以根据新软件的系统需求分析说明书或系统设计说明书，迅速组装若干模块，生成新的软件。这样不仅提高了软件的生产率，也提高了软件的可靠性。

4.2 大中型科学工程软件的特点

随着计算机应用领域的扩大，软件功能和性能的提高，已经和正在出现各种属性和各种规模的软件产品，有的软件只有数百行高级语言，它们是标准算法或单一功能的应用程序。有的软件

拥有数十万、甚至数百万行语句，它们是大型综合性的应用系统，或者是CAD/CAM/CAE系统。目前，一般把数千行（例如四、五千行）以下的软件称之为小型软件；把数千行到数万行（例如四、五千行到四、五万行）的软件称之为中型软件；把数万行到数十万行（例如四、五万行到四、五十万行）的软件称之为大型软件；行数再多者称之为超大型软件。

不同于小型软件，大中型软件的研制和维护具有如下特点：

1. 规模大，指程序长、处理随机的信息量大和要求的存贮量大。这些量的增长，带来了程序正确性检验，计算效率，存贮要求和可靠性方面的新问题。众所周知，到目前为止，所有实用的检测手段都只能帮助软件研制者查错，而不能证明软件本身没错。事实上，所有交付使用的大中型软件，在运行中都发现有错误，而不象小型软件和标准的算法模块那样，容易做到正确无误。因此，大中型软件会带来软件可靠性方面的新问题是显而易见的。事实上，如果一个软件由 n 段程序组成，每一段的可靠度是 P，则整个软件的可靠度为

$$P^* = P^n,$$

因此，要确保整个软件的可靠度，必须努力提高每一段的可靠度。值得注意，许多用于实时控制的科技软件和国防工程软件，规模都很大，而且要求的可靠度又特别高。

2. 复杂性高。一般大中型科学工程软件都由数百、甚至数千个模块有机地结合而成。其模块间的关系，调度方式以及数据和文件组织是一个相当复杂的问题。

3. 研制周期长，耗费人力多和投资大。一般大中型科学工程软件都要消耗大量物力和人力；研制周期少则半年，多则数年；耗资数万、数十万直到数百、数千万元。

4. 多学科综合性强。一个大中型科学工程软件，都是一个密集型的多学科知识的集成化产品，因此要研制一个大中型软件，无论是通用的或是专用的，都要求软件设计者具有多方面的专业知识和经验，否则很难确保通用软件的功能齐全，也很难确保专

业软件覆盖其专业领域。例如研制一个高水平的海洋平台计算软件将涉及到计算结构力学、流体力学、计算数学、计算机图学和软件科学等。就软件科学和技术而言，一个大型科学工程软件的研制，既涉及到程序设计方法，计算机语言、软件工程、又涉及到数据库、计算机图形和人工智能等。

5．研制者、用户和维修者一般不是同一批人。为避免不同的人对同一问题产生不同的理解，或同一个人在不同时期对同一问题产生不同的理解，大中型软件都必须有统一的描述、统一的文档资料规格，统一的标识符和统一的作业标准，以确保统一的理解和便于交流。

鉴于上述特点，研制和维护大中型科学工程软件，也象土木工程、机械工程一样，在研制初期，必须有严格的方案论证，即用户需求定义和经济效益分析；在研制阶段，必须有严格的系统分析和设计，采用一致的描述形式；在研制过程中必须有工程规范，作业标准，进度控制，人员和软件质量管理。而与此有关的理论、方法、技术、工具和规范，正是本书的研究对象。

§5 软件评价

本书的宗旨是研究高速度、低消耗地研制高质量软件产品的方法和技术。因此，首先了解一下评价软件产品好坏的方方面面是十分重要的。科学工程应用软件是直接面向计算机最终用户的软件，用户观点在这类软件评价中占有重要的地位。

所谓软件评价，系指软件项目完成后，对软件产品的功能和性能的评价。软件评价和软件度量是既有区别又密切相关的两个概念。软件度量着眼于软件本身，力图以数量表现软件的一部分特性。目前已发展起来的软件度量有复杂性度量、稳定性度量、可再用性度量等。软件评价侧重于软件功能、性能的外部和内部表现，特别是外部表现，既涉及软件本身，又涉及它的配置，集中反映了用户观点。

软件评价尚无统一的标准，特别是对大中型应用软件。概括软件功能和性能的软件评价树如图 1.3 所示，它简要地指出了软件评价的主要方面。限于本书的宗旨，这里将不涉及更加精细的软件度量概念，那些概念和下面的叙述有一定的差异。由于软件的类型不同，功能各异，表现软件评价的方面又互异，故评价只是定性的。

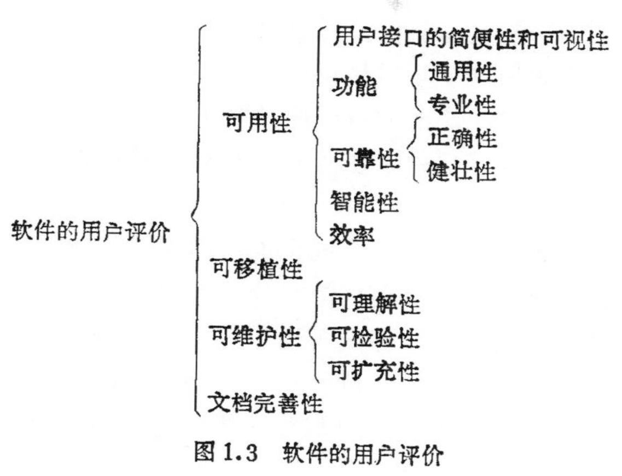

图 1.3　软件的用户评价

5.1　可　用　性

可用性是软件质量的主要特征，决定了一个软件受用户信赖的程度。它包括

1. 用户接口的简便性和可视性。它决定了一个应用软件是否易于学习和掌握，是否受用户欢迎。它已经成为应用软件竞争力的重要标志之一。有了好的用户接口将会极大地提高用户的使用效率，用户只需要输入少量的信息和数据，便能获得满意和直观的计算结果；而且在运行中间，用户可以方便地修改计算方案。好的用户接口应该表现在输入格式、输出形式和操作方式上简便、易理解和可视性强。

2. 功能。它是决定应用软件用户对象的主要方面。一般而言，科学工程软件可以分为通用软件和专用软件。

通用性。它用于衡量通用软件的功能是否齐全，是否能适应多方面的要求，并分析多种类型的问题，顺便指出，通用性是相对的，因为绝对通用的软件是不存在的。

专业性。它用于衡量专用软件的功能是否覆盖了软件面向的专业范围内的所有特殊的技术要求。

3．可靠性。它分正确性和健壮性两个方面。正确性是指软件本身所依据的算法是正确的，并且在实现算法公式方面没有错误，对正确的原始数据能正常地运行，得到正确的计算结果。健壮性是指支持环境发生小的故障或原始数据有错误时，软件仍能正常地工作，即具有较强的自恢复能力和对原始数据的诊断纠错能力。

因此，正确性和可靠性不是同义词，不能混为一谈。一个完全正确的软件，如果它没有起码的对原始数据实行检查的能力，它就是不可靠的，这样的软件是不可用的，因为任何用户都不敢保证自己的原始数据无错。正确性是比较狭义的，可靠性是比较广义的。一个完善的系统，当遇到意外情况时，能有效地控制事故的蔓延，及时地通知管理人员或用户，不丢失信息，并能迅速地恢复正常运行。

4．智能性。即综合性集成化的大型应用软件所拥有的人工智能程度，是否能承担顾问的作用，能否帮助选择最优的分析方案并进行决策。对于具有知识型专家系统功能的软件，则指其知识库丰富与否，推理机可靠与否，以及学习新知识的能力大小。

5．效率。所谓计算效率，主要指 CPU 时间、存贮要求以及内外存调度的频率和总数。如何在给定的内外存限制下，使一个算法模块的 CPU 时间尽可能地少，既是计算方法研究也是软件研制的重要课题。对于迭代算法主要是提高收敛速度，对于直接解法主要是减少无效运算。当然，不能忽视程序设计技巧在提高软件效率方面的作用。

顺便指出，降低重复性算法的 CPU 时间，降低内存要求和提高内外调度的合理性是科学工程应用软件研制者的主攻目标之一。

5.2 可移植性

一般大中型软件都要耗费相当大的投资，需要一年到数年的研制期。在其研制和运行期内，计算机硬件仍在日新月异地改朝换代，系统软件也在不时地更新，不可避免地发生应用软件运行环境的改变。而可移植性高就等于延长了软件的生存期，提高了利用指数，节省了新的投资。所以，可移植性高低是衡量应用软件性能的一个重要方面。

软件的可移植性是软件的源程序文本的一个特性，它可以从两方面来解释：

• 源程序可以从一台处理机转向另一台处理机，从一个编译程序转向另一个编译程序，只需要很小的修改或根本不需要修改；

• 源程序模块只需要很小的改动或不需要改动就可以集结到不同的软件包中。

解决软件产品的可移植性对于研制者和用户都是十分重要的，特别是对于通用性和基础性的科学工程软件。例如数学软件和图形软件，应该具备完全的可移植性。到目前为止，已经有一系列解决软件可移植性的实用方法。例如：

1. 尽可能采用标准的高级语言文本编写程序是实现源程序文本可移植性的第一步。对于科学工程应用软件而言，一般都采用FORTRAN，PASCAL，C和BASIC，但以FORTRAN最流行。

国际标准化组织（ISO）和美国国家标准组织（ANSI）为解决科学工程软件的可移植性付出了巨大的努力，他们制定了高级语言的标准文本。但是，几乎所有的计算机厂商都亮出了同样的广告，他们提供了一个“更好的”，但对于标准语言来说都是不十分标准的语言文本。如果要求未来软件的可移植性是首要的，则必须局限于ISO 和 ANSI 标准文本编写源程序。尽管这样做不能完全保证可移植性，但确实为软件移植提供了基本条件。

2. 对于软件中的算法模块，在进行细部设计时，应该设计自适应于环境的算法，即应避免程序执行状态对运行环境的依赖性，使得在不同的计算机环境下执行算法模块时，其结果相对于某个预先设定的标准是等价的。例如，对于多项式求根的迭代算法软件，如果采用如下的迭代终止的控制策略

当$|P(Z)|<E(P, \varepsilon)$时，迭代终止，

则这一收敛判定算法对于机器环境是自适应的。其中$|P(Z)|$是多项式在近似解Z处计算值的绝对值，$E(P, \varepsilon)$是多项式计算中舍入误差积累的估计式，ε是现行计算机的计算精度。因为多项式的值已经小到被舍入误差所淹没，继续迭代将不可能再有任何有益的改进。

设计自适应于运行环境的算法，是要使算法不依赖于环境，或只依赖于少量的表现环境特征的参数。为方便数学软件研制者，K.A.Redich 和W. Ward 于1971 年设计了一个基本环境特征的参数表。1978 年 IFIP-TC-2 又颁发了最基本的 16 个环境参数，规定了它们的命名和定义。它们已经为科学工程软件研制者研制可移植性强的算法模块提供了条件。

3. 建立环境接口模块组。在大中型科学工程软件研制中，为了提高软件的可移植性，应建立专门的环境接口模块组，它们包括输入、输出、数据管理、运行环境参数生成等功能。除这些模块外，软件中的其余程序模块都将与环境无关而仅和接口模块有关。当移植软件时，仅需修改接口模块，其他程序模块无须变更。

5.3 可维护性

可维护性是十分重要的。因为一个大中型的科学工程软件系统，在交付使用后总会包含着潜在的错误，需要在运行中查错改

错。此外，系统运行的支持环境也会发生变化，用户还会有新的要求，需要修改原有功能和扩充新的功能。因此，科学工程软件交付运行之后必须围绕如下目标对其进行维护：

- 排除错误；
- 适应新的运行环境；
- 扩充新的功能；
- 更新欠佳的程序模块。

在上述四种维护活动中，扩充功能的完善性维护约占60%。

随着软件的规模增大和复杂性提高，软件的维护费可能超过研制费，这是美国国防部对若干个大型软件的统计结论。因此，提高软件的可维护性，降低维护费是有明显经济效益的。

可维护性定义为对软件进行排除错误、适应性修改和扩充功能的难易程度。提高软件的可维护性是软件工程方法所追求的目标之一，表现软件的可维护性的重要标志是可理解性、可检验性和可扩充性。

可理解性——主要表现在程序结构清晰，编码中间没有特别难以理解的个人技巧，并附有足够的注释语句，用户和维护者易于阅读、理解。

可检验性——主要表现在软件产品是否附有足够多的检测性例题，用户是否可以随时检查系统是否正常，软件是否附有输出运行状态信息的程序段，以及用户是否可以随时了解系统运行是否正常。

可扩充性——主要表现在软件系统的模块结构是否合理，模块间的接口是否清晰。如果模块结构合理，接口又很清晰，则既利于查错纠错，又利于扩充新的模块，增加程序功能。

5.1 文档的完善性

软件的不可见性和同一功能实现的多样性，是软件产品的重要特征。软件文档是将可能出现的多样性唯一确定，将不可见物变成透明可见的唯一表现形式。软件文档的完善性是实现软件可移植性、可用性和可维护性的基本保证，是软件配置的主要内容。

应用软件的文档包括软件开发文档和用户文档。开发文档主要面向于软件研制和维护人员，应以软件人员熟悉的语言，严格按软件工程标准的要求书写，应和源程序文本保持完全一致。用户文档主要面向软件的使用者，应以用户熟悉的语言和足够多的例题，表现正确使用软件的方法。高质量地编写软件文档应是贯穿软件研制全过程的一项重要工作。

§6 软件工程方法概述

软件工程是研究软件，特别是应用软件，研制和维护的规律性、方法和技术的学科。贯穿于这一学科的基本线索是软件的生存期学说，它将告诉软件研制者和维护者“什么时候做什么，以及怎样做”。

6.1 软件的生存期

软件的生存期是指从软件项目提出包括研制、使用和维护，直至退役的整个时期。

关于软件生存期内阶段的划分，由于软件的类型不同，开发特点和对环境的依赖性不同，以及开发软件的人员或公司的管理经验上的差异，到目前为止，尚无完全一致的生存期阶段划分。但是不同的阶段划分图式是大同小异的，就一般的科学和工程应用软件而言，我们采用图 1.4 所示的生存期阶段划分。

软件的可行性研究与计划是软件生存期的初期，从需求定义分析到测试验收称之为软件的研制期，使用和维护期是软件产品发挥经济和社会效益的时期。就时间而言，现有大多数科学和工程应用软件，都已有十多年的生存期，都经历了半年到数年的研制期和更长时期的维护、完善和发展，因而它们的功能越来越

全，性能越来越高。就生存期每个阶段而言，开发者、用户和维护者的主要工作是

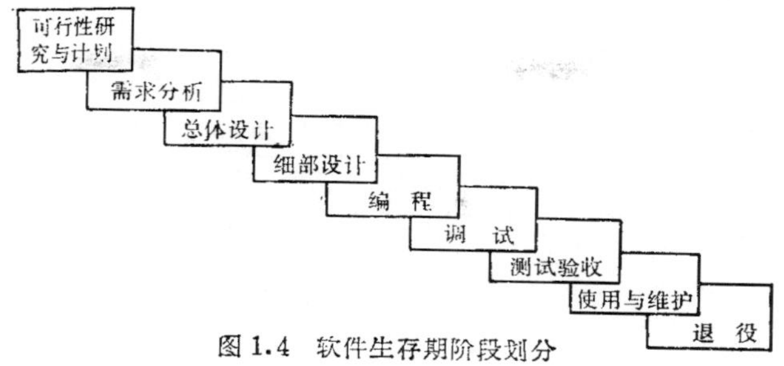

图 1.4 软件生存期阶段划分

1．可行性研究与计划是软件立项阶段。此阶段的任务是从实际需求出发，提出软件在功能、性能方面的总目标，及其与用户和支持环境的接口形式；确定开发此软件所需的硬、软件资源，以及所需开发人员的素质和数量；进行市场预测、投资评估和技术难点分析，确定立项的必要性和可行性；对于可行的软件项目委托专人制定初步的开发计划并订立开发合同。目前尚没有一个通用有效的投资评估和可行性研究的方法，因此软件的可行性研究与计划总是欠准确，效益估计都带有冒险性。

2．软件需求分析是软件开发期的第一阶段。此阶段主要工作是从调查用户需求和软件的运行环境出发，采用问题模型定义、或输入输出规格说明定义、或问题求解过程定义和事务基元定义方法，详细定义软件的功能、性能及外部接口指标，并采用自顶向下逐层分解的数据流分析法、或功能分析法、或二者相结合的方法，分析未来软件的构成，尽可能详细地定义不同软件成份之间的接口，然后按照一定的规范编写软件需求分析说明书。

3．对于科学工程应用软件而言，总体设计工作又可以分解成如图 1.5 所示的五项，其中 2，3，4 三项可能有交叉或反复。各项工作的具体内容是：

(1) 制定系统开发原则是设计负责人在实施具体设计之前，为使所有设计者心往一处想、劲往一处使，避免过多的思维冲突，

必须进行的一项工作。它是设计者根据软件功能、性能和用户特征，以及现行的软件开发方法论、系统构造模式和自身的开发经验，对该项软件做出的系统开发决策，它将指导具体的设计和开发工作。

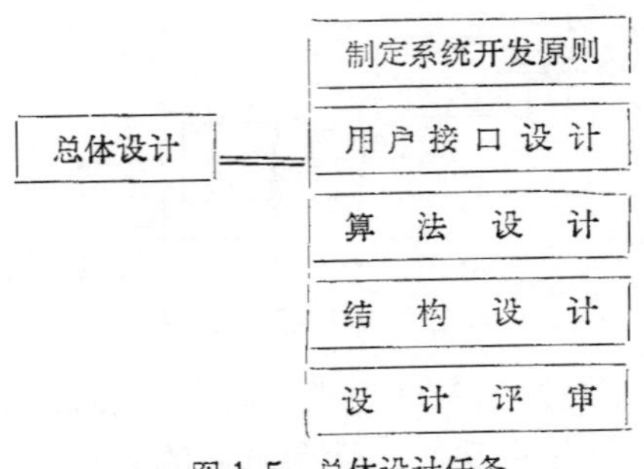

图 1.5 总体设计任务

(2) 用户接口设计决定了用户如何输入数据，如何操作软件运行，如何获取、识别和利用计算结果。在彩色图形终端和多窗口编辑系统高度发展的今天,已经有条件开发很友好的用户接口，这已成为衡量应用软件质量和水平的重要指标。因此设计者应该重视用户接口设计，尽可能采用语法制导、菜单驱动和人工智能等先进的软件方法和技术，努力开发好的用户接口。

(3) 算法设计对于科学工程软件来说是特别重要的，它将确立软件的理论基础，对软件的可靠性和效率影响极大，也是用户是否使用该软件的根据。算法设计的主要任务是设计者根据软件功能和性能定义，采用算法评价技术，选择或构造计算方法、算法过程，并设计支持未来软件的算法结构，编写理论手册。

(4) 结构设计是设计者在系统分析图和算法设计的基础上，设计层次性的和模块化的软件结构,并详细定义每个模块的功能、算法和接口，形成软件结构图及其说明，这是总体设计的最终成果。结构设计的基本概念是模块化、信息隐蔽、抽象与分解。主要设计方法有结构化分析与结构化设计 (SASD)、Jackson 系统开发方法(JSD)和面向对象的设计方法，以及基于良态软件结构设计准则的改进技术。

(5) 总体设计评审对于一个大中型软件开发项目来说是完全必要的，因为总体设计成果确立了软件的总体品质，如果其中包含错误或缺陷而不及时加以纠正，无论是对用户还是对开发者都将造成损失，因此需要通过认真的外部评审来揭露错误和缺陷，进而消除它们。

4．细部设计即模块设计。它是在算法设计和结构设计的基础上，针对每个模块的功能、接口和算法定义，设计模块内部的算法过程及程序的逻辑结构，并编写模块设计说明。细部设计的基本方法是结构化程序设计及其表现技术。

5．编程的目标是产生软件的第一个源程序文本。对于没有采用程序生成工具的研制者来说，编程是软件开发期中的关键一步。编程之前须先选择程序设计语言，然后依据模块设计说明和编程规则，集中精力、认真细致地完成编程工作。

6．调试是开发者自己对编程产生的源程序文本，使用数例进行动态测试，揭露程序中的错误或缺陷，进而实施查错和排错的工作。对于大中型软件项目来说，调试应分模块调试、联调、试算和优化处理等工作步骤。调试的目标是产生一个可用的软件文本，并修订和确认软件的使用手册。

7．测试验收是软件开发期实现质量控制的关键步骤，应由软件项目的管理单位邀请熟悉软件应用领域的专家和用户组成专门小组，用实际数例对软件进行确认性测试，写出测试报告，对于可用的软件产品进行文档和软件配置验收。测试验收合格意味着软件开发期的结束。

8．软件的使用与维护是不可分的。维护对于确保软件正常使用，延长使用期和充分发挥其经济效益是绝对重要的。对于大型软件项目，维护是一项工程，需要安排专门的人员，依照一套专门的方法和技术，使用一组专门的维护工具进行软件维护。

6.2 软件工程原理

自从 1967 年 F.Bauer 提出“软件工程”概念以来，不少学者和软件工程师从系统工程和工程管理学观点出发，根据各国的实践经验，提出了许多软件工程的“信条”。B.W.Boehm 基于众多学者的经验，总结出七条软件工程原理，并认为这些原理是确保软件产品质量和提高开发效率的最小集合。这七条基本原理是

- 严格按照计划进行管理；
- 坚持进行阶段评审；
- 实行严格的产品控制；
- 采用现代化的程序设计技术；
- 结果要能清晰地审计；
- 开发小组人员的素质要好，数量不宜多；
- 要承认不断改善软件工程实践的必要性。

根据 P.W.Metzger 的统计，在不成功的软件项目中有50%是由于计划不周所造成的。可见 B.W.Boehm 把建立和完善软件计划，并严格按计划进行软件工程管理，作为第一条基本原理是吸取了“前车之鉴”而提出的。他认为在软件整个生存周期中，要牢牢抓住项目纲要、基线控制、项目组织、资源控制、产品的配置控制，以及包括测试验证、运行维护在内的各种计划。各个不同层次的管理人员都必须按计划各尽所能地管理项目的开发工作。

第二条基本原理是要坚持进行阶段评审。历史经验告诉我们，软件的质量保证工作不能推迟到编程阶段结束之后再来进行，这是因为大部份错误是在编程之前造成的，发现错误并修改得愈晚，所付出的代价也愈高。因此通过阶段评审，尽早发现错误并及时修改之，是应该遵循的重要信条。

前已指出，在软件开发和维护过程中，修改现象是经常发生的。除了用户需求经常发生变化外，分析与设计工作也常常会考

虑不周。为了使反复修改而形成的智力产品——软件，具有很好的质量特性，严格实行产品控制势在必行。开发阶段的一切中间产品，必须按软件产品的标准规范生成，一切修改必须按严格的规程进行。

这七条原理是相互独立，缺一不可的，它们概括了软件工程的方方面面。正如 B.W.Boehm 所指出的，人们虽然不能证明这七条原理是软件工程信条的完备集合，但是可以指出，人们提出的超过 100 条的软件工程信条，均可由这七条原理的组合来蕴含或再生。因此，要想使自己主持研制的软件项目获得成功，就应该在软件工程实践中努力按这七条原理办事。

6.3 软件开发模式

在现行的软件工程实践中，有两种截然不同的指导软件开发的思想模式。一是阶段论的软件开发模式，一是原型演化模式。

阶段论的开发模式来源于有成功经验可循的软件工程项目和指导软件工程的七条基本原理。其基本要点是：将软件开发期划分成若干个彼此独立而又前后衔接的工作阶段；对于一个实际的软件工程项目而言，对每个阶段都规定明确的任务、目标、完成标志、实施步骤及采用的具体方法和技术；每个阶段完成后必须进行严格的评审，并且对已经生成的软件文档实行冻结，作为下一阶段工作的起点，如此下去，直至测试验收合格。按这一模式开发软件获得成功的基础是用户和开发者能够正确和完整地定义软件需求，且开发者能够严格和完整地理解和实现这些要求。对于中小型应用软件，特别是对于有成功经验可以汲取的软件项目，按照这一模式指导软件开发，将容易获得多快好省的开发效果。

如果要开发一个全新的大型应用软件，开发者和用户对未来软件都一无所知，那么就不可能针对每个开发阶段规定出具体的任务、目标，制定出切实可行的实施步骤。所谓原型演化模式就是针对这类软件项目开发而提出的。其思想要点是：软件工程是灵活运用各种科学和工程知识，来设计和建造计算机程序及其文档体系的过程；对于一个全新的软件项目，无论是对研制者还是用户，都有一个认识的过程，有一个知识和智慧的聚集和完善的过程；用户和研制者在一开始，只能提出一个雏形，通过实际应用，逐步完善，最终形成密集了一个科学或工程技术领域众多知识的软件产品。因此，原型演化模式是一个符合认识论过程的指导软件开发的思想模式。它比较适用于全新的或综合性的应用软件项目的开发，有利于发挥研制者和用户的智慧、创造性及合作精神，生成高水平的软件产品。

显然，不管采用那一种模式指导软件开发，所采用的基本软件工程方法和技术则可能是共同的。

阶段论开发模式中冻结需求分析说明的做法对于开发期稍长和稍复杂一点的应用软件项目是很不利的。首先，因为需求定义可能不完善，系统分析也可能不完全正确，所以以此为基础仅由开发者闭门造车，不可能产生满足用户将来需求的软件产品。其次对于开发期稍长的科学工程软件而言，随着科学的发展和工程技术的进步，用户的需求会随开发深度而发生变化，逐步提高，因此阶段论开发必然会加重验收后维护的工作量，增加维护费，

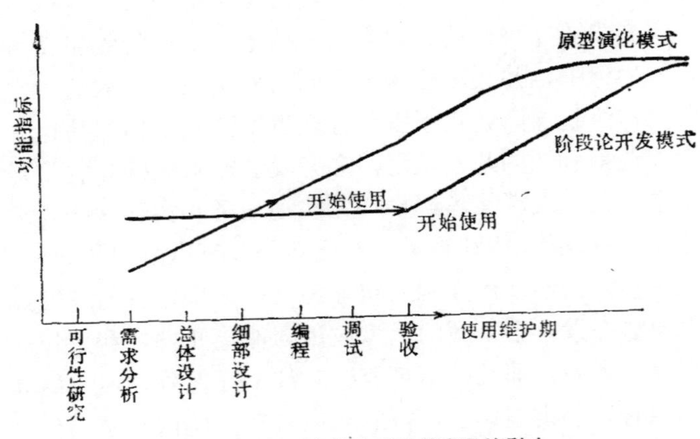

图 1.6 不同开发模式对软件产品的影响

从而增加软件生存期的总投资。第三，会因为用户没能较早地使用到较高水平的软件产品，降低了软件的经济效益。

原型演化模式是一种开放性的软件开发过程，支持用户参与开发，并不断改进需求定义，加强了用户和开发者之间的思想交流，密切了开发者和用户的关系。这样做虽然有可能增加开发费，但是确保了最终的系统正是用户需要的软件产品，减少了维护费，从而减少了总投资，提高了经济效益。对于开发期稍长的软件项目，图 1.6 形象地显示了两种模式对软件产品质量和效益的影响。

§7 软件工程管理

在 B.W.Boehm 提出的软件工程七条基本原理中，绝大多数都与软件工程管理有关。的确，如同没有严格的施工管理就不会有高质量的建筑工程一样，没有严格的软件工程管理，也不会有高质量的软件产品。

软件工程有别于其他工程，它的产品是非物质性的，是以密集型的知识成果代替物质。它的主要特征是

- 不同研制者之间思维冲突的易发性；
- 同一功能软件实现的多样性；
- 软件及软件工程进度的不可见性。

因此，实施软件工程管理是十分困难的。

关于软件工程管理目前尚无定型的模式。有多少个软件开发单位，就可以有多少种软件工程管理模式。其共同之点是开发单位必须设立专门的软件开发管理机构，必须任命一名负责人，实施对软件开发过程和资源的管理，制订切实可行的软件开发规程，定期向领导部门和委托单位汇报工作进展等。就实施软件工程管理的方法和技术而言，主要有如下四点：

- 制定和实施软件工程标准；
- 人员组织管理；
- 计划进度管理；

· 软件工程信息库。

7.1 制定和实施软件工程标准

在软件开发、交流和维护活动中，实现软件工程和软件产品管理的有效方法之一，是制定并实施软件工程标准。

软件工程标准是基于如下目的制定的：

· 提高软件产品质量，即提高可移植性、可用性和可维护性，进而。提高软件的可继承性及软件模块的可再用性，减少低水平重复性软件开发；

· 提高软件开发过程的能见度，便于开发过程的控制与管理，便于对软件人员进行职业性训练，统一软件人员的工作规范和用语，形成内部交流的基础，从而提高开发效率，缩短开发周期，降低投资；

· 形成良好的程序风格，统一和完善软件的文档体系，便于对用户进行培训及软件的推广应用，为软件商品化创造条件。

就目前国外制订和实施软件工程标准的情况看，尚没有形成法律性和强制性标准，只是指导性和建议性的。即使是在美国，IEEE 标准的出现，也并不意味着不允许用别的方式来开发、测试、度量、购买和销售软件。

就目前制订和实施标准的情况看，标准可以分三级：

· 国际标准和国家标准；

· 工业部门或行业级标准；

· 企业级和开发小组级标准。

企业和开发小组级的软件与软件开发作业标准，详细地规定了软件研制应分几个阶段，每个阶段的任务、工作方式，使用的开发方法、技术和工具，以及各种软件文档的书写格式等。

在三级标准里，比较实惠且有约束力的是企业和开发小组级的标准。一个大型软件项目的主持人，在制定软件开发和管理计划时，应该首先想到制定与本软件项目相适应又与国家标准不矛循的软件和软件工程标准。制定标准是困难的，但是贯彻实施标准更困难，必须要求开发组织里所有人都遵守，必须和各种习惯势力和各行其事的现象作斗争。

在软件研制过程中，实现软件质量控制的方法是严格执行软件工程标准，即研制期的所有活动都必须严格按标准办事，因为软件工程标准，既是实现软件产品商品化的质量控制法规，也是实现软件工业化和工程化开发的技术基础。

7.2 人员组织管理

毫无疑问，人尽其才是实现软件研制人员管理的基本原则，也是实现多快好省研制软件产品的重要保证。软件研制不同于一般的工业化生产，需要高度地集中精力和创造性。研制者在其工作时间内的任何非生产性停顿和外来冲击，例如打电话、会客等，都会严重地影响生产效率。不同人员的工作效率是相差甚大的。在美国有人做过如此的统计，让 12 位表面看来经历相当的程序员同时编写一个程序，其实际效果相差甚大。见表 1.1，以 1 为最好。

表 1.1

项目	最好	最差
程序规模	1	6
执行时间	1	8
开发使用机时	1	9
编程时间	1	18
调试时间	1	27

在软件开发组织方面，目前尚无一致的模式，值得推荐的人员组成是宝塔式人员结构；开发软件的基本组织机构是主程序员负责制的主程序员组，在这样的开发组内，有主程序员一名，副主程序员一名，秘书或资料员一名，根据需要可以有程序员和辅助人员若干名；主程序员应是高级程序员，他是关键问题的决策人，

开发活动的协调人和检查者；在开发组内应加强通讯，使每个成员的才能得到充分的发挥。此外，应注意不要使一个开发组的人员过多，人员增多会引起彼此通讯渠道增加。n个人的开发组，组内通讯渠道为n(n-1)/2。如果每对成员之间要用5%左右的时间进行同级通讯，要用15%的时间用于上下级通讯，则对于一个四人开发小组来说，开发效率几乎要降低30%。另外，软件研制是智力劳动，互相配合的人员增多，会引入无益的思维冲突，造成合作的困难，使生产效率下降。图1.7显示了参加一个软件项目的人员素质、数量对有效工作时间和总投资额的影响。因此，应该建立小而精的软件开发小组。

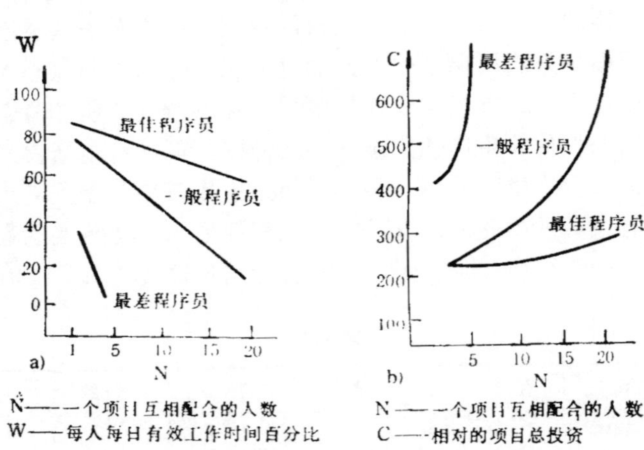

图1.7 参加一个软件项目的人员素质、数量对有效工作时间和相对投资总额的影响

7.3 计划进度管理

在大中型软件项目的研制中，延误工期之事是经常发生的。一般有一种误解，认为作业和工作量完成的情况是经历时间的线性函数，并按此规律用已经完成的作业量和所经历的时间来推算整个软件完成的日期，似乎作业完成了一半，时间也正好过了一

半。但是，70年代的统计资料表明，实际的软件工程进度遵循着80/20的规律，即研制者认为已做了80%的工作，还需要80%的时间才能完成。这显然是由于软件开发进度难以度量和前期工作粗糙而造成的。

关于软件的进度安排，一般遵从40(计划、分析、设计)-20(编程)-40(调试与测试验收)的规律。在人员安排上，请注意在软件开发中途增加人员是不可取的，这样不会使工期提前只会把事件弄得更糟，因为中途增加的人员需要熟悉接口，并且会增加几条新的通讯渠道。

在制定计划细则的时候，应根据项目总目标、计划和经费预算，明确建立各开发阶段的子目标及交付期限，开发组织的责任及交付准则等。根据进展情况及时审计，修改计划和进度，是软件项目立于不败之地的重要保证。没有计划不行，不知道根据情况修改计划也不行。

7.4 软件信息库

建立软件信息库是提高软件开发效率和保证软件产品质量的一项重要技术。在大型软件项目研制过程中，将要产生大量的文档资料，软件半成品和成品。例如软件的立项报告，合同书和进度表，软件需求分析与设计说明，各种软件模块的源程序、目标程序和执行文件，以及各种模块的测试数例，测试报告和使用手册等。以书面形式表述的这些文档资料既不利于查询、利用、修改和更新，也难以确保文档资料的一致性。因此，利用现代化的数据库技术，对每个正在开发的软件，建立专门的信息库，是实现软件工程管理，解决软件开发文档快速查询、利用、修改和更新，确保文档一致性的重要技术措施。

软件信息库是面向于软件项目的所有研制人员的，包括管理人员，系统分析与设计人员，程序员，测试与维护人员等，因此必须这样设计它，使各类人员都容易使用和完善它，具有自保护能力并能按使用者要求输出各种报表、正文和信息。

§8 软件工具与软件工程环境

8.1 软 件 工 具

如同其他工程的实施需要工具一样，为了保证软件产品质量和提高软件开发效率，确保软件工程基本原理的实施，应该有计算机化的工具系统的强力支持。软件工具系指支持软件开发、维护、模拟、移植或管理的工具性软件，它是软件工程的一大支柱。统计资料表明，软件工具的先进与落后，对软件产品质量和开发效率影响极大，因此正规的软件研制者都非常重视研制和收集必要的软件工具。

软件工具是随着计算机系统和软件工程的发展而发展的，今天的软件工具要比十年前先进得多。目前可用的软件工具已经相当多，它们遍及了软件开发的各个阶段。例如，需求分析工具PSL/PSA，程序设计性语言 PDL 工具，支持静态分析的工具DAVE，支持程序评估测试的工具 PET，支持源代码版本管理的工具SCCS，以及支持程序编辑、编译、连接、装配、调试和动态分析的工具等。除了软件工具之外，对于科学和工程应用软件研制者而言，还有一批可再用的软件资源，如本章 3.1 节和 3.2 节所述。为了使收集到的软件工具和可再用的软件资源，对软件研制能够提供有效的支持，软件研制者在收集软件工具和软件资源时，应该注意如下事项：

1. 如果这些软件是符合要求、实用可靠的，那么就应全力获取它们。因为获取这些软件所支付的费用几乎总是小于开发同样功能软件的费用。

2. 如果这些软件不怎么符合要求，需要修改，那末应特别当心。因为修改所支付的费用未必一定小于开发同样功能软件的费用。

3. 获取软件工具和辅助软件应考虑与机器的无关性，遵守国家/国际统一标准和它们的后继维护能力，应该回避不符合标准的号称“最好”，而又不进行后继续护的软件工具和辅助软件。

4. 除了常见的多窗口编辑程序、编译程序、图形软件、数学软件和报表生成程序等共享性软件工具和可再用的软件资源外，多数软件工具都只是支持某一种软件工程方法，或支持某一类型软件开发，因此软件设计者不应该盲目地购置和引用它们。

5. 应该使收集到的软件工具既具有先进性，又具有协调一致性，它们能在一个计算机环境下对各个软件开发阶段提供有效地支持。

8.2 软件工程环境(SEE)

软件工程环境是软件工具的发展与完善。它是 80 年代软件工程发展所形成的集成化技术。关于它的定义目前尚未统一。IEEE 和 ACM 国际联合工作小组的定义是：用来支持以某一套软件开发方法(或遵照某个软件处理模型)进行软件开发的一组协调一致的软件工具。美国国防部的 STARS (Software Technology for Adaptable Reliable System) 工程，则把软件工程环境定义为用以支持需求定义，程序生成，以及软件维护等整个软件生存期全部活动的，并把方法、规程和计算机程序集成在一起的软件系统。它的同义词有软件开发环境，软件支撑环境，自动开发环境等。

文献[85]对软件工程环境(SEE)给出了一个较全面的需求定义，并列举了软件工程环境应该包含的功能或应该研究的若干问题。按照它的定义，软件工程环境可以概括为

• 它应该是一个一体化的系统。其含义是：(1) 应该支持软件工程从分析到维护的各个阶段的活动，在开发阶段又可分别支持需求分析、系统设计、编程和调试、测试验收等阶段的工作；(2)

应该支持每个阶段的管理和开发；(3) 支持各个阶段和各个方面的工作是协调一致的；(4) 整个系统有一致的用户接口和一个统一的文档报表生成系统；

· 它应该是通用的系统。通用的含义是：(1) 能适应最常用的几种语言；(2) 能适应不同的开发方法；(3) 能适应不同的计算机硬件及其系统软件；(4) 能适应开发不同类型的软件；

· 它应该是既可剪裁又可扩充的系统。这就是说，向下可以根据用户的需求对 SEE 进行适当剪裁，构成适合具体硬件环境的、精巧的、很少冗余的 SEE；向上可以根据用户新的需求或软件技术的发展，对原有的 SEE 进行更新或扩充；

· 它应该是实用的、经济合算的系统。这是指它应该：(1) 易学、易用、响应时间比较合理；(2) 能够支持自然语言处理；(3) 能够支持交互式和分布式的协作开发；(4) 针对用户需求，做到配置精巧，以降低资源花费；

· 它应该是可以由辅助开发向半自动开发、自动开发逐步过渡的系统。半自动或自动化的含义是：(1) 各个阶段的文档之间要能半自动或自动地变换和跟踪；(2) 应该注重使用形式化的技术；(3) 不同程度地采用软件集成技术，并建立起可扩充更新的、可再用的软件库；(4) 采用人工智能技术，在 SEE 中逐步包含了支持开发的专家系统。

目前，在世界上尚不存在理论上、方法上、技术上和系统组织上如此完善的软件工程环境。但是，近年来软件工程环境的确发展很快，已召开过多次专门性的或有关的国际会议。一些专用的软件工程环境已经进入市场。它们或者是系统支持软件开发的环境，例如 SOFTING，ARGUS 和 PRISM，或者是只支持某种程序设计语言的软件环境，例如 INTERLISP，Ada 程序设计环境 APSE 和 SMALLTALK-80 等，或者是支持形式化方法的软件环境，例如XYZ 系统、支持 VDM 方法的MULE 等。这些软件工程环境的共同技术特征是

· 集成化协调一致的工具系统。它们包含的工具有：支持需

求分析和规格说明的工具，支持一种或几种程序设计语言编译、连接、装配、调试、静动态测试分析的工具，以及软件配置管理工具等；

• 交互式的人机接口。它们充分使用了高分辨率的图形显示终端、多窗口屏幕编辑、语法制导编辑、鼠标器控制以及POP-UP菜单驱动等硬软件技术。这些技术的进一步发展，又为创建更好的软件工程环境的用户接口提供了条件；

• 软件信息库。它存放着软件开发各阶段所产生的成品和半成品，使开发者能够方便地对它们进行查询、使用、修改或更新。它是实现多种软件工具集成化和协调一致工作的技术基础，因此它是构成软件工程环境的核心。

总的说来，软件工程环境正处于发展时期。国外正在研制的大型软件工程项目中都包含有软件工程环境，例如

• 美国的STARSI程序；

• 英国的ALVEY计划；

• 日本的Σ系统，……。

面对着国民经济建设对应用软件产品的大量需求和国际上的挑战，我国的软件工作者积极地开展了软件工程环境的理论、方法和技术的研究，已经取得了一批可喜的成果，例如XYZ系统等，很快　会有实用的软件工程环境投入使用，进入软件市场。

第二章 需求分析

§1 引 言

软件的可行性研究与计划从概念上规定了软件的总体目标，指定了它的作用范围，即功能、性能和外部接口；对开发过程中在人力、设备和资金方面的总投资，及未来的经济效益和技术可行性进行了评估；制定了初步的开发计划，并在委托单位和开发单位之间订立了开发合同。因此，可行性研究与计划只是完成了软件立项阶段的全部工作，实际的软件开发是从需求分析开始的，它是软件开发期的第一阶段。

软件需求分析是在软件计划的基础上进行的，是调查和发现、评价和肯定用户要求的过程，目标在于精化软件的作用范围；是分析和确认软件系统构成的过程，以确定未来软件的主要成份，并设计它们之间的接口。

因此，需求分析阶段的第一项工作是理解和表达用户需求，明确未来软件“做什么”。对于面向计算机最终用户的科学工程应用软件而言，就是详细定义未来软件的功能、性能、外部接口、有关属性，设计限制和数据库需求的过程，并确认支持性的硬件、软件环境和辅助软件。

软件功能是指从工业上、技术上、学术上或商业上考虑用户对未来软件的根本需求。我们称这些功能为外部功能。

软件性能是指功能实现中应该达到的各项技术指标，例如计算效率，计算精度与结果精度，可以处理的问题的规模等。

所谓外部接口，是指未来软件与用户支持性硬、软件的接口，这是标定未来软件作用范围的实际途径。

软件需求分析的第二项工作是使用自顶向下逐层分解的系统

分析方法，把整个软件系统分解成若干个子系统或软件成分，把整个软件的外部需求，分别赋予软件的各个功能成分，详细地定义每个成份的外部功能，并严格标定它们之间的接口。

编写软件“需求分析说明”是这一阶段的第三项工作。目标是提供一个用户和开发者对未来软件的共同理解，即明确定义未来软件的需求，系统的构成及有关接口。需求分析说明相当于用户和开发者之间的一份技术合同，是测试验收阶段对软件进行确认和验收的基准，是以后软件开发的基础，因此，需求分析说明必须认真编写。

软件需求分析完工的标志是通过需求分析评审。评审的目的是发现需求分析的错误和缺陷，因此评审是对需求定义，软件构成及其接口进行全面仔细地审查，以确认一份开发者和用户共同接受的完整的“软件需求分析说明”作为软件设计和实现的基础。

需求分析应由有经验的软件开发人员和少量用户代表共同完成。他们通过深入调查用户需求和分析现行的类似系统，来揭露未来软件的需求，信息流程和系统结构。

对于一个大型科学工程软件来说，需求分析的过程是一个从模糊概念出发，经过调查分析，综合评价，到逐步清晰的认识过程。

一般说来，软件需求分析的过程是分析人员交互使用需求定义方法和系统分析方法的工作过程。他们先通过调查用户需求，形成一个软件需求定义初稿；然后进行系统分析，在分析软件组成的同时，发现需求定义的缺陷和问题；进而修改需求定义，征求用户意见，再进行系统分析；这样反复多次，逐步形成比较完善的，用户和开发者一致同意的需求定义和系统分析成果。

对于一个大型软件项目而言，完善的需求分析对软件开发的成功是极为重要的。一个软件系统不管其设计和编程做得多好，如果需求分析做得不好，最终一定会使用户失望，并给开发者带来不幸。

本章将侧重于软件需求分析方法的讨论，不过多涉及完成需求分析的软件工程组织。本章首先讨论软件需求定义方法，然后叙述系统分析方法；其次，叙述数据分析和设计方法；最后一节列出编写软件需求文档和进行需求分析评审应注意的若干事项。

§2 需求定义方法

软件需求定义的生成过程是对未来软件的总体特征和作用范围的认识过程。一般说来，此过程要经历如下三步：

1．用户需求调查。

2．运用归纳、推理和比较的方法，对用户需求进行分析(有时要伴随以系统分析)，从而生成软件需求定义初稿；然后，返回征求用户意见，进一步修改、充实软件需求定义。这种修改、充实应该进行多次，直到开发者和用户对软件需求的认识完全一致为止。

3．编写软件需求定义说明。

所谓归纳是对用户现实要求的抽象综合与精化。所谓推理是从用户的现实需求出发，考虑到技术的进步及对用户未来需求的抽象预测。所谓比较是因为用户的某些要求有互相矛盾之处，或者不现实难以实现，必须通过比较决定取舍。

对于有经验的计算机用户，软件需求定义的初稿可以直接由这些用户提出，然后由需求分析人员和其他用户进行修改和确认。总之，软件需求定义应该由分析人员和用户合作完成。

在进行软件需求调查时，经常遇到这样的情况，当您调查用户对软件的需求时，他们只谈愿望，而无确切的需求描述，那么如何调查和定义软件的需求呢？综合起来，有如下四种方法：

• 问题模型定义；

• 输入/输出说明定义；

• 问题求解过程或事务处理过程定义；

• 事务元定义。

2.1 问题模型定义

问题模型定义是一种适用于科学工程应用软件需求定义的方法。因为用户虽然对未来软件的功能和性能需求说不清楚，但他们要求未来软件解决什么问题是清楚的，所以软件分析人员应该调查用户这方面的要求，让它们回答如下问题：

· 问题模型及有关参数。即用户问题的数学、物理或工程技术模型，或计时模型。对于后者，计算时间要求是第一位的，它应该和问题的数学，物理或工程模型同时描述；

· 问题数据的提供方式；

· 问题的规模，最小的，一般的及极限情况；

· 对计算精度和结果精度的要求；

· 用户习惯或期望的表现结果的方式；

· 用户对计算方法的建议。有经验的用户对算法会有特定的要求；

· 对问题原始数据的诊断要求，以及有些参数的省缺处理要求；

· 对工程软件应指定软件设计必须遵守的工程技术规范；

· 模型例题。

用户提供的模型例题必须是属于有效的软件需求定义域里的完整的例题，这意味着这些模型例题给予软件的功能和性能以直观的表现。但是，决不意味着软件的实现一定要基于这些模型例题。

在广泛收集用户需求的基础上，仔细分析每个用户的问题模型、要求和例题，在注意到它们的共同性的同时，应特别注意它们的差异，形成软件的用户需求集合。然后，再根据开发和运行环境的限制、设计约束、数据库需求等，得到软件功能和性能的初始集合。随后用这个初始需求集合征求用户意见。或者召开用户代表会议，评审和修改初始需求集合，以形成未来软件的需求定义。

问题模型及其求解要求是定义软件功能和性能的有效方法，它充分显示了用户希望未来软件“做什么”。

国内最大的科学工程应用软件之一——建筑工程设计软件包（简称 BDP）[1)]，基本上是采用工程问题模型进行软件需求定义的。从 1983 年 7 月国务院电子振兴办公室下达研制任务起，研制组用了约半年的时间在国内建筑工程行业广泛地征求了用户的意见，形成了一个以工程问题模型和工程设计规范为主体的BDP基本功能、性能、设计约束及输入/输出要求的需求初稿。然后于 1984 年 3 月召开了有 200多位专家参加的 BDP 技术条件评审会，征求用户意见，修改定型，成为BDP的需求定义说明书——

表 2.1　BDP 软件基本功能需求简表[a)]

上部结构(15 项)	平面框架，装配整体式平面框架，平面排架，屋架，空间塔架，空间网架，空间框架，平面交叉梁，高层建筑，剪刀墙，板柱结构，组合结构，轴双称体和壳，钢结构等。
地基基础(5 项)	交叉弹性地基梁，大型动力设备基础、箱形基础和桩。
施工管理(2 项)	施工网络，概预算。
采暖空调(8 项)	采暖建筑能耗分析，区域供热网的计算，空调设计负荷计算，室内空气分布计算，空气处理设备及系统计算，空调送回及管道系统计算，建筑物热水采暖，大门空气幕计算。
建筑物理(13 项)	室内照明，室外大面积投光照明，道路照明，天然采光，室内声场，混响时间，剧场观众视线，冷库热工设计围护结构，防潮设计和温度场，室内热环境设计。
特种结构及其他(13 项)	筒仓，水池，钢筋混凝土烟囱，共用天线电路系统，荡震频谱分析，杆系结构、弹塑性地震分析，土与结构相互作用地震反应，给排水工程管网等。

a) BDP 是一个工程分析与设计软件，设计判断，检验与配筋计算需遵守 1974 年公布的建筑工程设计规范。

1) 建设工程设计软件包 (Building Design Package) 是用于建筑工程研究与设计的应用软件，它由五个子系统和一些单项功能程序组成，涉及到建设工程研究与设计的多个专业，近 40 万行 FORTRAN 语句。参加研制的有 36 个单位的 148 名研究设计人员。BDP 开发是一次成功的软件工程实践，但其维护工程存在较多问题，影响了经济技术效益的发挥。

BDP基本技术文件，这就是BDP后来实现的目标。表2.1列出了BDP的基本功能简表。它们是工程问题模型的抽象概括，其详细的功能和性能定义由若干基本资料组成，在此从略。

2.2 输入-输出说明定义

对于某些应用软件，特别是小型软件，用户容易提出自己的输入规格，以及希望达到的输出规格。这种对输入和输出的规格说明已从根本上暗示了对未来软件的功能和性能需求。在实际使用这一需求定义方法时，有些软件则侧重于输入规格说明，另一些软件则侧重于输出规格说明。例如，当未来的软件是用于实验数据加工时，或者未来软件直接接受另一个软件系统的输出时，或者未来软件的输出直接与另外的系统相联接时，用户则容易给出未来软件的输入和输出规格说明。

2.3 问题求解过程定义

有些科学工程软件的功能和性能难以用简练的原始问题模型，或输入/输出规格说明予以定义，而用户对功能、性能的全部需求都隐含在问题求解过程或事务处理过程里。因此，应该通过尽可能详细地描述问题求解过程来定义软件的功能和性能。使用这种定义方法，应该尽可能精确地描述每一步的加工对象、加工特征、加工算法及对加工精度和时间的限制等。例如，不能这样简单地来定义一个计算机辅助工程设计软件的问题求解过程：

- 获取地质地形数据和设计要求；
- 初步设计；
- 工程概预算；
- 结构设计；
- 优化设计；
- 分析计算；

· 工程校核；
· 配筋设计；
· 设计出图。

2.4 事务元定义

事务元定义是一种辅助的定义软件需求的方法，即通过要求未来软件完成一个个独立的事务，反映用户对软件的某些特殊的功能或性能需求。例如，对于一个人事管理软件，可以提出这样的事务：

· 按姓名查简历；
· 按年龄查职员简历；
· 按生日查职员；
· 按职务查职员；
· 按党派查简历；

等查询事务。

对于弹性力学平面问题有限元软件，可以提出这样的事务：

· 输出自动剖分后的有限元网格图；
· 输出位移结果精度；
· 输出节点位移；
· 分区输出应力等值线图；
· 输出主应力图。

这些事务将影响软件内部功能设计，影响软件的复杂性和设计工作量。

§3 系统分析方法

3.1 系统分析要点

在对未来软件的总体需求予以初步定义的基础上，着手进行软件构成分析，目标是把整个软件系统分解成若干个独立的子系统或组成部分，把整个系统的功能、性能和接口需求分别赋予各个组成部分。对于有些软件项目，这种分解工作是软件需求定义的重要工作。

目前流行的系统分析方法是自顶向下的逐层分解，按这一思想逐步地把用户对未来软件的总体需求具体化，精确化。软件分析的过程是由一个模糊到清晰，由概念到具体的求精过程，它包括分解、抽象与综合评价。

所谓分解，就是将尚处于模糊的、概念性的软件系统，按照功能或算法或数据传递的规律，分解成 1, 2, 3, …, n 个系统，如图 2.1 所示；如果子系统 1, 2, …，仍然不具体，我们再将其分解成 1.1, 1.2，…，和 2.1，2.2，…等若干个软件成分；如此继续下去，直到每个软件成份都比较清晰具体、易于理解和表达时为止。

图 2.1 的顶层代表了整个软件系统，底层具体地表现了基

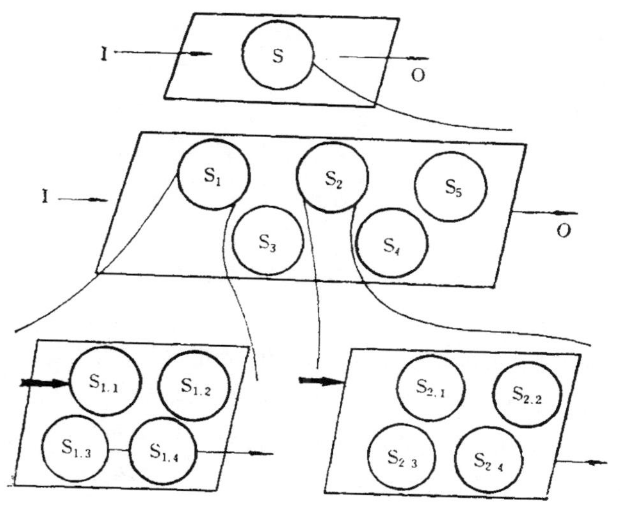

图 2.1 逐层分解示意

本软件成分，中间层次是对组成它的基本软件成分的概括和抽象。对整个系统做了合理的分解之后，就可以通过理解每个基本软件成分，逐步地综合起来理解每个中间层次的抽象成分或功能模块，进而理解整个系统，对整个系统的实现问题做出合理的决策。

自顶向下、逐层分解的思想可以有效地控制软件实现的复杂性，并通过逐级抽象，切断每层与较低层次的关系，使得每次分解都比较容易理解，并容易确定本次分解后各成分的功能及其相互关系。为此，必须有效地控制分解，不要一次分得过多或过少。按照这一思想，无论多么复杂的系统，都可以通过逐次分解和抽象来控制复杂性，有计划、有步骤地进行分析。

此外，在分解过程中应伴随以综合评价，这有助于揭露和修改不合理的分解，为软件设计奠定良好的基础。

每次分解可以基于如下两个原则之一进行：

- 基于外部功能和算法特征；
- 基于数据流向，即软件加工数据的过程。

因而产生了两种截然不同的软件分析方法，功能分析法和数据流分析法。

软件分析的过程是分析人员对软件构成的认识过程，因此分解方式应该与思维方法保持一致，与实际问题的求解过程保持一致。具体而言，软件分解应该基于如下基本考虑：

- 根据用户的现行工作方式，沿着现行的信息加工过程组织数据流；
- 根据功能、性能和接口需求分解软件成份。

应该指出，软件分析的目标一是精化软件需求定义，一是形成未来软件的功能结构，为软件设计奠定基础。因此，分析工作应该进行到如此程度，使各个软件成分的功能及其相互间的接口被严格定义，软件的全部需求被覆盖时为止。本节将重点叙述软件分析方法，关于数据的分析与设计将在下节叙述。

3.2 功能分析方法

功能分析方法是由E. W. Dijkstra，N. Wirth和D. P. Parnas等人提出并完善的，是目前流行的主要的系统分析和设计方法之一。这个方法的核心是以功能和算法特征为中心实现软件成份的逐次分解。

功能分析法没有十分明确的方法步骤，因此有效地运用这个方法需要成熟的软件开发经验，和对软件的功能和算法的深刻理解。有经验的软件分析人员很容易理解这一方面，并运用它于软件开发实践中。

这里所说的“功能”是泛指的，不仅指软件需要定义中列出的功能，还指在软件分析和设计中任何一个独立的数据加工或处理步骤，例如输入、编辑、输出和实现某个特定的算法。为了便于识别，以下我们将把软件需求定义中所列的功能、性能及接口的实现都统称为软件的外部功能。

在对科学工程计算软件实施功能分析时，应按如下思路进行：

· 综合分析未来软件的外部功能，依据独立性、相关性和相似性，将它们分成若干个功能类。注意应该尽量把实现外部功能的算法特征考虑在内，即把具有相同算法特征的功能划归一类；

· 模仿与未来软件相似的现行软件的控制结构和算法结构进行较下层次的功能分解；

· 模拟问题求解过程实施与处理顺序相关的功能分解。

例如，对于图2.2a所示的软件S，若其外部功能可以分成三类A_1，A_2和A_3，则其功能分解就如2.3，其中S_c表示S的控制机理。

表现功能分析结果的图式是功能结构图。为避免混乱，我们对功能结构图的图式做如下约定：

· 矩形框表示每次分解得到的软件成分——功能块。对于一次分解而言，上层功能块是下层功能块的综合功能的抽象和控制机理；下层功能块是上层功能块的局部功能与精确化。一般应把功能块的名字写在框内。功能块的命名应力求具体、富有特色，禁忌一般化命名，例如用“计算”，“执行”，“处理”，“输入”及“输出”等词汇命名；

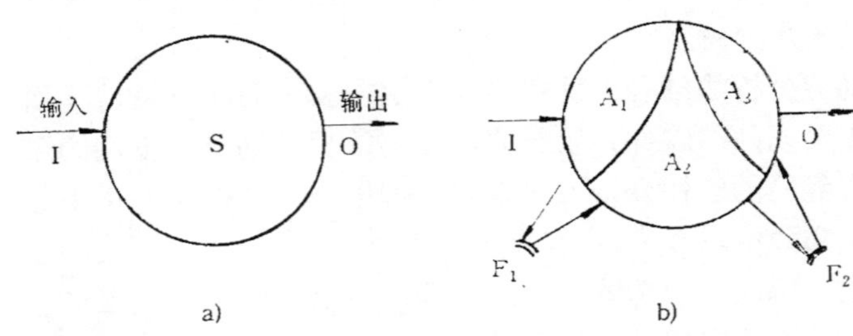

图 2.2　功能分解示意

• 两个功能块之间的连线称之为控制线，表明上层功能块对下层功能块有调用关系。在两个功能块之间应把上面的（对于横排图是左面的）功能块视为上层功能块，把下面的（对于横排图是右面的）视为下层功能块。功能块的编号规则如图 2.3 所示，先将顶层功能块编为 0 号，以下每个功能块编号是上层功能块号加小数点加本次分解的局部编号；

• 双弧线段表示数据文件，文件应赋于具有指定含义的名字。

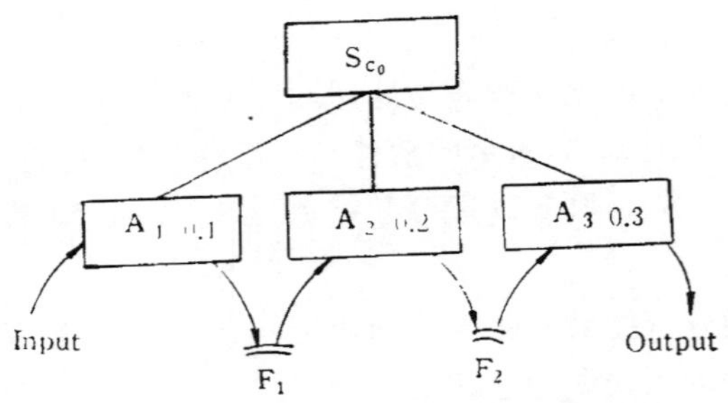

图 2.3　相应于图 2.2 的功能结构图

带箭头的线段表示数据流向，功能块之间的接口数据亦应命名；

· 对于大型软件，功能分解的层次增加，功能块增加。如果在一张图上表现出全部分解结果，不仅图面会过大且过于复杂，难以理解，而且也不利于信息隐蔽。因此，为清晰地表现分解过程，应该按分解层次绘制功能结构图，一次分解构成一张子图，整个软件的功能分解结果将由若干张功能结构图组成。对于每张子图，其上层功能块要重复出现一次；

· 对于一套完整的分解图应做出功能块及复杂接口数据说明，其中功能块说明应包括：功能块名，功能描述，接口数据名，算法要求。

复杂接口数据说明应包括：接口数据名，数据属性，数据结构，数据量，传递方式。

表现一个软件功能分解成果的完整的说明技术将在本章§5给出。

例 对于§2所述的BDP软件，表2.1已经列出其功能需求定义简表。根据其功能分类及实现功能的算法的相关性和独立性，图2.4给出了BDP软件的一级分解图。它由五个独立的子系统和若干个具有独立功能的应用程序组成。结构分析和设计子系统则是根据实现上部结构计算和设计的各项功能的算法特征而被组织在一起的，它们都需要进行结构强度分析，而采用的共同算法是有限元方法和矩阵结构分析方法。

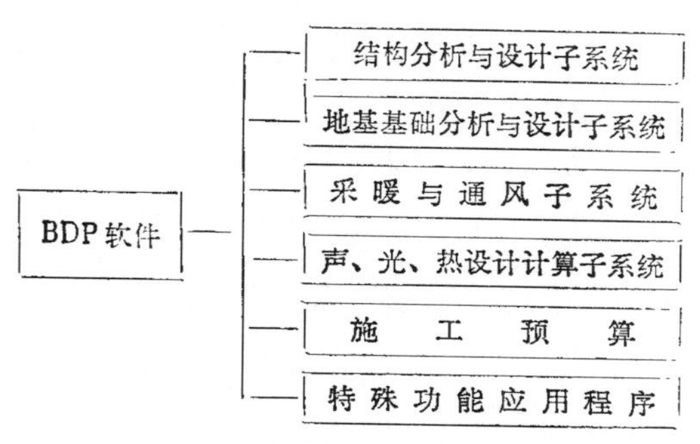

图2.4 BDP软件的一级功能分解

图 2.5 是相应于“结构分析与设计”子系统的二级分解。这是基于有限元方法和矩阵结构分析方法的算法特征所作的分解。

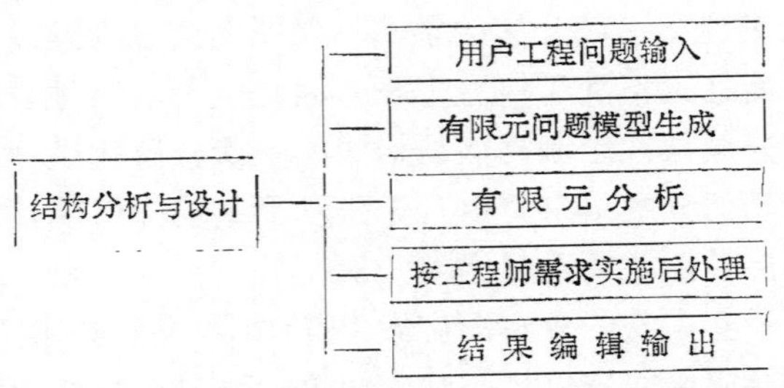

图 2.5 结构分析与设计子系统的进一步分解

有限元方法是近 30 年发展起来的一种高效能的求解偏微分方程的数值方法，其主要应用领域是结构工程分析和设计。用于分析结构强度问题，一般要经过如下步骤：

1．简化工程问题，生成实际结构物的几何模型、数学力学模型和定解数据。

2．选择有限元形态，对结构几何区域进行有限元剖分。

3．生成可计算的有限元问题模型。

4．进行有限元分析。

5．实行工程师需求的荷载与内力组合。

6．按工程规范进行设计检验或进行配筋设计。

7．结果编辑输出。

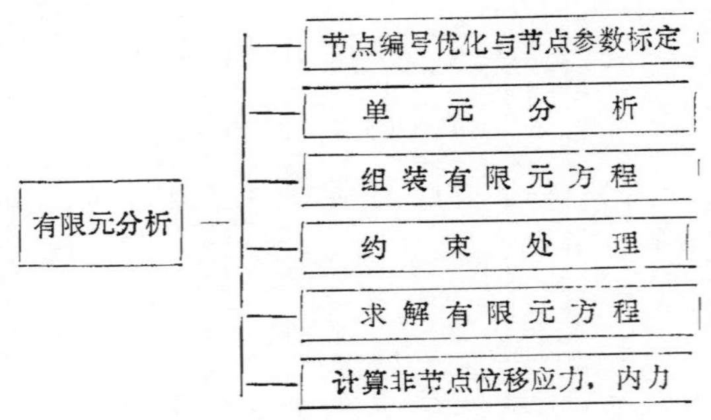

图 2.6 有限元分析的进一步功能分解

因为实现“结构分析与设计”的主体算法是有限元方法，所以对“有限元分析”作进一步功能分解得图 2.6。

应该指出，图 2.4—2.6 都只是考虑到功能和算法特征的分解图式，而没有考虑数据接口及数据管理问题，在考虑了它们之后，无疑功能结构图是要改变的。为避免涉及复杂的数据接口及数据管理技术，这里不再给出 BDP 的功能结构变型。

3.3 数据流分析方法

数据流分析是一个比较完善的系统分析和设计方法，它首先由 I.Constantine 提出，后经 E.Yourdon, G.Myers 等人发展并加以推广应用。它适用于各类软件项目的开发，特别适用于信息和事务处理型软件的开发。因为这些软件的基本功能常表现为信息流分阶段的变换，故以信息流向和加工相结合的图式来模拟未来软件的构成，会更符合实际，合乎人们的思维过程。

这一分析方法的技术要点是

· 自顶向下，逐层分解，绘制数据流图。简称 DFD 图(Data Flow Diagram)；

· 精确定义每个数据流和每个加工，即定义每个加工的功能，每个数据流的成分及每个成分的属性，数据结构，数量，传递方式等。

1. 数据流图

图 2.7 是一个软件 P 经过四级分解的数据流图。构成数据流图的基本成分是

· 用带箭头的线段表示数据流线。它可以由若干个被称为数据项的数据成分组成；

· 用圆圈表示加工，将输入它的数据流变换成输出的数据流；

· 用双弧线段表示文件。若箭头指向文件，表示写文件；相反则表示读文件；

· 用 I 表示输入，用 O 表示输出。输入数据流的来源叫源点，输出数据流的归宿叫终点。

就图 2.7b 所示的数据流图而言，它表示数据 I 由源点流入，经过加工 P_1 变换成数据流 X，再经过 P_2 变换成输出 O。加工 P_1 在进行数据变换时要写数据到文件 F_1，加工 P_2 要从文件 F_1 读数据。

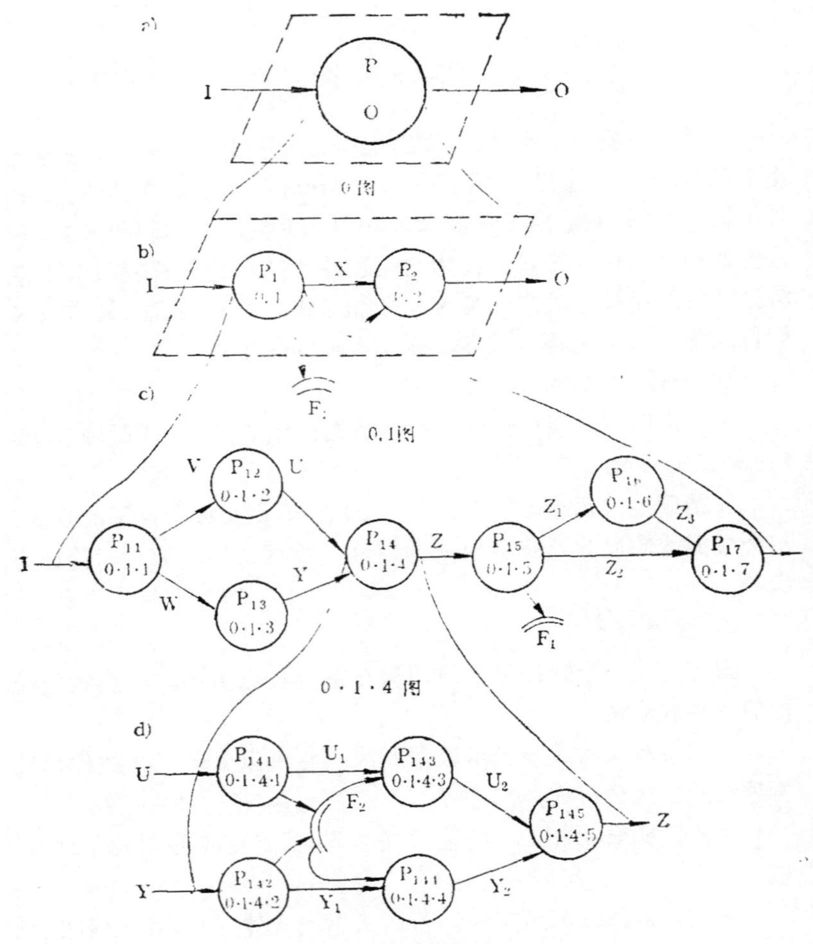

图 2.7　数据流分解示意

为了数据流表示的一致性，对数据流图做如下约定：

• 每个数据流可由多个成分组成；它可以由加工流向加工，由加工流向文件，由文件流向加工，由源点流向加工，或由加工流向终点；不能在两个加工之间有双向流或环向流，也不能由加工流向源点，或由终点流向加工；

• 可以有多个源点和多个终点，即多个输入和输出。

2. 如何画数据流图

经验指出，对不同的软件需要根据不同的思路画 DFD 图。一般说来，应是由外向里，自顶向下，模拟现行的问题处理过程，通过一系列分解步骤，逐步精细地表现出整个软件的构成。

对于一个大型软件系统，不可能将全部最终的加工和数据流都在一张图上表现出来。这样显得图面太大，关系复杂，难以理解。为控制复杂性，需要采用分层技术，用一套分层 DFD 图，来分解复杂性。分层体现了抽象和信息隐蔽。上层不管下层的细节，暂时掩盖了下层加工的功能及它们的复杂关系。

一个软件系统的一套分层 DFD 图，由顶层、中间层和底层图组成。顶层图只有一张，它描绘了整个系统的作用范围，抽象地表现了系统的总体功能、输入和输出；中间层的 DFD 图是通过设置中间数据流和分解加工而形成的，这样的分解应该一直进行到每个加工的功能独立，简单明确，且数据流被严格定义为止；每张底层 DFD 图是由一些不能再分解的加工和简单数据流组成，这些加工被称之为基本加工。显然，这种自顶向下逐层地理解和表达系统的分层 DFD 图，是一个很好的系统分析方法，比在一张图上一次考虑系统的所有成分要好得多。

为了严格地表现一套 DFD 图，需要引入如下概念：

(1) 上图与下图。如图 2.7a 所示的顶层图是整个系统的抽象表示，它是其分解图 2.7b 的上图。相反，图 2.7b 是 a 的下图。一张中间层的 DFD 图有几个加工，就会有几张下图。上图里的加工是其相应下图的抽象表示，下图则是其上图中相应加工的精细化。

(2) 分层图编号。顶层图中加工，即整个系统的编号以 0 表示，以下每一张下图的编号就是上图中相应加工的编号，而下图中每个子加工的编号应该是下图号加小数点加局部加工号。在一张分层图里，每个加工的编号中所含小数点的个数，就是该图的层次数。图 2.7 已显示了这一编号规则。按此规则，可将一个软件系统的全套 DFD 图归档，作为软件分析的成果之一。

(3) 上、下图数据流的平衡性。在绘制分层 DFD 图时，必须使下图与其上图中相应加工的数据接口保持平衡，例如图 2.7d 在外部接口上与图 2.7c 中的加工 P_{14} 的输入、输出平衡。逐个检查分层 DFD 图的数据流的平衡性，是消除 DFD 图错误的一个重要手段。

(4) 局部文件。如果某个中间层的 DFD 图中的数据文件不是上图中相应加工的外部接口，而只是本图中多个加工之间的信息接口，则称这些文件为局部文件。一个局部文件只有当它作为两个加工的数据接口或某个加工的特定输入或输出时，才给予标出。图 2.7d 中的文件 F_2 就是局部文件。局部文件标出的约定有助于信息隐蔽。

在画一个系统的分层 DFD 图时，须注意如下事项：

• 应使每次分解生成的 DFD 图上的数据流和加工都容易确切地命名。否则说明分解欠合理，应重新考虑。分解应该自然，概念上清晰、合理；

• 在软件分析过程中应只考虑稳态，暂时忽略有关细节。例如非软件需求定义中列出的内部诊断纠错可暂时不予考虑；

• 在进行逐层分解时，应避免分解过快或过慢，即不要使一次分解的加工太多和太少。太多会使一张图的复杂性增大，太少会使层次增多，增加了综合评价的工作量。经验指出，每层分解的子加工数不应超过 7 个，但也不要只是二分；一般应上层分解快些，下层慢些；分解应尽量均衡，使每个加工的工作量相当，避免某些加工已是基本加工，另一些还须分解若干次。

分层 DFD 图技术是一个比较严格也容易理解的描述软件分

析成果的方法。它充分体现了抽象和信息隐蔽，降低了软件分析的复杂性。

3. 改进数据流图的技巧

对于一个大型软件，实施数据流分析，一次成功的可能性极小，软件分析人员必须有返工的思想准备，应该努力改进和完善 DFD 图。

改进和提高一个系统的 DFD 图的合理性和正确性的方法，是从如下方面进行综合评价，以期发现缺陷和错误：

• 分解是否违反功能分类和算法常规；
• 上、下图的数据流是否平衡；
• 分解层次是否均衡；
• 每个加工特别是基本加工的功能定义是否明确具体。

3.4 数据流分解和功能分解相结合的分析方法

对于一个大型科学或工程应用软件，仅仅采用上述任何一种方法都是不方便的。为了使软件分析符合思维过程和算法特征，必须把它们结合起来，以获得最好的软件分析和设计效果。本节重点叙述它们结合使用的原则。

我们以图2.8为例考察软件 P的分解过程。先通过引入中间数据流 D 对 P 进行数据流分解，然后根据输入数据 I 和中间数据D的构成与 P_1 的功能，对 P_1 进行功能分解，再根据 P_{11} 的功能和算法特征，对 P_{11} 再进行功能分解，可以这样依法继续进行下去。

一般而言，对一个系统的分解可按如下思维过程进行：

1. 首先考虑系统的主要输入和输出，明确其属性，分析其数据构成，并考察系统的功能和算法特征。

2. 研究（1）所确定的输入、输出、功能和算法，根据不同情况实施如下分解。

• 如果输入与输出的数据成份存在明显的对应关系，或者系统的功能和算法存在分类关系，则进行与之相应的功能分解；

• 如果输入与输出之间不存在明显的对应关系，而系统的功能表现为对输入进行一系列变换之后才成为输出形式，则应设置中间数据流，进行与之对应的数据流分解。

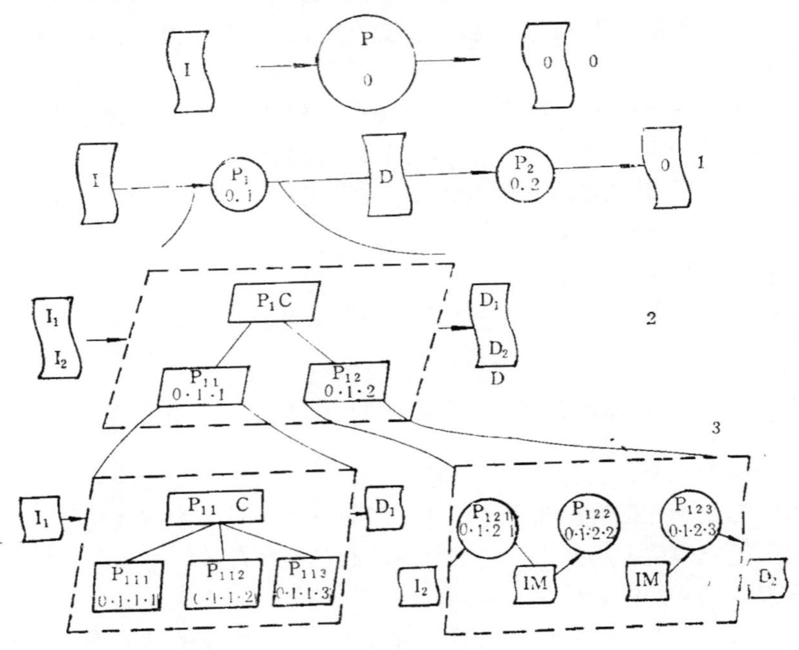

图 2.8 数据流分析和功能分析相结合实现软件分析的示意图

3．对(2) 产生的功能块或加工，重复(1→2) 的分析，直到每个功能块或加工的功能足够简单，易于实现，且数据结构能精确地定义为止。

上述形成的分解层次，既利于功能的抽象，他利于下层信息隐蔽。这里，一个中间成份的分解，是基于功能分解还是数据流分解，则依赖于其内含的功能和输入输出数据结构。

由于每个中间成份的分解，都只是使用一种分析方法，故两种方法不会发生混淆，每次分解仍然易于理解和实现，称这种结合法为正交结合法。

为了保证每次分解在接口数据区使用和子程序调用方面的正确性，建议分解时遵守如下约定：

• 用数据流方法分解以数据流方式结合的上层加工P时，P所具有的接口数据流，仅为P的一个内部子加工所引用或生成；

• 用功能方法分解以数据流方式结合的上层加工P时，P所具有的接口数据流，可为P的任何一个内部子功能块所引用或生成；

• 用数据流方法分解以功能方式结合的功能块P时，P所隐含调用的子程序分别只为P的一个内部子加工所调用。P所具有的数据接口，只为P的一个内部子加工所引用或生成；

• 用功能方法分解以功能方式结合的功能块P时，原则上P所隐含调用的子程序，可为P的任何一个内部子功能所调用。P所具有的数据接口，可为P的任何一个内部子功能块所引用或生成。

这些约定是为了确保系统功能的实现，特别是当有共享数据区和子程序调用时，确保软件不发生混乱。

§4 数据分析与设计

知名的软件专家N.Wirth的一本题名为《算法+数据结构=程序》的著作充分显示了数据结构在程序体中的重要地位。精细和良好的数据分析和设计，会导致良态的软件结构，会降低软件实现的复杂性。因此，对软件成分中各种数据接口进行认真地分析和设计，是系统分析的重要组成部分，它应该包括数据结构和物理结构设计。鉴于一般应用软件都是用高级语言写成的，其物理结构一般由相应的高级语言编译器和操作系统完成，故本节不再涉及物理结构。

因为关于数据结构已经有许多专著，故本节仅限于叙述一般的数据分析与设计技术，而对于数据结构只做简单概述。

4.1 数据结构

系统分析过程中的信息隐蔽和数据抽象，为逐步设计良好的数据结构及其操作算法创造了条件，因此数据分析和设计的具体任务是：首先逐层确认接口数据的对象、属性、成分、数量和传递要求，然后设计它们的数据结构及相应的操作算法。

为了获得良好的数据结构，在进行数据分析和设计时，应该综合考虑如下因素：

- 基本加工或功能块所隐含的算法对数据结构的要求；
- 用户对外部接口数据结构的要求；
- 存贮空间和存贮介质对数据量和数据结构的限制；
- 程序设计语言对复杂数据结构的适应性；

目前常见的数据结构形态分为静态结构，半动态结构和动态结构。它们的基本特征如下：

1. 静态结构。常见的静态结构形式有

- 标量；
- 向量(一维数组）；
- 多维数组；
- 定长记录，允许不同类型的数据存放在一个记录里。

在存贮量容许的情况下，应当尽量采用这类数据结构，因为它们易于理解且操作简单。

2. 半动态结构。常见的半动态结构形式有

- 自描述记录，存贮区可以逐次分配；
- 栈，后进先出存取；
- 队列，先进先出存取；
- 双向队列，先进先出与后进先出兼有。

它们的共同特征是简单且有效地提高了存贮区的利用率和存取效率。

3. 动态结构。常见的动态结构形式有

·链式结构。具体的形式分向前链表，循环链表，双向链表，链式栈。链式队列和每个结点又可是一个链表的广义链表；

·树型结构。具体形式有二叉树和多元树等。

构造动态数据结构的原则是提高存贮区的利用率、缩短查寻与存取时间。基于这些原则和软件处理数据的特点，系统分析和设计人员可以设计新的动态结构形式及高效的操作算法，来实现信息隐蔽和提高运行效率。下面介绍一种特殊的动态结构，它是上述数据结构的巧妙组合。

4.2 广义可变数组

这是一种特殊的数据结构。当多层树状结构的每层结点很多，例如大于 1 000，又每个结点的数据元个数不等时，可以采用这种结构。它在科学工程软件中比较有用。图 2.9 显示了这种数据结构的逻辑形式，它是可变数组、多层树状与链表形式的巧妙结合，它保持了数组维数及每维长度的随运行状态的可变性，并且数据元可以逐步生成，生成过程中就可引用已经生成的数据元，检索步骤相对确定且比较少。

在广义可变数组里，每个中间结点都有相同的数据结构，是一个自描述动态数组。其第一个数据项是定义本数组的结构特征，由若干个数据元组成，它们是

·本结点所含基本数据项个数N；

·每个基本数据项所含数据元个数M；

·依次存放的M个描述第一到第M个数据元属性的说明有C_1，C_2，…，C_M；

·基本数据项是否含子结点标志L。

其中L＝0表示基本数据项不再含有子结点，L＝1表示每个基本数据项都可以有子数组，即子结点。以下顺序排列着N个基本数据项，每个基本数据项由M＋L个数据元组成，它们是

·第 1—M个数据元；

• 第M + L个为子结点指针P = <0| 非零正整数>。

按约定每个数据元均为四字节字。这意味着当某个数据元是标识符时，它必须为四个字节的字符串；当为整数或实数时，它必须是四个字节的整形或实型数；当指针P = 0时，表示尚未生成该数据项的子结点。每个基本数据项的第一个数据元如果是标

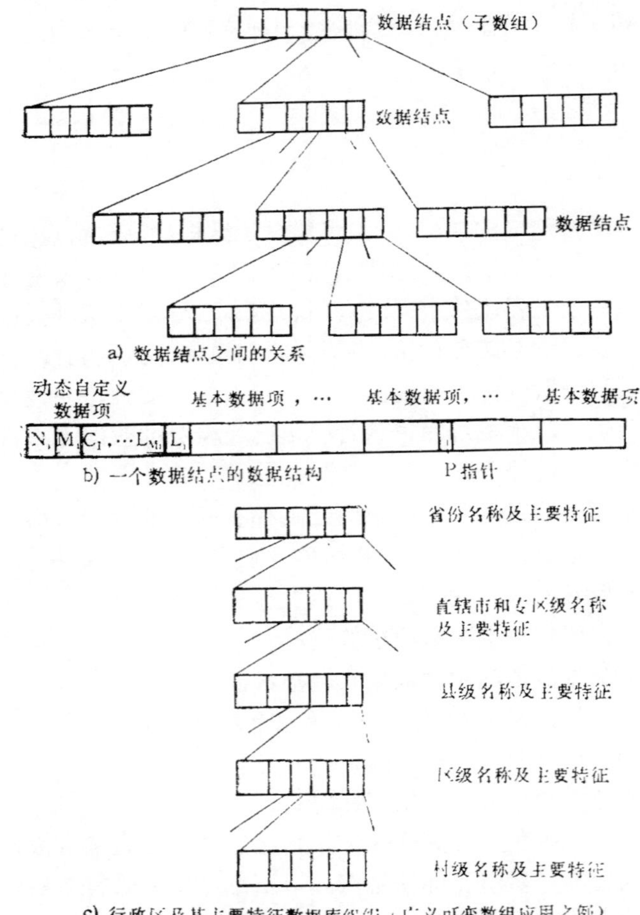

图2.9 广义可变数组A（*，*，*，）示意

识符，则它可以看作由它引出的子数组的数组名，而指针值指出了子数组在存贮区里的位置。

读者不难看出，广义可变数组的数据结构具有递归性，每个下层结点可以继承上层结点的某些特征；其生成过程必须逐步进行，首先生成第一个子数组；每生成一个子数组，必须先生成定义子数组特征的自描述数据项，然后生成每个数据项的数据元。

图 2.9c 以行政区及其主要特征数据库为例，说明了这种数据结构的应用。由于不同的省具有不同数量的直辖市和专区，不同的直辖市和专区又管辖不同数量的县，不同的县又管辖不同数量的区，不同的区又有不同数量的村，故每个子数组采用相同数据结构形式的动态自描述定义，既利于数据录入、存贮，又利于查询和利用，而且每个子结点可以自然地继承上层结点的特性描述。

显然，这种广义可变数组允许在生成过程中对已经生成的部分进行引用，并且访问形式随着访问的深度而变化。它们可以是

A（I），A（I，J），A（I，J，K），

A（名字，J），…

为了提高访问这种特殊数据结构的效率，并确保访问的灵活性及存贮区使用的有效性，应设计专用的数据操作子程序。

4.3 复杂数据结构的逻辑表示

在软件工程实践中，常常遇到更复杂的信息组织需要描述或处理，它们在存贮器或信息表上表现为顺序关系，其逻辑关系是十分复杂的，决不是上述几种数据结构可以表示的。为此，必须引入描述复杂逻辑关系的方法，来表现顺序数据区上数据元的属性，以便引用或加工。

复杂数据结构的描述，除了直接采用程序设计语言的数据描述功能，例如C和PASCAL外，还有专门的数据描述语言，例如DDL，PDL语言和图示技术。为了和第七章引入的程序逻辑表示技术一致，我们引用PAD图技术来描述数据逻辑结构，基本图式

如图 2.10 所示。在条件选择图式里，是先对当前数据元进行运算，根据条件值决定其后数据元的属性或结构特征。显然，这些

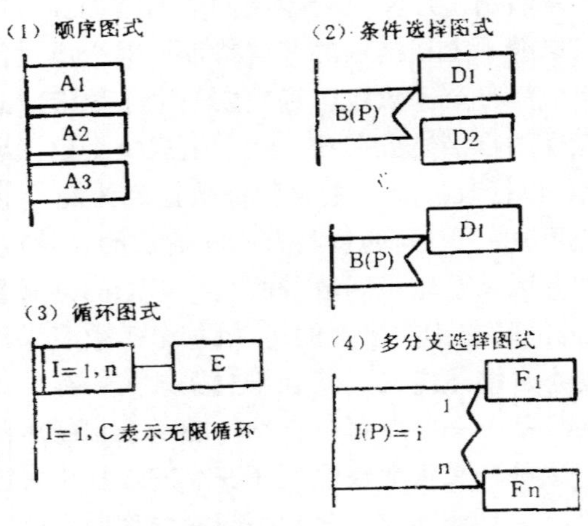

图 2.10　用于数据逻辑结构表示的 PAD 图式

图式是可以嵌套使用的，用它们的嵌套关系可以准确地描述或唯一地解释数据表上的所有数据元的属性。因此，以这种方式描述接口时，需提供两组信息：一是数据源，即顺序数据表或存贮区；二是数据结构的逻辑表示。图 2.11 是一个例子，其中大写字母表示数据元的属性。

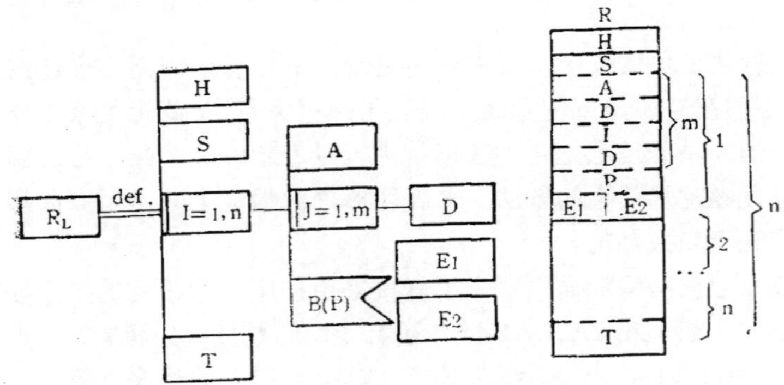

图 2.11　用 PAD 图表示复杂数据结构之例

关于PAD逻辑结构图的形式化表示将在第七章给出。相应于数据结构的PAD表示，应该设计专门的操作子程序，以提高存取速度。

4.4 数据分析与设计准则

为了提高数据分析和设计的效果，Wasserman提出过一组数据分析与设计的准则。下面四条是它们的概括与扩充：

1．数据分析与设计必须和系统分析与设计过程同步进行，即在系统分析和设计过程中所遇到的接口数据的类型、数量、数据结构和传递方式必须同时得到确认，因为数据组织直接影响着软件结构，影响着软件运行的复杂性和效率。

2．对于软件的外部接口，应该确认所有的数据结构并设计施于其上的操作。对于软件的内部接口，应该设计专用的或规范化的数据结构，并设计施于其上的操作子程序。规范化的数据结构和操作子程序应视为软件开展的资源。正如数学软件库和图形软件包可以加速应用软件的开发一样，规范化的数据结构模型及其操作的子程序库，可以减少结构设计和规格说明的工作量。

3．伴随于自顶向下逐层分解的系统分析，应该进行自顶向下的数据分析和设计，并应充分使用信息隐蔽的技术。较低层次的数据设计抉择，应当推迟到较低层次去精化，一种数据结构表示应该仅仅让使用该数据结构的模块知道。从此观点出发，针对复杂的数据结构来设计专门的操作子程序，可以掩盖软件设计的复杂性。

4．在设计数据结构时，应该充分考虑程序设计语言对复杂数据结构的支持能力。例如，FORTRAN语言不支持复杂的数据结构。如果在内部数据接口的设计中过多地采用复杂和多样化的数据结构，无疑会使软件复杂化，增加了软件开发的工作量．而且影响运行效率。

5．如果基于软件功能分析需要建立专用数据库，则应该尽早进行数据库及其管理系统的分析和设计。

§5 需求分析说明

需求分析阶段完工的标志是编写好软件需求分析文档，并通过需求分析评审。

软件需求分析文档是需求分析阶段的研制成果，也是软件项目进一步开发的依据，必须认真编写。

就软件需求分析文档的生成方式而言，目前有以下两种：

1. 计算机辅助生成。借助于计算机化的软件分析工具，实现需求分析文档的自动生成。这类工具的代表是PSL/PSA[13]，它是软件开发自动化支撑环境ISDOS的一个组成部分，由密执安大学开发。它可以对系统分析的一致性进行检查，并可以根据开发者的需要，随时生成需求分析文档。

2. 手工与半手工方式。目前大多数软件项目的需求分析文档的编写，都还处于手工或半手工方式，虽然许多人使用了计算机，但都是作为文字录入、排版与印刷的先进工具，没有改变手工编写的非规范特征。为了保证文档质量，并便于开发人员的内部交流和提高软件产品质量，编写需求分析文档不应该各行其事，必须按照一套软件开发标准办事，而由D.T.Ross提出的SADT技术则是一套有效的软件分析与设计的标准技术。

对于一般软件，需求分析文档就是需求分析说明书，它应该包括需求定义说明、系统分析说明、支持环境与开发进度说明、软件配置说明和质量保证说明等。前两项是该文档的主体。本节重点叙述编写它们的技术。

5.1 需求定义说明

软件需求定义说明是软件分析人员在使用§2的需求定义方法对用户的需求进行认真的调查，并经过抽象、综合和确认之后写成的软件需求定义文档，决不应该是在调查过程中收集到的用户需求资料的罗列。一般而言，应从如下六方面精确定义软件需求：

1．功能需求。指定未来软件做什么，必要时可以指定不做什么。对于每一类或每一个功能，应做出输入、加工及输出说明。

2．性能需求。指定未来软件的静态和动态指标。例如，计算精度，结果精度，适应问题的规模、可靠性等。

3．设计约束。规定支持性硬件和软件的限制。例如，主存和外存容量，存取速度，运算速度，通讯渠道；未来软件应遵守的标准和规范。对于工程应用软件，应指定专业性的工程技术或设计规范等。

4．其他属性。如未来软件的装机、初始化，操作要求，检查点、恢复点和重新启动点的位置，安全保密性，可维护性，可移植性，要求适应的各种可能的计算机类型等。

5．外部接口。未来软件的外部接口包括如下四方面：

(1) 用户接口、用户问题、操作命令及结果的描述形式和传输方式。对于大中型科学工程应用软件，在需求定义阶段尚难精确定义，只能指定原则性要求，精确的用户接口需到软件设计阶段才能定义。

(2) 硬件接口。与未来软件相连接的硬设备的接口。

(3) 软件接口。与支持性软件及辅助软件的接口。

(4) 通讯接口及网络协议。

6．数据库需求。未来软件运行时需要联机的数据库及其管理系统，数据库名称，结构，功能，性能及联机方式。

在描述未来软件的需求时，应做到如下三条：

第一，对软件的所有需求不能同等看待，要清晰地区别它们的重要性。哪些是必须保证的根本需求，不完成不予验收；哪些是希望达到的需求，即使实现不了也可以接受；哪些是暂时可不予实现的长远需求，以待扩充和完善。

第二，软件需求描述应该是无歧义的、完整的、一致的、可验证的和无冗余的。所谓无歧义是指每个需求说明只能有唯一的解释。所谓完整性是指对功能、性能、设计约束、有关属性、外部接口及数据库都已给予完整的、符合标准的定义。所谓一致的是指所有需求没有互相矛盾之处。所谓可验证的是指需求定义是定量的和精确的，而所谓“良好的用户接口”则是不可验证的。所谓无冗余的是指没有重迭或重复的需求说明。

第三，软件需求定义描述应尽量避免涉及未来软件的结构和实现方案，以免造成不合理的设计约束。但是，用户对未来软件的结构和实现有特殊要求的情况除外。

5.2 系统分析说明

在使用前面两节的方法对未来软件进行了合理的系统分析之后，应该严格地写出系统分析说明。在没有使用计算机化的辅助分析工具的情况下，有必要约定表现系统分析成果的规格化技术。这里我们叙述一种表现技术，它由两部分组成：

- 系统分解图式；
- 系统分析词典。

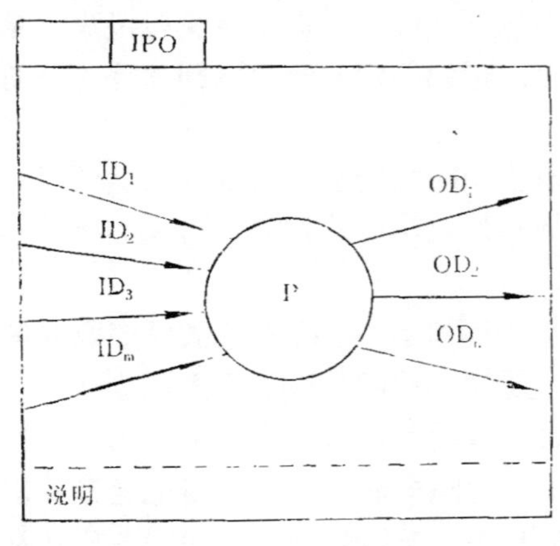

图 2.12　软件的IPO图

1. 系统分解图式

我们采用如下的图式规则来表现软件的系统分解过程：

(1) 软件的总体特征用一个输入—处理—输出图，即IPO图表示，(见图2.12)。图上必须标出系统的全部输入和输出。

(2) 每个中间层次的分解都必须对应一个由矩形框围住的分解图(见图2.13)。在矩形框上必须标出如下内容：

·在图的左上角标出分层图号以及上层加工名或上层功能块名；

·图面的主要部分表现分解结果。对应于数据流分解应采用如图 2.7 所示的圆圈图。在圆圈内标上子加工名及子序号，在数据流线旁边标上数据流名；对应于功能分解应采用如图 2.3 所示的分解图，应在图的上部设置一个小矩形框表示上层加工或功能块，在表示下层功能块的每个框内标出子功能块名和子序号；

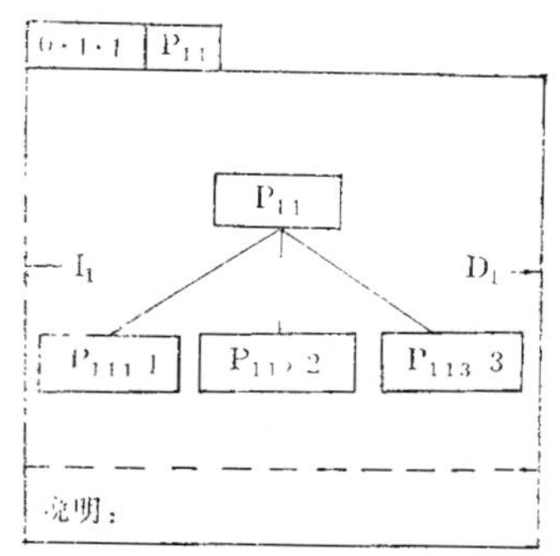

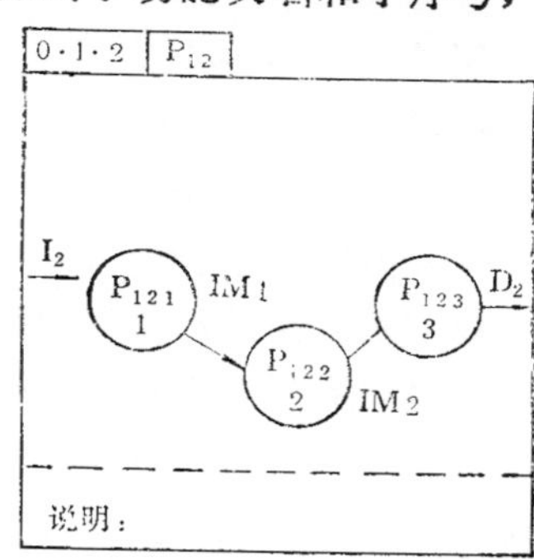

图 2.13 相应于图 2.8 所示分解的两个子图

·对应于本次分解的外部接口也应在图上标出，其输入与输出流线必须与整个矩形框的边线相衔接，并以箭头标出；

·必要的文字性说明应在矩形框的下部给出。

2．系统分析词典

无论是采用功能分析法，数据流分析法，或者它们的结合，在绘出分解图之后，还必须对分解图中的成份做出严格的说明，否则对分析成果的表现是不完全的，是难以理解的。如果在图上做出完全的说明，势必会造成图示的混乱，而且说明的格式难以统一，并会造成冗余。因此，有必要在分解图之外，建立一个系统分析词典，以规格化形式对图示中的各种成份做出严格的无冗余的说明。下面简要给出系统分析词典的编写方法。

(1) 编写系统分析词典的要求

a) 对于功能分解过程中出现的全部功能块和接口数据，和对于数据流分解过程中出现的全部数据流、文件和基本加工，都应该无遗漏地分类编写条目。

b）全部条目的说明要用开发者和用户都能理解的语言并按结构化的方式描述，做到准确无二义，同时应避免自然语言的冗余和不可验证的现象。

(2) 各类条目的编写格式

a）数据条目格式。

数据名：

属性——……

组成——……

数据结构——……

传递方式——……

我们把数据流和接口数据条目统称为数据条目。一般每个数据流或接口数据都由若干数据项按一定规律组成。这些数据结构的逻辑表示，应该采用一种完全一致的表现技术（图示技术或数据描述语言）表现出来。

对于数据流或接口数据中的各数据项，需说明其类型、取值范围和精度等，这就要建立数据项条目，它们是数据条目的子条目，一般应跟随着所属的数据条目。对于输入数据，需要指出输入方式、输入设备等。对于输出数据，用户经常要求以图形或报表形式输出，所以在输出数据条目中，应该指出输出方式、格式或图案号，并在条目后面附上格式或图表的标准形式。属性说明需指出该数据名所标识的数据是文件还是内部数据接口，并指明它的作用。

b）加工和功能块条目。

由数据流分析法可知，系统是被逐层分解为最终的足够简单的基本加工。加工类条目只含对基本加工的说明，各种高层次的加工不必再列条目，它们可以通过对基本加工的逐级合成而得到解释。但是，对于那些以功能分解法实现中间层次分解的上层加工必须列入条目。加工或功能条目的内容包括：

加工或功能块名：

功能描述——……

算法要求——……

设计约束——……

接口数据——……

(3) 词典编目方法

我们建议的这种数据词典编目法是建立在“逐层分解”的结构化分析方法的基础上的，它与系统分解图是对应的。其具体做法是

a）每一成份都唯一地对应有一个编目号：

编目号＝编号＋词类标识符，

其中

词类标识符＝〔D｜F｜P〕，

D＝数据的词类标识符，

F＝文件的词类标识符，

P＝加工或功能块的词类标识符。

b）条目按图号排序，下图紧跟在它所属的上图之后。同一张图中，数据条目在前，文件条目在后，加工或功能块在最后。同一类条目中编号小的在前。

c）为完善词典编目，在分解图上，对数据和文件分类标号。文件标以F1，F2，…。

d）同一成份若在某组上下图中同时出现，则只在一张图(通常是上图）上标号编目。

5.3 需求分析评审

编写好软件需求分析文档之后，应进行需求分析评审。评审工作应由开发人员和用户代表组成的专门小组完成。他们从如下诸方面对软件需求分析文档进行审查：

- 需求定义是否完整、准确，需求定义和系统分析是否一致；
- 所有重要的接口是否已有描述，数据结构是否已有定义；
- 各种图示是否清楚；

· 设计约束是否被遵守；

· 采用的开发技术是否有冒险性；

· 软件开发费是否会超支。

需求分析评审一旦通过，它便是一份用户和开发者都应该接受的技术合同，是进一步开发的依据。

§6 例

本节以一个小型软件——平面弹性问题有限元软件(PEFES)为例，显示一个软件需求分析说明书的表现形式。限于篇幅，这里只能摘其一部分。

编号

需　求　分　析　说　明

软件名称 平面弹性问题有限元软件

标识名称 PEFES

委托单位 ____________

开发单位 ____________

需求分析

负 责 人 ____________

编 写 者 ____________ 年　月　日

审 核 者 ____________ 年　月　日

图2.14 需求分析说明书封面

需求分析说明书的封面如图 2.14 所示，其内容如下：

目录

2.4 其他属性

2.5 外部接口

3. 系统分析

3.1 系统分解图式

3.2 系统分析词典

4. 开发与运行环境

5. 软件配置

6. 开发进度

7. 质量保证计划

1. 引言

本项目是由于××工程问题分析的需要而提出的，目标是研制一个专用的工程有限元应用软件，以便在微机上分析静荷载作用下的弹性平面应力和平面应变问题，获得变形和应力状态，为工程设计提供依据。要求整个软件用FORTRAN语言编写，×年×月×日之前完成，委托单位提供总经费×万元。

2. 需求定义

2.1 功能

PEFES必须能对如下的平面弹性问题进行静力分析：

·由多种弹性材料组成的，具有任意几何形状的，单连通或复连通平面区域；

·荷载条件可以是静力集中荷载、自重荷载、边界分布荷载、温度荷载与初应变等，或者它们的组合；

·约束条件可以是固定约束、指定位移等，或者它们的组合；

·用户的输出要求可以是结构外形图、网格剖分图、结构变形图、等应力线，或者节点位移、节点应用和主应力等。

2.2 性能

PEFES的主要性能是

·能在IBMPC/XT微机上分析具有1 500个节点的平面问题；

·结果精度要求是在吨-米单位制下，对工程上有意义的结构部位，其位移值应达到四位有效数字，其应力应具有两位有效数字，总体平衡误差不超过10%；

·对用户的初始剖分数据有诊断能力；

·PEFES的预处理部分应有网格自动剖分、各类信息的自动生成、节点编号优化的能力。

2.3 设计约束

PC/XT的主存为512K，图形显示应限于中分辨率的普通显示器，绘图输出应限于24针打印机。

2.4 其他属性

PEFES还应具有如下属性：

·要求用FORTRAN-77编写，与机器相关的操作应相对集中，使其具有较强的可移植性；

·要求采用模块化结构设计，接口应清晰，以利修改扩充；

·对关键性中间接口数据有保护措施，以使中间再入启动。

2.5 外部接口

本软件的外部接口主要是用户接口、软盘、打印机与显示器。

(1) 用户接口是实现用户问题输入、结果输出和操作软件运行。要求设计的描述用户问题的输入格式和表现分析结果的输出格式符合用户习惯，简单明瞭。建议多采用带标识符表头的表格形式。对于图形输出，应该在图上有简单的标识符，以便正确理解结果。操作命令，除设置初始的启动命令外，应设置多个中间检查命令，中间启动命令等。所有命令的标识符都应该简单且可理解性强。

(2) 与软盘、打印机和显示器的接口，是实现批数据输入和输出的，通过系统软件实现，本软件不做特殊处理。

3. 系统分析

PEFES软件的核心算法是有限元方法。参照现行有限元软件的算法结构和程序结构，PEFES的系统分解如下：

3.1 系统分解图式

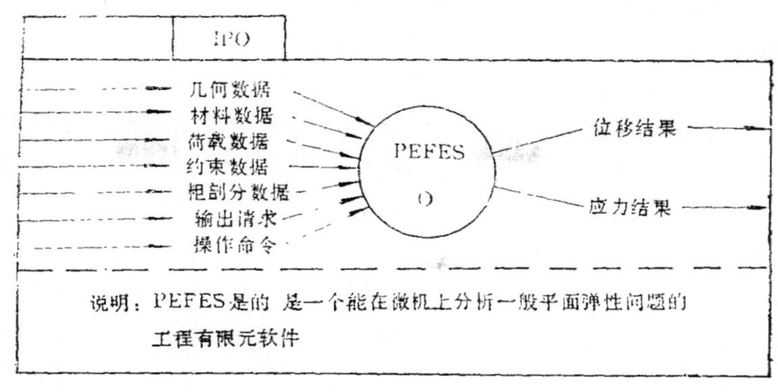

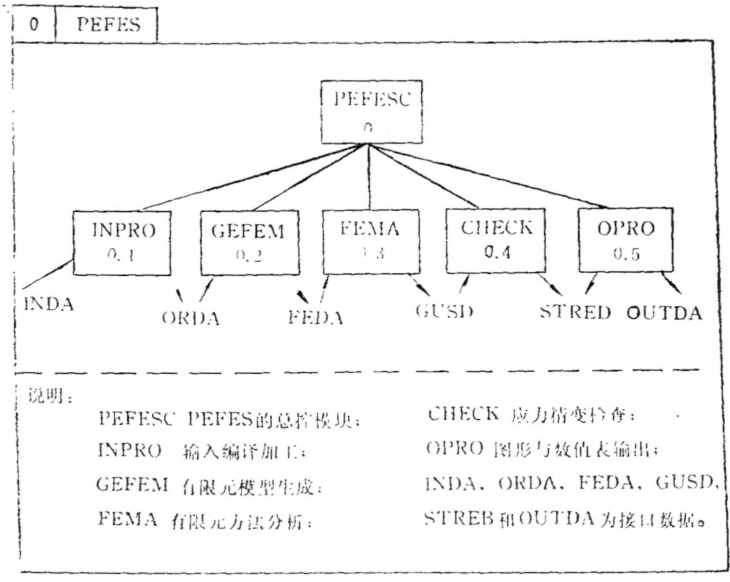

3.2 系统分析词典

在系统分解图里所出现的外部接口INDA和OUTDA的标定，待到用户接口设计阶段完成。所有内部接口的数据结构对所选择的计算方法——单元形态、求解算法、自动剖分算法及精度检查方法依赖较大，故只能到结构设计阶段才能精确定义。限于篇幅，下面只给出功能块 FEMA 的说明。

FEMA（0.3 + P）：有限元方法分析：

功能描述：按照有限元算法过程，根据有限元模型数据FEDA，进行有限元分析，获得广义节点位移及每个单元上的应力和主应力。

算法要求：①使用单元信息、节点坐标、材料特性数据，逐个单元计算单元刚度矩阵，再根据荷载信息逐个单元计算等效于分布荷载的节点荷载；②迭加单元刚度矩阵，组装成总刚度矩阵，迭加每个单元的等效节点荷载和集中荷载，生成总体荷载；③对总体有限元方程实施约束处理，获得可解的有限元方程；④求解有限元方程获得广义节点位移；⑤计算单元应力和主应力。

设计约束：有限元方程组装和求解算法的设计应确保可以求解 3 000 阶的有限元方程，并保持较高的计算效率。

接口数据：输入 FEDA，输出 GUSD。

4．开发与运行环境

PEFES 系统的开发和运行环境是 PC/XT，DOS 操作系统，FORTRAN 编译器以及 Auto CAD 图形软件。

余略。

第三章 软件开发方法论

§1 引　言

本章的主题是讨论指导软件开发的思想方法和知识体系，讨论不同的系统设计方法，并向读者推荐几种典型的系统构造模式，目标是使读者对各种开发方法，特别是软件设计方法有一个较全面的了解，在以某一种方法和模式开发软件时，能够恰当地吸收其他方法和模式的优点，生产出高质量的软件产品。

软件开发的中心环节是软件设计，因此我们将重点讨论软件设计方法。

进行软件设计不同于组装自行车，可以通过有限个工作步骤，获得成型的产品。因为组装一辆自行车需要购买什么类型的零件，零件之间具有什么样的搭配关系，都是具体和明确的。而软件设计，特别是全新的大型软件的设计，问题要复杂得多。设计者不知道未来软件是什么模样，它由多少个模块组成，每个模块具有什么样的功能，其间的接口如何，未来软件按什么方式运行，用户怎样使用它等等，一切都是模糊和不确定的。

类似于其他科学和工程问题的求解过程，软件设计是设计者对设计问题的求解过程。对于科学工程应用软件研制而言，是设计者对用户问题集合及对解决问题所需要的知识体系的认识过程，该知识体系应该包括理论模型、计算方法、软件开发方法与技术等，而设计方案是在认识达到一定深度后形成的。具体而言，软件设计就是从需求分析说明出发，通过认识软件的知识体系，找到完全满足用户要求的接口形式、算法体系、程序和数据结构，并做出细部设计，达到可以直接编程的程度。

由于满足同一功能和性能集合的软件设计方案可能有无穷多

个，由于有两种不同的软件开发模式和多种解决软件设计问题的途径，由于存在多种系统分析和设计方法、多种软件组织和构造模式，故在一个全新的大中型软件设计中，设计者之间发生思维冲突是不可避免的。为减少思维冲突，在实施具体设计任务之前，制定一组合适的系统开发原则来指导和约束整个开发工作是完全必要的。

制定系统开发原则是开发主持者的责任，他们应该根据软件需求分析说明和他们对未来软件知识体系的认识，灵活地运用系统设计方法和软件构造模式，结合自己的开发经验，完成系统开发原则的制定工作。

软件设计是一个从模糊概念出发，对未来软件逐步求精的认识过程。所有设计蓝图，包括系统开发原则，都不可能从某个公理或定理出发，经过确定性推理，得到最优的结果。软件设计是设计者进行创造性劳动的过程。

顺便指出，本章的部份段落，对初学者是难以理解的，原因有两个：一是限于篇幅，叙述过于概念化和简洁；二是有关方法、模式和技术都在发展之中，这里只宜讲思维方法和概念，不应过多涉及特定的表现形式。但是，作者认为，当把全书读完后，其思想要点是可以理解的。

§2 软件开发的知识体系

应用软件是知识密集型产品，其开发过程是一个以实现多学科知识的合成、凝聚和计算机化为目标的工程。应用软件种类繁多，开发它们所需要的知识体系自然不会相同，本节仅讨论科学工程软件开发所需知识体系的一般结构及认识途径。

2.1 知识体系

60年代中期软件危机的根源是由于开发者在知识和认识上的局限性，导致了他们难以认识和理解软件开发的知识体系，难以驾驭软件开发活动和开发组织的复杂性。实践证明，一个科学工程软件研制工作能否获得成功，决定于开发者对软件知识体系的认识深度，以及获取认识的速度。软件开发方法应该研究加深和加速这种认识的方法和技术。

就研制一个科学或工程软件而言，其知识体系由如下两部分组成：

1．客观知识体系。软件客观知识体系是软件要实现的客观体系，它包括：

• 用自然语言描述的软件应用领域中的原始客体和目标客体；

• 软件应用领域中的原理、定律、规则、条款、限制条件，以及实施对原始客体加工的理论模型。

一般的理论加工模型可表现为顺序型算法序列和分类并发型算法组或它们的嵌套组合形式；也可以按其抽象的数学模型表现为分析模型、方程模型、决策模型、优化模型、逻辑模型、知识模型等，或它们的组合形式。

2．软件方法、技术及软件工具。它应该包括用户接口设计、算法设计、结构设计、数据与图形信息库设计、程序设计与调试的方法和技术，以及有关的软件工具与环境。

软件开发的第一步是认识软件的客观知识体系，需求分析则是认识工作的开始。但是，需求分析完工并不意味着这种认识的完成，恰恰相反，有时是认识刚刚开始，需要继续加深和完善。只有在对软件的客观知识体系的认识达到一定深度之后，才能着手实质性的软件设计，即实现从客观知识体系到软件结构的转换，进而生成软件产品。软件设计主要是完成：把原始客体和目标客体的自然语言描述转换成信息结构，把原理、定律、规则、条款和限制转换成信息模型，把理论的算法与数据转换成模块及模块化软件结构与数据结构，并完成细部设计。

2.2 认识途径

实现认识软件知识体系的途径很多，下面介绍两个在大型应用软件研制中有代表性的认识与设计并行的认识途径。

1．关键部份先行的认识途径，即从认识构成软件关键功能的客观知识体系出发，逐步扩大功能集合及其相应的知识结构。这是一种从简到繁、逐步增加的认识过程，并且在对构成关键功能的客观知识体系取得一定认识之后，立即进行实现关键功能的软件设计，把认识和实现紧密结合起来，从而简化了认识和实现全部功能需求的复杂性。据作者所知，在结构工程行业，大多数应用软件都是从先行考虑简单结构的静力分析开始的，这是因为它既是最关键也是最简单的功能成份；然后逐步扩大功能集合，认识其相关的客观知识体系并扩充相应的软件成份。但是，最终的设计方案应是考虑了全局的方案。

2．原型技术。这是一种通过构造原型，加速和加深对客观知识体系和实现方案的认识的途径。原型演化开发模式是一个把对软件知识体系的认识及开发过程融为一体的开发模式：从实现简单客观知识体系的简单系统入手，通过逐步认识、分析评价、修改更新，进而形成最终的软件产品。除此之外，在软件开发实践中，经常出现开发者对软件的某些客观知识的认识或设计方案的选择，需要通过构造原型来证实或确认。例如，对于输入输出比较复杂多变的应用软件，用户很难提出他们需要什么样的用户接口体系。因此，可以通过构造一个用户接口原型，使用户体会到他们需要什么样的问题描述形式、操作形式和操作命令，是面向问题语言（POL)？带标识符的数据表格（TABLE)？菜单形式？以及所期望的图形规格？是交互式？还是批处理操作？对于存在计算复杂性的客观知识模型，或对于计算时间、结果精度、存贮容量有较强限制的计算要求和计算环境，应该通过构造原型来加深认识，暴露设计方案的可行性和可靠性。

构造原型的工作过程如图 3.1 所示。构造原型的目的是加速和加深认识，因此快速构造原型是十分必要的，否则会失去构造原型的价值。为此，开发者应该选择先进、实用的软件开发工具和环境，以实现快速生成原型。

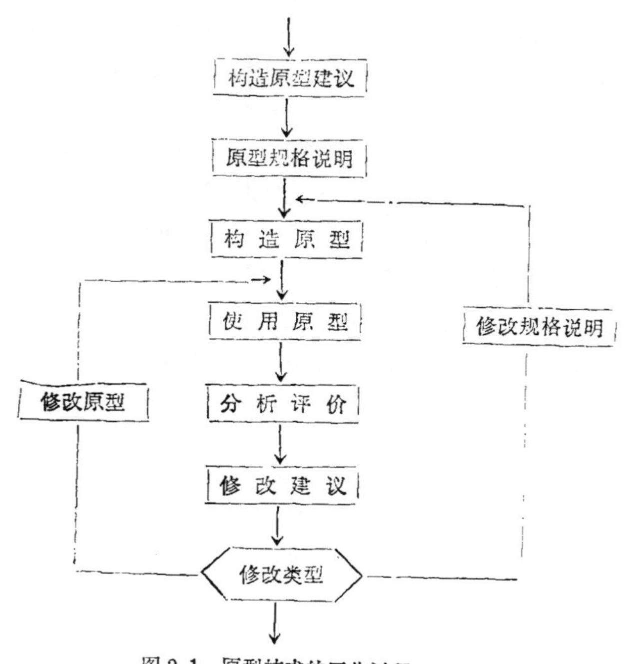

图 3.1　原型技术的工作过程

科学工程软件是面向计算机最终用户的软件。在对软件的客观知识体系的认识方面，用户一般都具有较高的素质和较深入的认识，因此开发者应该加强和用户的联系，拜用户为师，这是加速和加深对软件客观知识体系的认识，并获取满意设计方案的秘诀之一，切忌软件设计者闭门造车。

§3 系统设计方法

3.1 系统设计方法的思想要点

软件设计的过程是把软件需求定义及客观知识体系转换成可以直接编程的模块细部设计表示的过程，其中最重要的一环是系统结构设计，即把总体需求转换成模块的结构表示。

现代系统设计方法坚决反对把整个软件设计成单个有序的命令和数据的集合，而是把软件分割成若干个功能独立的程序模块，软件的运行靠在模块之间传递信息和每个模块独立工作来完成。构成现代系统设计方法的思想要点是：模块化，信息隐蔽、抽象、分解与综合评价，以及把总体设计与模块细部设计相对分开等。

1．模块化。模块化是基于分而治之的策略以克服整体设计的复杂性而形成的。事实上，在自然科学和社会问题处理中，存在如下逻辑：假定问题X的复杂性是$C(X)$，解决它所消耗的工作量是$E(X)$，如果有两个问题X_1和X_2，且

$$C(X_1)>C(X_2),$$

则会有

$$E(X_1)>E(X_2)。$$

如果问题X可以分解成两个问题X_1+X_2，则有

$$C(X)>C(X_1)+C(X_2),$$

进而

$$E(X)>E(X_1)+E(X_2)。$$

因此，对软件进行适当分解，以求降低复杂性，减少总工作量。

但是，决不能无限制地分解下去。因为过多地分解，会引入过多的模块之间接口信息的定义，并增加软件运行中的数据传递，这同样会增加总工作量以致运行效率不高。因此，模块化应该适度，应该使每个模块功能独立并具有相当的规模，以控制模块总数，使其落入图 3.2 所示的最佳区。

2．信息隐蔽是为了降低模块间关系的复杂性和提高模块的独立性而采用的一种数据设计技术。每种接口数据只让直接生成和引用它的程序模块知道，并尽可能把复杂数据结构与操作它的功能块进行联合封装，以实现信息隐蔽。信息隐蔽减弱了软件成分之间的相互依赖关系，对于提高大型应用软件的可靠性和可维护性尤为重要。

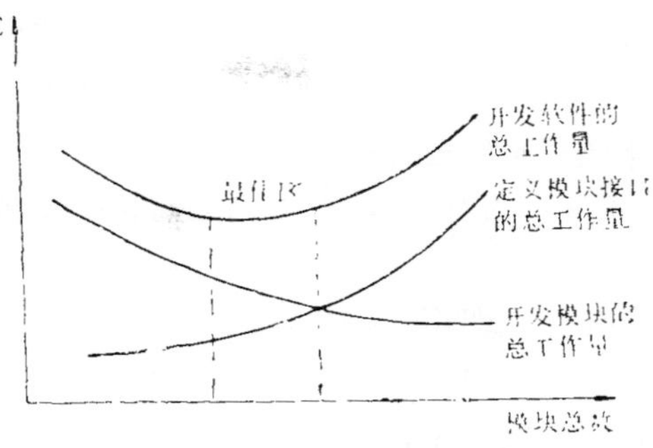

图 3.2　模块化与总工作量

3．抽象、分解与综合评价。抽象有两重含义。其一是通过对复杂问题的分析，区别本质与非本质，去掉非本质的成份，明确问题的实质，形成问题的结构，从而把非结构问题转化为结构问题；其二是在模块化过程中，把下层模块的功能概括到上层模块，形成上层模块的抽象机制。分解是实现模块化的手段，把上层模块的处理能力通过分解赋于下层模块。综合评价是确保分解合理性的手段，通过综合评价，修改不合理的分解。分解与综合评价是相辅相成的，可以确保模块化过程的合理实现。

4．总体设计与模块细部设计相对分开，有利于软件工程组织。前者侧重于用户接口处理，功能分配，算法与数据组织，以及系统的控制结构；后者侧重于模块内部的细部过程设计，忠实地实现总体设计的文档说明。因此，细部设计采用何种技术与总体设计采用的方法关系不大。

按上述思想设计，可以抽象地用四元模式表示一个软件

$$S=(I,\ E,\ R,\ O),$$

其中，

$I=(i_1,\ i_2,\ \cdots,\ ini)$ 为输入集合，每个 I_i 表示输入集合中的一个抽象数据类型；

$E=(e_1, e_2, \cdots, e_{ne})$ 为组成软件的构件集合，每个 e_j 可以是一个子系统，一个抽象数据集合或一个可执行的程序模块；

$R=(r_1, r_2, \cdots, r_{nr})$ 为构件之间的关系集合，每个 r_j 是一个关系类，它由一些关系组成（关系即调用关系和标定的数据接口），

$O=(o_1, o_2, \cdots, on)$ 为输出集合，每个 o_j 表示输出集合中的一个抽象数据类型。

一个软件系统 S 称之为可执行系统，如果 $I \neq \phi$ 或 $O \neq \phi$。否则，称 S 为一个内构系统。由此看来，应用软件设计的第一项具体任务，即用户接口设计，就是设计用户所期望的输入集合 I 和输出集合 O 的抽象数据类型及其表现格式。算法设计则是决定反映软件客观知识体系的算法构成，即选择和设计计算方法，以便生成未来软件的理论基础。结构设计则是在系统分析和算法设计的基础上，具体定义组成软件的模块，确定模块之间的关系及所有接口数据。细部设计则是针对每个模块实施其详细的过程设计，为直接编程提供规格说明。算法设计和结构设计是系统设计的主体，目标是生成软件的模块结构和数据结构。

就软件的系统设计而言，自 60 年代中期以来，已经逐步形成了许多成功的系统设计方法。但是，没有一个方法对各种类型的软件设计都有效，而且在不同设计方法的思想基础之间也不存在不可愈越的鸿沟。就形成这些设计方法的指导思想看，可以把它们分成两类：

- 面向控制结构的设计方法；
- 面向对象的设计方法。

下面分别简要叙述一下它们的方法形态，以便读者在用某一种方法进行设计时，能够恰当地吸收其他方法的优点，做出高质量的系统设计。

3.2 面向控制结构的设计方法

面向控制结构的设计方法的基本观点是所有软件元素的设置

都紧紧围绕着实现系统的功能和性能，目标是生成系统的控制结构和控制过程。基于这种考虑的方法形态有

- 模块化程序设计方法；
- 自顶向下的功能分解法；
- 基于数据流分析的设计方法；
- 基于数据结构的设计方法；
- HIPO 方法等。

它们的成功应用有效地提高了软件的可靠性、可用性、可维护性和开发效率。鉴于本书以后的章节还将重点叙述这一方法论，故本节仅简要列出上述方法形态的要点。

1．模块化程序设计

模块化程序设计来源于结构程序设计，其要点是：把整个复杂的系统分割成若干个模块；每个模块的规模都比较小，具有独立的功能，单一入口和出口，可以由一个程序员进行细部设计、编程、调试，确认其正确性；整个系统由这些模块集成，通过整体测试后，交付用户使用。

2．自顶向下的功能分解法

在第二章§3.2里已经叙述过这一方法。它的优点是适用面广，缺点是可预见性差，易变性大。同是使用这一方法，不同的设计者对同一软件需求会导出不同的系统结构。为了保证设计过程中思维方法的规律性，对于科学工程软件研制，我们建议按如下步骤使用这一方法。

(1)自顶向下的功能分析。

(2)基于功能分析成果和软件的客观知识体系，进行算法设计，即选择和构造算法，并做出算法结构图。

(3)以功能和算法结构图为基础，进行结构设计。

为了更有效地表现逐步求精的功能分解过程，Parnas 提出了以信息隐蔽概念作为分解的准则，仅当模块的某些信息为其他模块需要时，才作为接口信息明确地标定出来。他还把可用子集的概念引入软件的初步设计。使用这一概念，可以导致容易裁剪的

系统设计方案，以适应不同用户的要求。

3．基于数据流分析的设计方法

这是一种基于数据流分析方法的系统设计技术，数据流分析方法已在第二章§3.3叙述，目前已有多种技术，可以把数据流图转换成软件的初始结构，比较完善者是结构式设计和结构式分析与设计技术。

结构式设计技术由 Yourdon 和Constantine提出，后经 Meyers 扩充，称之为变换中心设计方法。它包括结构式设计概念、设计求精的步骤和改进初始结构的准则。我们将在第六章详细讨论这一技术。

结构式分析与设计技术 SADT 是基于 Ross 开发的结构化分析和设计技术。后者拥有明确表示任何对象或动作之间的层次与功能关系的图式语言，系统设计可以按自顶向下、结构化、层次化与模块化方式进行分析与设计。SADT 技术还包括软件工程管理、配置控制、开发小组的组织方法和通讯、复查技术等，这是一套行之有效的设计技术。

这一设计方法的基本观点是将软件看作为把输入数据分阶段地变换成输出数据。数据流图虽然能清晰地表现信息加工过程，但是它不能全面地描述科学工程软件复杂的客观知识体系。特别是不适应表现分类并发的算法模型和知识决策模型。此外，由 DFD 图到模块结构的变换过程难以保证信息隐蔽，并且不给扩充或修改软件功能提供方便的支持，但是对于应用软件而言，扩充或修改功能的事是经常发生的。

4．基于数据结构的设计方法

这是一种以问题的数据结构为中心的设计方法，有两种不同的方法形态：

- Jackson 方法；
- Warnier 方法。

它们都是基于客观系统的数据结构来形成软件结构的。

早期 Jackson 方法是用于小系统设计，称之为 Jackson 结构程序设计方法，简称 JSP 方法。它是按输入输出和内部信息的数据结构进行软件设计的，即把数据结构的描述映射成软件结构描述。若数据结构有重复性，则一定需要循环控制结构；若数据结构具有选择特性，则一定需要条件控制结构，以此揭示数据结构和程序结构的内在联系，设计出反映数据结构的软件结构，这就是 JSP 方法的基本观点。JSP 方法的三步曲是信息→数据结构→程序结构，这三步曲减少了设计决策上的盲目性。但是，当把 JSP 方法用于大系统设计时，就会出现大量复杂的难以对付的结构冲突，因此促使 M.J.Jackson 提出了 JSD 方法，称之为 Jackson 系统开发方法。JSD 方法将大量复杂的数据结构分离为一组独立的、彼此无关的、相对简单的数据结构，从而设计出相应的程序结构；然后用小系统组装成大型复杂的应用系统。JSD 方法把软件开发过程分成为两个阶段：

第一，仿真客观系统给出信息模型。即列出系统所关心的客观实体及其动作集；用结构图设计出每个实体的执行顺序；然后把每个实体看作系统中的一个顺序进程，建立各实体之间的信息联系，设计出基本信息模型。

第二，将信息模型转换成软件系统，增加用户需要的输入/输出功能。即从基本信息模型中抽取数据，设计算法，形成功能进程，添加到基本模型中，进而实现从信息模型到软件系统的转换设计。

JSP 和 JSD方法的共同优点是形成的软件系统基本上保持了客观系统的自然结构，其结构设计成果不随设计者的经验而变，不同的设计者对同一软件进行独立设计，会获得大致相同的系统结构，设计过程中的每一步都是可验证的；其共同的缺点是在设计初期都是要进行自底向上的识别、定义，在实际工作中容易使开发者感到无规则可循，陷入束手无策的境地。

Warnier 方法在设计思想上没有 Jackson 方法完备，但它给出了比 Jackson 方法更详细的设计表示。它给出了四种设计表示技术：

· 数据组织图，用于描述输入和输出数据；

• 逻辑图，表示处理的逻辑流程；

• 指令表，设计用到的命令；

• 伪码，最终的设计表示。

Jackson 方法和 Warnier 方法既可以用于进行结构设计又可以用于细部设计。作者认为，对于计算方法和问题求解方法起主导作用的科学工程软件而言，把它们用于系统结构设计是不合适的，但用于某些信息处理模块的细部设计是合适的。

5. HIPO 方法（Hierarchical Input Process Output）

IBM 公司开发的 HIPO 方法是用一组图来表示层次结构，并用图示技术对功能进行说明。基本图式如图 3.3 所示。这一方法的特点是

(1) 能表示输入-输出和处理能力之间的关系；

(2) 能以层次化方法分解系统。

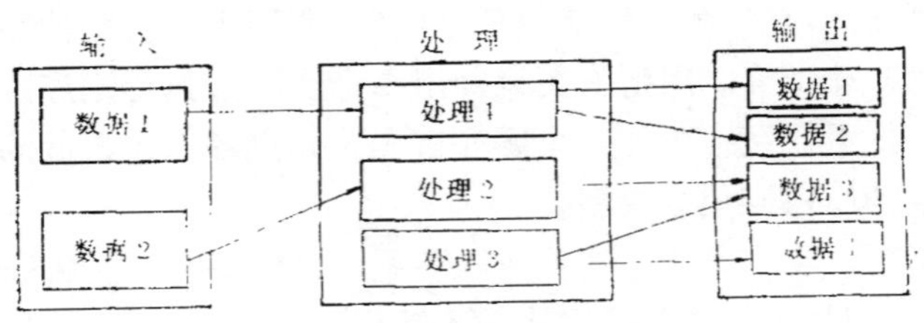

图 3.3 HIPO 图式

使用这一方法进行软件设计的过程是

(1) 从最高抽象级开始，标识软件的输入、处理和输出；

(2)把每个输入和输出的抽象数据类型与相关的处理能力相连接；

(3)重复步骤(1)，(2)，做出求精系列图；

(4)对系统的每个元素编写说明。

这个方法的优点是易学易用，缺点是总体结果不是一目了然。

以上这些设计方法，由于考虑设计问题的出发点不同，其适用范围自然不同。一般而言，以数据结构为中心的设计方法适用于事务处理软件的设计；自顶向下的功能分解法和基于数据流分

析的设计方法适用于科学工程软件、实时系统、控制系统、信息系统等类型的软件设计。对于复杂的软件项目，在思考设计问题时，把它们结合起来会是更合适的。

3.3 面向对象的设计方法

这是一种正在发展中的系统设计方法。其设计思想可以追溯到60年代的 Simula-67， 其有代表性的比较成熟的程序设计模式是Smalltalk-80；后者是由 Xerox 公司 Palo Alto 研究中心开发的，是经过 Smalltalk-72，74,76 等若干个版本，逐步更新和完善起来的。由于它放弃了传统的控制结构和数据流的概念，而把软件设计中的基本元素，例如数据、程序模块、子系统和系统等统称为对象，又把软件的运行过程看作为对象之间的消息传递，故称之为面向对象的设计方法。

众所周知，科学工程软件是以某种计算机语言表现的客观知识体系。如果能对软件应用领域中的事物实行自然分割，按人们习惯的思维方法建立客观知识模型，则会设计出良好的反映了客观知识体系的软件。因此，进行软件设计就是确认组成软件客观知识体系的事物，并建立这些事物之间的相互联系。

在面向对象的设计方法里，用对象表现软件应用领域里的事物，用消息传送表现事物之间的相互联系。因此，面向对象的设计，实质上是围绕组成软件应用领域的事物进行软件设计，注意力集中在对象及其间的相互联系上。软件只由对象组成，所有对象是一律平等的，不存在谁控制谁的问题，各个对象之间的联系只通过传送消息进行；软件运行就是通过在对象之间传送消息，共同完成某一处理活动。为了确立软件的静态模型并避免重复性软件开发，在面向对象的设计里，又引入了类和继承的概念。下面通过介绍对象、消息、类和继承等概念，进一步阐明这一方法论。

1．对象与消息

对象是组成软件领域的事物，是具有一定智力和处理能力的独立个体，对象可以有内部状态，这意味着如果对象是程序模块，它可以有内部存贮区。对象通过传送消息与其他对象发生联系，一个对象既可以传送消息给其他对象，也可以接受别的对象传送来的消息。该对象可以根据需要返回信息，但不是必须的，它不同于子程序调用和返回。一般而言，对象可以是

- 过程与函数——进行计算和操作的单位；
- 存贮区与数据结构——存贮资源或存取信息的结构；
- 数、字符与字符串——基本数据。

由于对象可以是功能块、资源或数据抽象，故在识别软件应用领域的事物时，可以灵活选择。例如，对于文件和文件处理，既可以将文件作为对象，也可以将处理能力作为对象。当把文件“File”作为对象时，所有文件处理、打开、关闭、查找、复制、修改和更新等都可以作为固有的处理能力；当它接到消息“Open”时，就自动打开。当把处理能力“Open”作为对象时，它固有的处理能力就是打开文件；当它接到消息“File”时，便将文件“File”打开。这说明，虽然对象可以描述抽象数据，但它不等于抽象数据，还包括有关的处理能力。

对象的特征之一是它能够接受和解释消息、理解消息所暗示的要求，决定用何种方式完成消息所指定的处理，并执行所需的处理。因此，对象是一个智能实体。

对象的另一个特征是它具有封闭性。从外界只能看到对象的外部特征，它能受理哪些消息，具有哪些处理能力；对象的内部，即处理能力的实现和内部状态对外是绝对隔离的。因此，不能从外部直接使用对象的处理能力，也不能修改其内部状态，对象的内部状态只能由自身进行改变。无论是要引用对象的某些处理能力，还是要了解或改变其内部状态，都只能通过消息传送，由它自己按消息要求执行所需要的处理。对象是执行处理的主体，而不是执行的对象，是能动的而不是被动的，它不同于作为运算对象的数据。

某些对象还具有一个特征就是可以动态产生，即在运行过程

中可以动态地产生某些对象。

传送消息是请求对象执行某一处理或回答某些信息的唯一形式，消息统一了数据流和控制流，程序执行需要用户用消息启动，一个对象在执行某些处理时，可以根据需要通过传送消息请求其他对象，完成一定的处理工作或回答某些消息；以此类推，程序的执行过程就是在对象之间传送消息的过程。

传送消息的对象称为发送者，接受消息的对象称为接受者，消息中包含了发送者的全部要求和限制。消息完全由接受者进行独立解释，决定处理方式和执行处理。发送者不对接受者实施任何控制。一个对象可以接受不同形式、不同内容的多个信息；相同形式的消息也可以发送给不同的对象，不同的对象对相同的消息可以有不同的解释，并实施不同的处理。此外，还允许对象之间的消息传送并行，即一个对象可以同时往多个对象传送消息，与多个对象可以同时往一个对象传送消息，两个对象也可以同时向对方传送消息。

一个对象能够接受的所有消息构成了该对象的外部接口。消息的表现形式以消息模式来刻画，一个消息模式定义了一类消息。例如，“+an-Integer”是一个消息模式，“+4”，“+5”等都属于该消息模式的消息。对于同一消息模式的不同消息，同一对象所做的解释和处理必须是相同的，只是处理的结果不同。对象固有的处理能力按消息模式进行分类，一个消息模式相应于对象的一个处理能力。相反，后者通过前者定义的消息进行引用。所以，只要标出对象的所有消息模式及相应的处理能力，就等于定义了对象的外部特征。因此，在面向对象的设计方法里，核心的问题是设计者根据软件的应用领域的事物，灵活地识别和选择对象，并合理地定义所有消息模式。例如，对于一个数据管理软件，当把文件“File”识别为对象，消息模式“Search—for：***”可以用于定义“查找”记录这样的处理能力。如果需要了解“File”中关键字为“Key”的记录，则可以将消息“Search—for：Key”传送给“File”，然后“File”便独立解释消息，进行查找，并将找到的记录作为回答信息返回。

2. 类和继承

在面向对象的设计方法里，用类的概念来描述和区分对象的外部和内部特征。类通过描述消息模式及其相应的处理能力来定义对象的外部特征，并通过描述内部状态的表现形式和处理能力的实现来定义对象的内部特征。类的表现形式如图 3.4 所示。上面给出的是类例式的功能，即协议描述；下面给出的是类例式的功能实现。

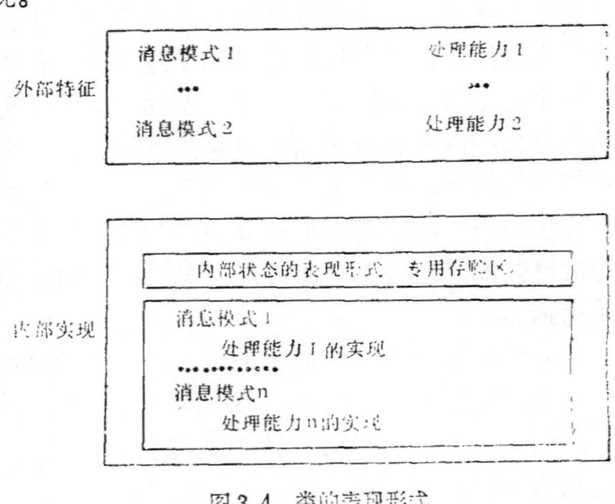

图 3.4 类的表现形式

协议描述里的消息模式由消息选择符和一系列变元组成。内部实现描述里给出了与消息模式对应的处理能力是如何实现的，给出了类例式专用存贮区里的变量名，及类例式接受到消息后响应的一组操作程序。一个操作程序由消息模式及一系列表达式组成；操作程序实际上就是过程，它的执行是通过把消息选择符传送给一个类例式来完成的，在操作程序运行期间可分配临时存贮单元。

一个类例式实际上定义了一批对象。它描述了属于该对象类的所有对象的性质。例如，Integer 是一个类，它描述了所有整数的运算性质，即算术运算和大小比较等，“3”和“5”则是具体的对象。对象可以在系统执行过程中由所属的类动态生成；一个类可以生成多个对象，同一类的多个对象具有相同的性质。

为了使许多方面相同而只有个别地方不同的两个类共享公共部分的类描述，在面向对象的设计里引入了继承的概念。继承允许设计者建立一类对象之后，继续建立其特例对象类，前者称之为上层类，后者称之为子类；当新的对象类是系统中已建立的对象类的子类时，子类便从已建立的类继承了所有的例式变量、类变量及操作程序等，子类可以增加例式变量、类变量及适宜于子类的操作程序。继承性允许设计者通过判别新类和已建立的类的共同点和差异，来建立新类，避免可共享程序的重复开发。因此，一个类可以有上层类，也可以有子类。一些类可以组成一个层次结构。在一个层次结构的所有类之间，一个重要的特性是属性继承，一个类继承了其直属上层类的全部描述，并将其向下传递。所以，一个类实际上继承了层次结构中直属上层类的全部描述。属于某个类的一个对象，除了具有该类描述的性质外，还具有层次结构中所有直属的上层类描述的性质。注意，一个类可以有多个直属上层类和多个子类。如果限制一个类只能有一个直属上层类，则类的层次结构呈现树型。

3．设计步骤

使用面向对象的设计方法进行软件设计，其核心是识别和确定组成软件应用领域的对象，定义对象的消息模式，并运用类和继承的定义手段，降低重复性开发。基本设计步骤是

（1）建立软件的动态模型

a）根据软件的应用领域和客观知识体系识别和选择对象，确定每个对象的处理能力，定义组成软件系统的元素；

b）分析对象间的关系，识别应该从哪个对象传送什么样的消息给另一个对象；

c）在 a，b 基础上，设计对象的消息模式，确定对象间的联系，定义系统的动态模式。

（2）建立软件的静态模型

a) 分析各个对象的外部特征，将具有相同外部特征的对象划入一类；

b) 分析各个类描述，将公共性质放在较上层，通过类继承共享公共描述，建立类之间的层次结构；

c) 在a，b的基础上做出各类对象的外部特征描述，如图3.4，确定系统的静态模型。

(3) 细部设计与实现

a) 设计对象内部状态的表现形式和处理能力的实现问题，对象的哪些处理能力应该安排在层次的哪一类的描述里，并在哪一层对象中实现，已由系统的静态模型确定；

b) 创建所需要的对象，生成对象实现的细部表示。

4. 优点和存在问题

通过以上叙述可以看到，面向对象的设计方法具有如下优点：

(1) 它有效地继承和发展了模块化、信息隐蔽和抽象数据类型的设计思想。对象既可以表现程序模块，又可以表现数据抽象，给设计者提供了灵活选择的依据。另外，对象又是作为独立的客体，其内部特征和状态是不可见的，这种封闭性既体现了模块化分割，也体现了信息隐蔽。因此，按面向对象的设计方法开发的软件既便利于确认，又便利于维护。

(2) 它提供了两个重要的共享软件成果的方式——类和继承。同一类的多个对象可以共享同一描述，使得不必对每个对象都描述其实现；公共性质放在较上层的类中描述，可以达到下层多个类共享，这样有利于软件设计中的求公因子，使一个对象在软件中只出现一次。有效的求公因子可以提高系统的简洁性、清晰度和模块化，从而减少了软件实现的冗余。这种类和继承的效果来自自顶向下和自底向上相结合的设计思想。

(3) 由于对象的执行靠传送消息启动，多个消息传送可以同时进行，且发送者不要求接受者一定给出回答，即发送者不必中断执行进行等待，故可以同时启动多个对象并行执行。因此，面向对象的设计方法适用于分布式计算机系统和异步并行机的软件设计。

(4) 在面向对象的设计方法里，对象和对象的抽象机制，为建立通用和独立的软部件提供了一个重要的思想方法和描述手段。按这一方法建立起来的对象和类，将比面向控制结构设计方法建立起来的功能块和基本加工具有较强的可再用性。

面向对象的设计方法是建立在设计者对于软件应用领域里的事物和客观知识体系有深刻认识的基础上，这是许多设计者在设计初期难以达到的。由于它是一种自底向上的设计方法，设计者在识别和选择对象时，存在着一定的盲目性。过大的灵活性造成了无一定规则可循，因此并非所有设计者都能合理地使用这一设计方法，生产出使用户满意的软件产品。到目前为止，这一方法尚未形成严格和成熟的设计步骤，尚待进一步发展和完善。

上面我们简单地介绍了目前流行的主要的系统设计方法，它们的成功应用推动了软件产业的发展。但是，就系统设计方法论而言，尚未定型，仍处在发展之中。特别是随着分布式并行计算机系统、软件工程工具和环境的发展以及人工智能方法深入到软件工程，在这一领域已经出现了若干新的研究方向。例如，适用于分布式系统的设计方法，可再用性软件设计方法，形式化的 VDM 方法，计算机辅助于软件工程以及软件设计的智能化方法等。它们的新进展，特别是建立在严格的形式化基础上的软件工程方法，无疑将给系统设计方法带来新思想，并推动软件设计向自动化迈进。

§4 系统构造模式

本节重点是讨论科学工程应用软件系统构造的典型模式，及与之相关的软件系统组织问题。作者认为，对于软件研制者而言，单单依据软件需求定义和使用上两节叙述的软件设计方法，尚不能对未来软件的系统构造作出周全的决择。为了提高未来软件的总体品质和竞争力，在进行软件设计时，软件研制者所面临的问题，除了用户需求和主要算法外，还必须综合考虑如下问题：

1．支持软件开发和运行的计算机系统、软件工具和软件工程环境。它们直接影响着软件的系统组织、开发方法和开发效率，以及软件产品的先进性和未来软件的运行效率。

2．软件的用户接口问题。即决定开发一个什么样的人机接口系统，用户怎样描述他们的问题，怎样操作软件运行以及怎样获取和利用计算结果。对于一个多类型用户和后继开发量大的综合性科学或工程应用软件而言，这是一个特别重要的问题。

3．数据组织和管理问题。特别是对于综合性的大型软件，应该考虑数据结构的标准化技术，有效地管理和组织数据，应该尽量使计算模块摆脱繁琐的数据组织和数据调度。

4．计算机硬件资源的有效利用问题。即如何提高超高速存贮器、主存和外存的使用效率，减少内外存调度的频率和总数；如何使多个硬设备并行工作，特别是对于并行计算机系统，应该努力提高算法的并行度和数据通讯的并行度。

5．软件结构及控制机制如何适应众多的不同类型算法模块的集成，并有效地实现模块调度以及模块之间的交叉通讯。

为了使读者在研制新软件时，能迅速地对系统总体设计做出合适的抉择，下面我们给出系统构造的四种典标模式。现有的科学工程软件均可以归属于四者之一。它们反映了系统组织的方法论，按照它们的复杂性及对后继开发者提供支持的能力，可以顺序地标记如下：

模式（A）——完全嵌入 FORTRAN 语言的模式

模式（B）——集成化构造模式

模式（C）——第四代语言模式

模式（D）——建立专用的集成化的软件环境

4.1 嵌入 FORTRAN 语言的模式

整个软件完全嵌入 FORTRAN 语言的系统构造模式如图

3.5所示，它是以 FORTRAN 为基础的构造模式。当按这一模式开发软件时，在软件的实现过程中，无论是原始开发者，还是后继开发者，除了使用一种程序设计语言外，很少利用其他任何软件工具。现行的大多数科学和工程应用软件和共享的软件包均采用这种系统构造模式。

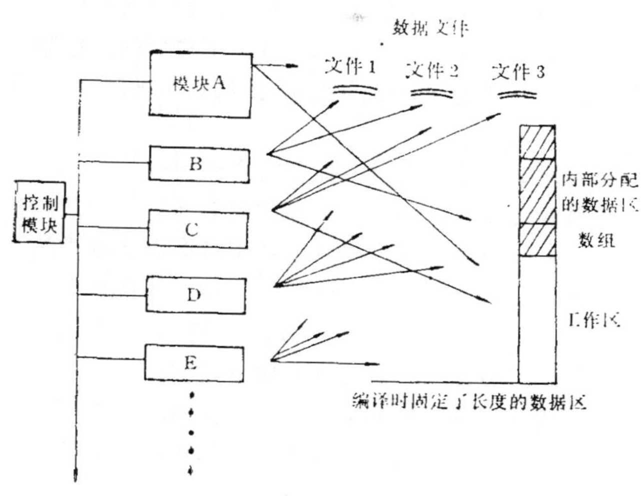

图 3.5 嵌入 FORTRAN 的系统构造模式

对于使用 FORTRAN 作为程序语言的软件，问题的数据被存放在工作数组或公用数据区里，其规模是在编译时按静态说明确定的。内部数组的规模接受内部控制参数定义，这些控制参数由上一级的输入定义；一旦确定，在一次执行中将保持不变。这类软件能求解的问题的规模受数据区大小的限制；如果想扩大求解问题的规模，必须修改源程序中定义工作数组或公用区大小的语句，重新编译。作为这种固定数据区技术的扩充，是设置若干个外部文件，在数据区里开辟一个足以存一个最大记录的工作区，同时设计若干个专门实现文件和工作区之间交换数据的模块。这样，既可以扩大求解问题的规模，又使数据区保持不变，但是要增加数据调度的时间。

按照这种模式构造的软件，其模块执行顺序和模块间的通讯技术完全依靠程序设计语言的能力。使用一般的子例程引用可以实现层次性的控制结构，数据通过变量表或公用区传递。

按照这种模式构造软件的缺点是：难以表现复杂的数据结构，不提供递归性模块控制技术，软件人员必须详细组织和管理数据，并编制全部处理程序。因此，用这种方法构造大型软件，特别是综合性的、后继开发量大的通用软件是不方便的，很难实现友好的用户接口，很难进行有效的数据组织和存贮管理，很难高效率地运行。

目前在微型计算机上以分程序的方式组织的大型应用系统是这一构造模式的发展。即根据软件的功能和算法特征，先将软件分解成若干个分程序，在分程序之间用具有固定格式的盘文件或具有自解释能力的盘文件进行连接，分程序的执行顺序靠组织EXE文件来实现。由于每个分程序的规模、数据量和复杂性都小一些，故系统组织比较容易且运行效率较高。

按这一模式开发的软件的基本构造如图3.6所示，其中3.6a是单一功能程序或标准程序模块的构造模式，每个程序只有一个

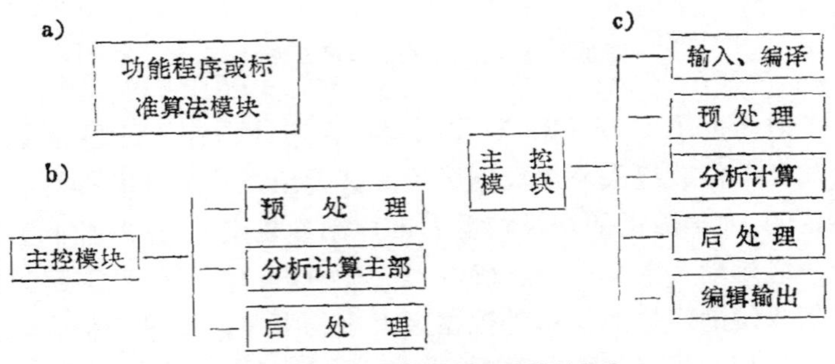

图3.6 嵌入FORTRAN的软件的基本

功能或实现一个特定的计算方法。一般的应用软件包和共享性的数学软件包、图形软件包、数据管理模块包都采用这种模式。图3.6b是一般通用程序的构造模式，除了分析计算主模块外，增设

了对原始信息数据进行加工并生成计算模型的预处理模块，以及对计算结果进行后处理并编辑输出的后处理模块。对于输入和输出都比较复杂的大中型应用软件，其构造模式应该如图 3.6c 所示，其中输入编译负责原始信息、数据和图形的输入、编辑、编译和解释工作，编辑输出则负责计算结果的报表和图形的编辑生成与输出。

4.2 集成化构造模式

由于计算机硬件和系统软件的发展，特别是微机工作站和超级微机系统的发展，计算机系统已经能够支持多种高级语言的程序连接运行，因此便出现了集成化的构造模式。这种构造模式是基于不同语言的不同特征，采用不同的语言编写不同功能的程序体，在不同程序体之间采用标准化的数据接口技术，然后采用交互式菜单驱动或语法制导技术将它们连接成一个应用系统。

早期的集成模式如图 3.7 所示，其主要特征是它给计算方法和功能模块开发者提供了用户接口、数据组织和存贮管理的支持性软件。这种模式的初级形式是提供分别支持用户数据读入、信息解释和命令连接，与数据组织、数据 I／O和存贮管理的两个子例程，具体的数据引用需要功能程序详细指定。在稍高级的形式

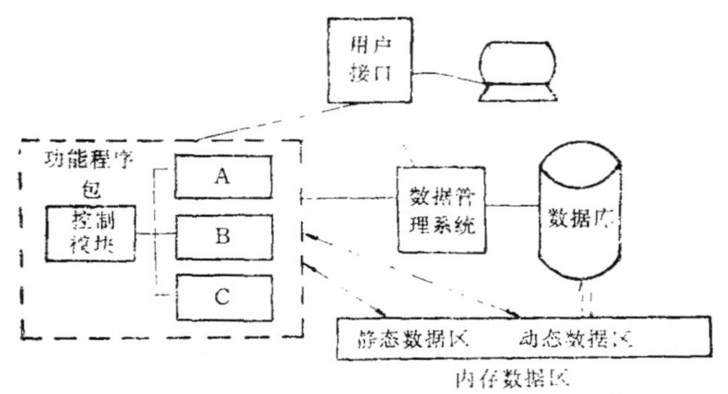

图 3.7　集成化应用程序构造模式

里，则是分别提供了用户接口和数据管理子系统，用户只需要按规定的语法描述数据，打入命令，程序便可以自动输入和运行；功能和算法程序只需要把被操作数据的名称和特征等传送给数据管理子系统，后者便会把逻辑请求转变成物理地址，动态地进行存贮管理,进而存取数据。按这种模式构造软件,可以使功能和算法程序避免复杂的数据I/O，数据组织和存贮管理。按照这种模式构造的软件，除功能和算法模块用FORTRAN语言编写外,用户接口和数据管理子系统一般不用FORTRAN语言。80年代以前多采用汇编语言或BASIC编写，近年来则采用C语言编写。

在现行的科学和工程应用软件里，采用这一模式构造的软件有SPSS，BMDP，STRESS，SESAM，ASKA和BDP等。显然，这些软件的用户接口和数据管理子系统的能力是很不相同的。一般而言，用户接口子系统应该具有如下能力：

- 面向问题语言、或带标识符的数据表格、或菜单编辑解释程序；
- 操作命令语言的解释执行程序；
- 输出报表生成程序；
- 图形生成程序等。

一般而言，数据管理子系统应该具有的能力是

- 定义数据结构；
- 动态地建立或消除永久和临时数据区，或者重新定义它们的大小，以适应特殊问题的要求；
- 存取和操作数据。

数据管理子系统促进了灵活数据结构的使用和硬件资源的有效利用。当主存数据区满或相连接的存储空间不能满足应用程序的请求时，子系统可以自动地对数据区进行重新组织，并且当请求的数据不在数据区里时，则进行文件I/O。一般而言，内外存资源有效利用指数与数据区的大小、重新组织数据区的操作格式、并发存取的数据结构个数和问题的规模等因素有关。为了支持特殊类型的数据结构，结构工程软件ASKA设置了DRS(Data

Retrieval System)，它支持超矩阵数据结构的操作。值得注意，使用过于复杂的数据结构，会给软件的可移植性和可扩充性带来不便。

按照这种模式构造软件，使得模块执行顺序的控制变得比较容易。使用基于堆栈技术的解释驱动程序，可以控制模块递归执行，并可以使任一模块初始化而不管其前面的动作。数据管理子系统的这些能力导致了功能上独立的若干算法模块，可以通过精心设计一个运行控制机制，把它们连接起来执行。

随着图形和人工智能方法与技术的发展，以及现代科学和工程技术的需求，现在的集成化应用系统越来越庞大、越来越复杂了。图 3.8 是现代 CAD 软件的构造模式。除了科学和工程计算

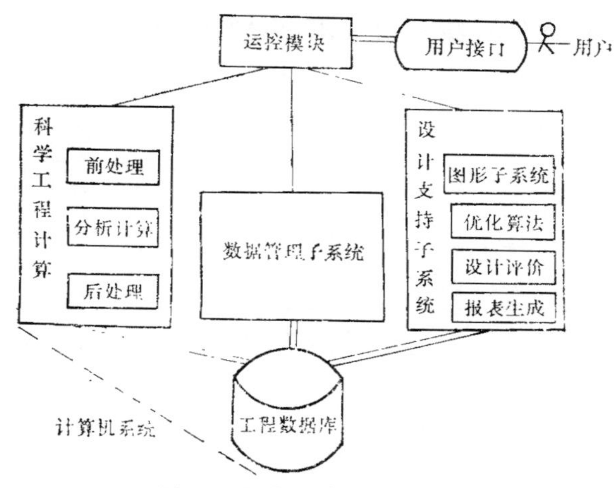

图 3.8 CAD 软件的构造模式

外，还包含了非常复杂的设计支持系统和工程数据库组织。图3.9是一个用于工程设计的知识型专家系统的构造模式，它是一个既具有科学工程计算和数据处理，又具有分析和设计决策支持，以及知识型专家系统功能的多功能集成化系统。其中知识库是将领域专家的知识，用适当的表示法描述出来，而构成的一个完备的知识体系。它由一般的事实和启发性的规则组成，知识表示形式

可以是产生式规则、框架、逻辑和语义网络。数据库存放着与问题的求解状态有关的原始数据及动态数据（即中间结果），它们是反映问题状态的符号或数据。动态数据可以是推理所得的子目标或结论，也可以是另一个特定软件，例如科学工程计算软件或CAD软件的执行结果。推理机是专家系统的核心部分，它根据数据库提供的问题的状态，使用知识库中与之相匹配的知识进行推理，修改数据库；对应于不同的控制策略有不同的推理方式。解释模块是根据推理过程中产生的动态数据和数据所处的环境进行解释，即专家系统对自己的推理和决策做出一定的解释，使用户明白结论的正确性，它使专家系统的工作变成是“透明的”。知识获取模块的作用是对知识库的知识进行修改、更新和完善，即对知识库进行维护。建造一个完善的科学和工程应用的专家系统，需要多方面的综合的知识，其知识体系和软件结构是十分复杂的。

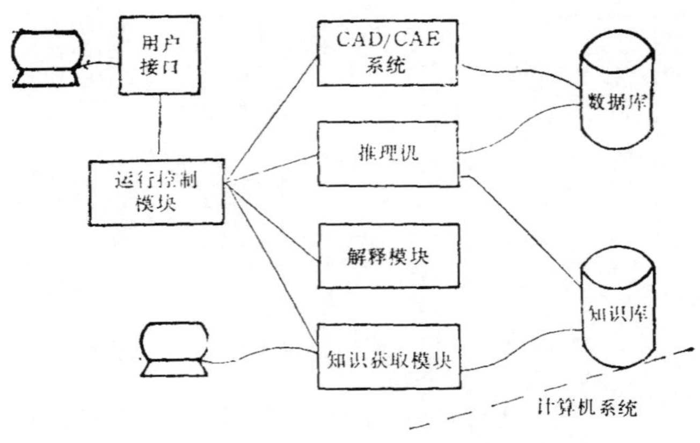

图3.9 知识型工程设计专家系统的基本构造模式

4.3 第四代语言模式

第四代语言模式是一种发展中的应用软件的构造模式，是在一种第三代语言的基础上，增加一些非过程性的专业性强的语言成份，而形成的支持一个专业应用领域的统一的用户接口语言。例如，适应于信息管理系统开发的 Informax/4GL，就具有SQL查询语言的功能，具有二维数据结构的报表生成和屏幕录入设计的功能，具有样本查询、多窗口、菜单驱动设计功能等。直接使用4GL会极大地提高开发效率、缩短开发周期，降低开发工作的复杂性，便于用户参与软件开发。

下面重点介绍科学工程软件里出现的第四代语言（4GL）模式。

第四代语言模式的主要特征是首先设计和开发一种形式化的描述语言（简称为 4GL），它是一种既面向于开发型用户，又面向于应用型用户的用户接口语言。开发型用户可以用它编写程序，或利用系统中已积累的软件资源构造可执行的应用程序．应用型用户可以利用它来描述问题并启动可执行的程序，获得分析结果。4GL能对软件的后继开发及运行提供系统支持，提供问题数据定义、存贮管理和复杂数据组织，建立友好的应用型接口和控制算法模块执行的能力。它消除了算法模块实施数据组织和存储管理的工作量，降低了整个软件的开发和维护费。

用 4GL 写的程序要求一个类似程序设计语言的编译器，它是4GL 开发环境的一个组织部份。有两种编译技术可以采用，它们都依赖于目标执行语言。其一是，如果目标语言是 FORTRAN，则 4GL 编译器的作用是预编译，对于数据和存储管理子例程，它产生标准的 FORTRAN 子程序引用。插入子例程引用是实现4GL 暗示的数据操作。正规的 FORTRAN 语句经过 4GL 编译器保持不变，这样得到的 FORTRAN 程序再实施 FORTRAN 编译，并把它们与运行数据库和存储管理的子例程模块库联结起来，形成一个完整的执行程序。按这种系统模式开发的大型科学工程软件有 ICES，DMAP-GINO 和 GENESYS 等。

另一种编译技术是 4GL 编译器生成中间语言程序，然后由一个运行处理器予以解释执行。这样形成的系统构造模式的软件环境如图 3.10 所示，其组成如下：

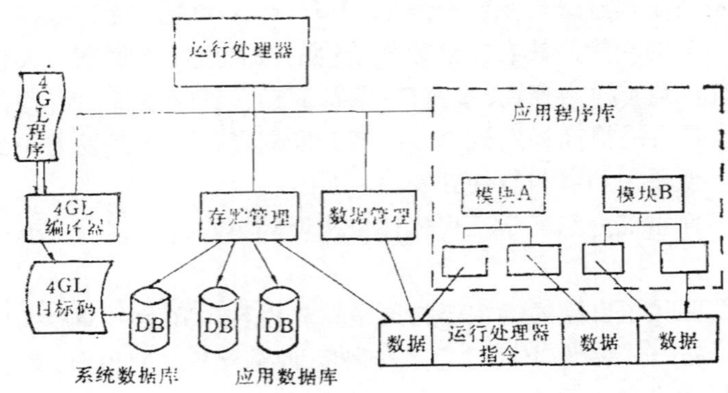

图3.10 第四代语言构造模式

- 4GL 编译器；
- 执行 4GL 目标码的运行处理器；
- 作业控制；
- 文件和存储管理系统。

运行处理器的程序集合包括对于面向问题语言翻译、数据库管理、存储管理和文件I／O等方面的操作。在运行过程中，运行处理器是执行 4GL 编译器的目标码，操作应用程序。它具有把控制传给应用程序与实施数据和存储管理的能力。

运行处理器本身不具有实现高级计算的指令。为了适应复杂的高级数值计算，开发型用户可以用标准的程序设计语言编写实现复杂计算的算法模块，将它们入库，并将算法名加入运行处理器的指令集合。例如，可以把矩阵求逆作为 4GL 的指令，它对应一个求逆模块。

为了提高 4GL 环境的适应性，可以从两方面对它进行扩充。其一是使 4GL 包含形式的数据定义语言，从而使数据结构定义和引用数据的 4GL 程序能有效地联合在一起，并可以做到在不改变现有软件的前题下，通过增加新的数据结构定义，把现有软件并入应用程序库，使它们接受运行处理器的控制。其二是扩充4GL

使其包含数据映射语言 DML,使程序实现从运行数据空间到实际存贮空间的数据映射。有了 DML 可以方便地变更数据处理方法，以适应特殊应用程序需求。

所有按照这种模式设计的应用软件系统，对软件的后继开发者都提供了相同的支持。

最早以这一模式构造的科学和工程应用软件是POLO-FINITE 和 GT/STRUDL。POLO (Problem Oriented Language Organizor) 是一个能够对工程应用软件开发和运行提供支持的软件工具。 FINITE 是在 POLO 支持下开发的一个工程软件。POLO 的功能组成包括

- POL 编译器;
- 工程数据库管理系统;
- 动态存储管理;
- 应用子系统集成机制;
- 全部程序用 FORTRAN-66 编程具有较强的可移植性。

从系统组成方面讲，POLO 是完善的，具有方便的公用程序库和数据定义语言。

从软件开发者的观点看，POLO 提供如下的支持:

- 数据定义语言F;
- G语言;
- F和G的编译器 FILES 和 GENERATOR;
- 支持编译 POL 程序的数据库和公用程序库;
- 执行由 POL 编译器生成的目标码的软件——POLO 解释执行器。

利用 POLO 开发一个应用软件应按如下方式进行：首先用F语言设计层次性数据结构并将其编码,用FILES 对它们进行编译,保存在系统库里，形成应用程序的数据库定义。然后开发应用程序,它由两部分语言程序组成,分别是G语言程序和FORTRAN子程序，后者对应于在G语言程序里所使用的运算操作符。G语言程序还实现应用程序中以 POL 写成的输入信息的翻译，控

制加工模块的执行，引进新的语法单位，并能从应用数据库传送数据到FORTRAN 运算子例程。为运行有效起见，普通的数值计算一律放到 FORTRAN 运算子例程里。G语言程序由子系统GENERATOR 编译生成G语言程序的目标形式，它们是组成执行过程中的命令序列。系统数据库分系统库和应用数据库两部分，系统库里保存应用数据库的定义及G语言程序的目标形式。应用软件的FORTRAN 运算操作子例程由主机编译器进行编译，与POLO 解释执行器相联接，形成一个个可执行程序。

在执行过程中，POLO 和应用程序 FINITE 的关系如图 3.11 所示。FORTRAN 应用程序和最高层次的 POLO 子程序都受控于 POLO 解释执行器。被执行的应用软件由 FORTRAN 子例程和应用软件的主程序组成，后者即是 POLO 子系统的目标语法。POLO 解释执行器的组成如下：

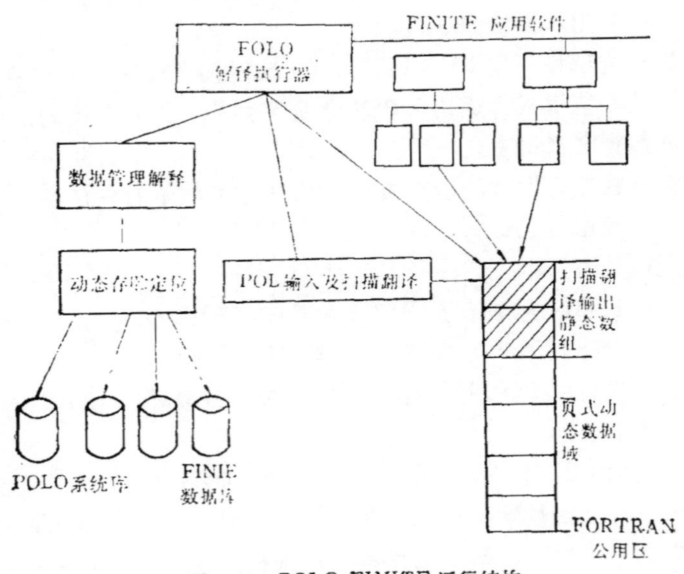

图 3.11 POLO-FINITE 运行结构

- POLO 解释器；
- POL 编译器（在输入缓冲区里它把 POL 输入转换成固定

形式的内部数据)

- 数据管理解释器(把逻辑数据请求转换成数据库中的物理定位,指定数据库文件和文件中的记录);
- 页式存贮管理器(可转换数据地址为动态存贮区里的物理地址,并实施数据传递)。

当G语言程序中引用的数据已经出现在存贮区里时,POLO解释执行器就调用相应的程序,如图3.11右上方所示。在单个应用程序的执行过程中,存放在动态数据区里的数据保持在固定的位置上。一旦应用程序执行完毕,它就通过RETURN把控制转让给POLO解释执行器。然后POLO解释执行器重新开始一个目标G语句的执行。

POLO的存贮管理器使用了针对固定页长的页式查询系统和LRU (Least Recently Used)页式置换算法。它支持报废的存贮区的收集和页紧凑活动,使外存请求达到极小。存贮管理器支持POLO和应用软件在虚拟的或非虚拟的硬件上正常地运行。子系统执行结束时,存贮器里所有数据都要送到应用数据库。因此,在数据库里总保存着问题数据,消除了重新启动时数据装入的困难。

值得指出,尽管POLO-FINITE的开发模式是先进的,给开发型用户提供了极大方便,但它没有能够发展成为一个流行的工程应用软件,其原因在于研制者没有重视发展作为工程应用软件在专业方面的实用性,没有给应用型用户提供方便、友好的用户接口和可靠的可直接调用的应用软件,因而没有受到结构工程师的青睐。

4.4 建立专用的集成化的软件环境

为了提高未来软件的总体品质和开发效率,对软件的后继开发和运行提供系统的支持,并尽量采用先进的软件方法和技术,建立专用的集成化的软件环境是一种最可取的软件构造模式。其要点是在研制具体的软件成份之前,先根据软件的应用领域、用户特点、功能和性能定义以及后继开发量，建立一个具有如下特征的支持软件开发和运行的专用环境，所有软件成份都在此基础上研制。

• 选购或研制一套面向于软件开发和应用领域的、能够协调一致运行的、先进的软件工具和辅助性软件；

• 选购或研制一个适宜于交互式和批处理操作的且具有可视化效果的、友好的用户接口系统；

• 选购或研制一个数据管理系统，并进行面向本软件的数据库结构设计；

• 设计面向于本软件应用领域的可再用的软部件库的结构，以便建立一个可逐步扩充的可再用的软部件库。为此，应该分别制定各类可再用软部件的设计标准，并研制一个可再用软部件库管理系统。

下面以有限元方法软件环境（SEFEM）为例，简要介绍一下这种构造模式。

1. SEFEM的功能与特征。SEFEM（the Software Environment of Finite Element Methods）是一个能够在中高档微机上对有限元方法研究、教学和有限元应用软件的开发和运行，提供系统支持的软件环境。有限元方法研究者、教授和研究生，可以利用 SEFEM 的软件资源和标准数据接口，对他们提出的新方法和技术进行数值试验，以检验他们的方法的正确性和有效性。他们仅需要编写或者用 SEFEM 的软件工具生成少数表现他们的创造性的程序模块；还可以在统一的 SEFEM 环境下，对不同的有限元算法进行数值性能评价。正在讲授有限元方法的教师和正在学习的学生，可以直接引用 SEFEM 的软部件、用户接口和运行环境，组装各种各样的有限元应用程序，进行数值实验，因此 SEFGM 可以使有限元方法教学直观化。有限元应用软件开发者可以利用 SEFEM 的软件资源，直接组装成或者附加开发少量程序模块就可以组装成具有特殊功能的应用软件，解决工程实际问题。在 SEFEM 的软部件库里，已经存放着若干具有特定功能的执行序列，用户直接调用它们之一，便可以分析某一类型的工程问题，因此 SFFEM 也是一个兼有多个有限元应用软件功能的集成系统。为了实现这些功能，SEFEM 具有如下特征：

· 主要内部接口的开放性和可再用软部件的逐步增长性；

· 可扩充性和可裁剪性；

· 标准化的数据接口和统一的数据管理系统；

· 标准化的算法组织和标准化的模块设计；

· 灵活的运控机制；

· 完善和友好的用户接口；

· 先进的软件设计方法和软件工具。

2．SEFEM 的系统构造。SEFEM 的系统构造如图 3.12 所示，它的软件资源由五部分组成。

（1）开发工具库。它由一组功能各异的支持软件开发和运行的软件工具构成，其主要作用如下：

· 符号计算与程序生成器是为研究人员提供的辅助于复杂公式推导，并能直接生成符合 SEFEM 标准的 FORTRAN 源程序模块的软件开发工具。由它生成的源程序模块经编译后记入 SEFEM 软部件库，可直接被 SEFEM 运行控制器连接执行；

· 单元分析程序生成器是为单元分析研究者提供的辅助于单元分析程序生成的软件工具。研究人员只需要定义形状函数、材料特性矩阵和应变位移关系，它便能进行公式推导并自动生成单元分析程序模块，经编译后可以被连接运行；

· POL 设计及 POL 解释程序 POLI 的生成器，它是为开发型用户研制的辅助于设计某种特殊的面向问题语言 POL，并自动生成其编译解释程序 POLI 的软件工具。由它生成的 POLI 可以加工应用型用户用 POL 描述的工程实际问题；

· SEFEM 运行控制器是支持 SEFEM 软件运行的控制器，它由程序连接器和运行驱动器两部分组成。前者支持一套专用的作业命令语言 JCL，据据用户以 JCL 语言提供的算法命令，它可以连接 SEFEM 软部件库中程序模块，形成一个专用执行序列。运

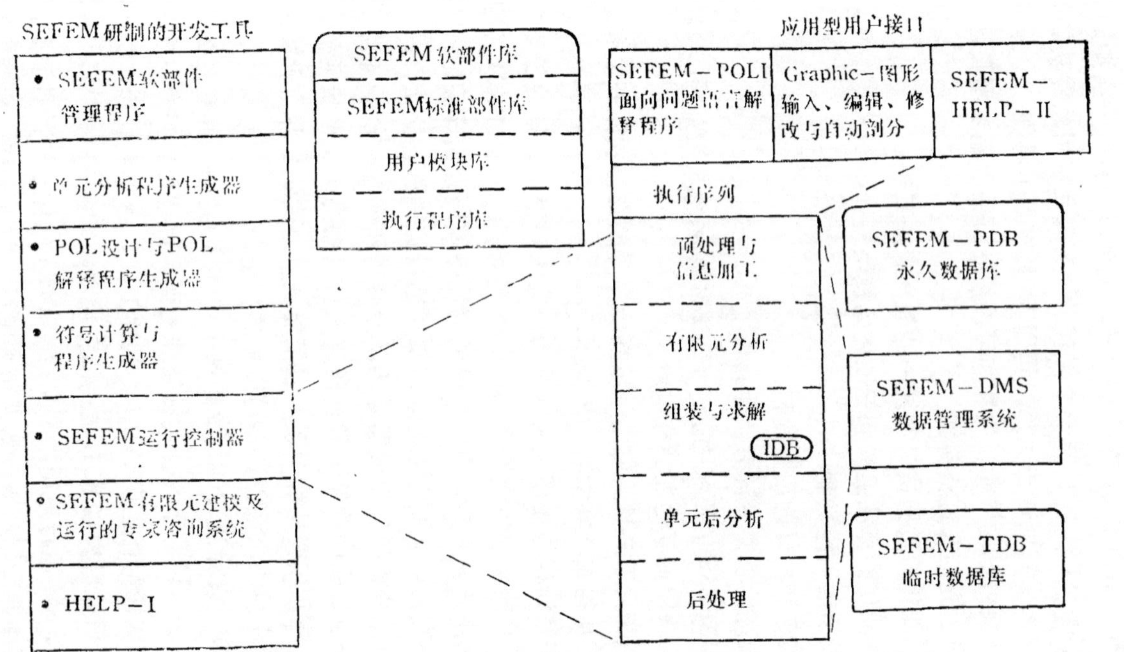

图 3.12 SEFEM 的系统构造

行驱动器可以执行该序列解决工程计算问题；

· SEFEM 软部件管理程序负责 SEFEM软部件的登记、查询、修改、更新及版本管理；

· HELP-Ⅰ是为开发型用户提供的 HELP 子系统。它详细地记录了上述开发工具的使用方法，SEFEM 的主要数据接口标准，各类软部件的设计标准，以及 SEFEM-DMS 的使用方法；

· 有限元建模及运行的专家咨询系统是一个支持 SEFEM 应用的智能性的 HELP子系统。

（2）应用型用户接口是使用由 SEFEM 派生的各种应用程序解决工程问题的用户接口系统。它提供交互式和批处理两种操作方式，以及数据和图形输入与输出的两种手段，提供面向问题语言 SEFEM-POL 和图形操作格式。POLI 能够把用户以 POL描述的问题的信息和数据转换成 SEFEM 的内部数据，待进一步处理。Graphic 能够实现图形的输入、编辑、修改和更新等等。HELP-Ⅱ提供了详细的有关 SEFEM-POL 和 Graphic 的使用手册。

（3）SEFEM 软部件库由标准部件库、执行序列库和用户模块库组成。标准部件库装的是标准分程序和标准算法模块，它们是 SEFEM 软件资源的主体；执行序列库装的是开发型用户以 JCL 语言写成的具有特定计算功能的分程序执行序列；用户模块库装的是用户临时编写的符合 SEFEM 软部件标准的程序模块，或由开发工具直接生成的程序模块。

（4）SEFEM-DMS 数据管理子系统是 SEFEM 统一实施内外存统一管理和主要接口数据组织管理的软件工具。它由一组标准程序模块组成，可以减免每个算法模块实施数据管理的工作量，有利于建立标准的数据接口体系。

（5）SEFEM-PDB 是受 SEFEM-DMS 管理的一个永久数据库。它存放着非线性材料数据、标准构件及典型的工程问题，即一批不随运行状态而变化的数据。它们是 SEFEM 软件资源的一部分。

3．分程序及模块结构。SEFEM 的运行机制是运行控制器根据执行序列，依次将控制赋给不同的分程序，每个分程序执行结束时必须把控制还给运行控制器。每个分程序是一个执行程序，它实现有限元数值分析中的一个计算功能，图 3.13 给出了 SEFEM 目前标定的分程序。每个分程序也采用模块化结构，由一个或多个控制模块以及若干个基本算法模块组成，分程序的模

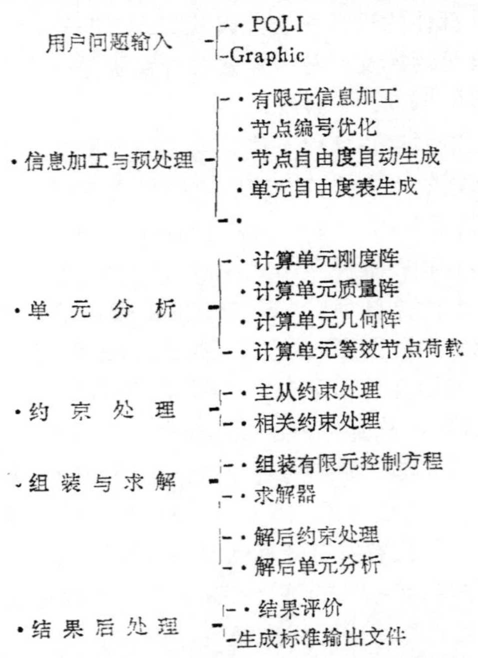

标有·号者表示分程序定义，几个分程序又可以用 JCL 连接成一个分程序体。

图 3.13 SEFEM 的分程序定义

块结构如图 3.14a 所示；每个分程序的程序结构必须符合 SEFEM 分程序标准，如图 3.14 b 所示；每个分程序调用的基本算法模块是可更换的，如果一个分程序的控制模块所调用的基本算法模块有可能更换，则控制模块与基本模块之间必须通过控制模板传递控制，如图 3.14 c 所示，以便灵活更换基本算法模块，否则应该使用常规的调用语句。

4. 标准化数据结构及统一的数据管理。这是 SEFEM 能够

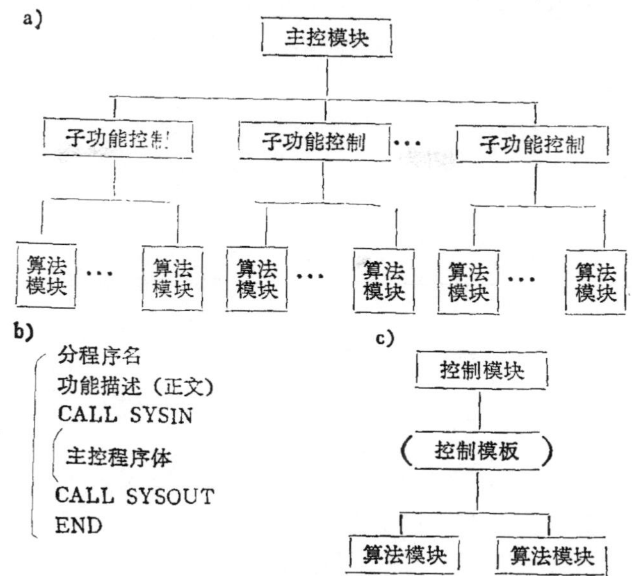

SYSIN——生成分程序运行初始状态

SYSOUT——保存分程序运行结束状态

图 3.14　分程序的程序结构与控制结构

向用户开放的基本条件之一，对于 SEFEM 的开发和可维护性影响极大。其基本策略是由 SEFEM-DMS 统一管理内外存贮区和数据，分程序之间的数据接口都须遵守 SEFEM 的标准化规定。这些规定是：根据各类有限元算法及其应用的计算过程，并为分程序和算法模块的生成和引用提供方便，SEFEM 把不同类型的信息和数据分别组织成不同的有名数据集，数据集的命名反映了它的类型和属性。根据子结构划分，每个数据集又可分成若干个子数据集，每个子数据集还可分成若干个特征数组，每个特征数组可由若干个记录组成，每个记录由若干个数据元组成。图 3.15 a 给出了一个数据集的结构。作为一个例子，图 3.15 b 给出了单元拓扑数据集的逻辑结构。所有有名数据集在外存都有相应的存贮空间，受 SEFEM-DMS 管理。由 SEFEM-DMS 进行 I/O 的最小数据单位是一个记录，可以一次交换若干个记录或一个特征数组。

当一个分程序要对某些数据集的内容进行操作时，其内存工作空间可由分程序根据内存大小临时指定，但工作空间的最小长度是一个记录长度。

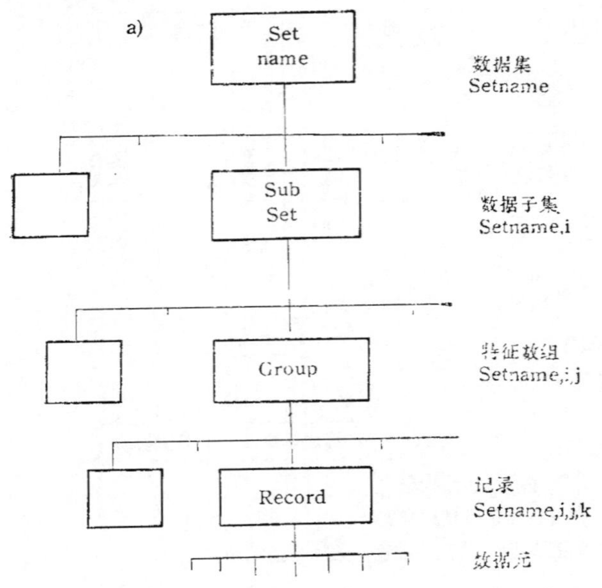

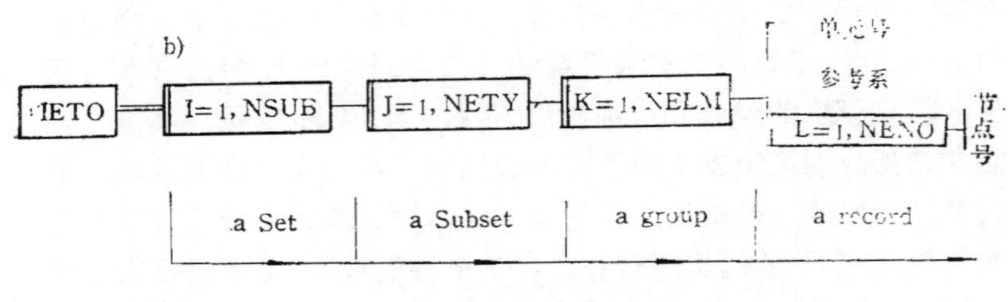

图3.15′ 一个数据集的结构

上述数据标准化技术为于多重子结构和多重网格的有限元分析提供了一种递归数据结构表示，每个子结构的信息和数据可以表示成图3.16的递归形式，为递归的算法过程组织提供了方

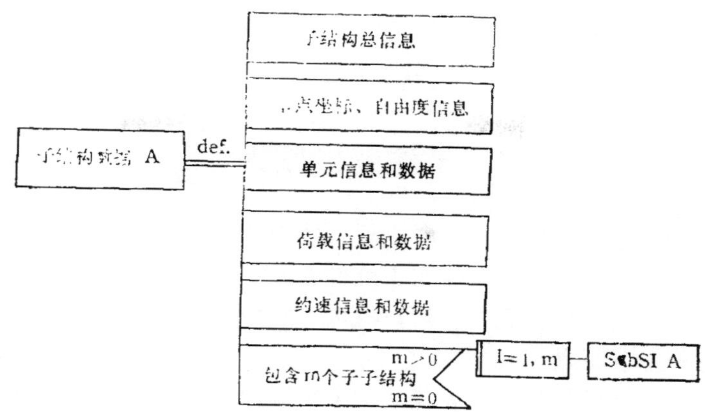

图3.16 子结构数据结构的递归表示

便。

5．SEFEM 的算法组织。SEFEM 运行过程中的算法组织由 JCL 语言完成，运行控制器则根据用户以 JCL 语言描述的算法执行序列和用户数据，来完成特定的计算任务。JCL的基本语句是

· 分程序定义语句——指出一次执行所引用的 SEFEM 软部件库中的分程序名；

· 标号语句

LAB：Labname；

· 执行语句

DO Subpname；

· 转向语句

GO TO Labname；

· 条件语句

IF CTL(n)＝整数 / 〈参数名〉GO TO Labname；

· 循环语句

LOOP I＝整数 / 〈参数名〉

〈分程序子序列〉

```
END LOOPI;
```

· 注释语句

REM：字符串（无上引号'）。

§5 系统开发原则

一个大中型软件项目，在实现软件设计任务前，设计者应该首先制定系统开发原则。制定系统开发原则的依据是

· 软件需求分析文档，用户特点，支持性硬、软件及可利用的软件资源和工具；

· 现行有效的软件开发模式，系统设计的方法论及系统构造模式；

· 类似软件的开发经验。

一般而言，一个大中型软件项目的系统开发原则应该包括

· 软件开发模式；

· 打算采用的系统设计方法；

· 确定未来软件的系统构造模式；

· 对于后继开发量较大的软件，确定兼顾近期和长远目标的策略；

· 保证软件设计质量的技术措施和应遵守的软件开发规范，以及任务的分配和计划的安排。

下面给出作者在研制 4.4 节所述的 SEFEM 软件时所制定的 SEFEM 系统开发原则，供读者参考。

SEFEM 的系统开发原则是

1．把 SEFEM 的功能和性能指标分成两个集合，分别称之为开发集和应用集。前者是研制 SEFEM 的核心，后者可作为前者的派生物。因此，将采取建立专用的集成化软件环境的模式研制 SEFEM 系统。

2．把 SEFEM 的用户分成两组，分别称之为开发型用户和应用型用户，后者仅是使用 SEFEM 解决工程问题。针对两类用户，

分别研制完善和友好的用户接口。

3．为了扩大 SEFEM 的应用范围，我们规定 SEFEM 的开发环境是 DOS 系统下的中高档微机。设计中应考虑到可移植性，并保证使其可解问题的规模不低于 5 000 个自由度。

4．采用分程序运行模式。即每个具有特定功能的程序由若干个分程序组成，执行顺序由 SEFEM 运行控制器自动连接，这有助于克服存贮限制并提高运行效率和求解问题的规模。对于每个分程序，将按照层次性的模块结构关系进行研制或移植，努力提高基本模块的可再用性。

5．为了确保 SEFEM 的可扩充性和可裁剪性，并提高SEFEM软部件的可再用性，除了制定内部接口数据标准和分程序标准外，还应设计统一的 SEFEM 数据管理系统。

6．把研制 SEFEM 的重点放在开发工具和用户接口上，并且尽量采用现代化的软件方法和技术。例如，符号计算和程序生成，专家系统和算法的自适应组织，使 SEFEM 能对有限元方法研究及其应用的所有领域提供支持。

7．为了确保 SEFEM 质量，除本项目专门制定的标准外，建议在SEFEM研制过程中遵守“工程设计应用软件开发标准”[104]。

本章讨论的软件设计方法都是来源于成功的软件工程实践，实践是形成这些方法的基础。反过来，用它们去指导软件工程实践并进而发展它们，这就是软件工程方法论形成和发展的过程。

作者认为，本章的材料除了可以使读者对科学工程软件开发的方法论有一个较全面的了解外，主要目的是给软件设计者提供制定软件系统开发原则的思路，为形成良态的软件产品奠定基础。

第四章　用户接口设计

§1　引　　言

作为一个应用软件的设计者时，一定会遇到用户接口设计的问题。即决定用户怎样描述他们的问题，软件怎样把用户问题的外部描述变换成内部数据，以及怎样命令软件运行，获得计算结果。科学工程软件是面向计算机的最终用户，故用户接口设计尤其重要。它是大型软件的门窗，是软件争取用户心理、提高竞争力的主要因素之一。

自从计算机闻世以来，人-机接口问题一直是计算机应用中的一个关键问题。软件的用户接口，实质上就是人-机接口。30 多年来，科学和工程计算及其软件人员，在致力于应用软件项目的研制时，一直把一部分精力投入非科技算法的实现方面，其主体就是用户接口的设计与实现；并且随着计算机的发展和软件的规模与复杂性的增加，这种耗资越来越大。对于综合性的科学工程软件而言，开发用户接口的工作量可能占到总工作量的三分之一以上。

对于科学工程软件而言，好的用户接口应具有如下特点：

1．使用的简便性。用户在要求软件功能和性能提高的同时，要求使用软件的手续尽可能简便，且得到的计算机输出形象直观，一目了然。这不仅使通晓计算机软、硬件设计和软件应用的专家，而且也使初学者和软件所面向的一般用户感到简便。因此，问题的输入格式应该使用户易于理解，附加的信息量少；能直接处理指定磁介质上的信息和数据，且自动化程度高；操作比较简便；并能按用户要求的表格或图形输出，或反馈计算结果到用户指定的磁介质上。

2．用户接口中的术语标准化和一致性。所有专业术语都应标准化，软件技术用语应符合软件工程标准，应用领域的术语应符合软件面向专业的专业标准，并且在输入、输出说明里同一术语的涵义完全一致。

3．拥有 HELP 子系统。所有的规格说明和各种操作命令的用法，用户都可以从 HELP 子系统获知。

4．算法的可隐可显性。软件的使用抉择和复杂的算法对初学者是隐蔽的，他们可以不考虑抉择和算法问题而正常使用，但对于高级用户保留实施运行抉择和选择算法模块的权利。

5．快速的系统响应和低的系统成本。因为好的用户接口在运行时，将要使用较多的硬件设备，并引入较大的系统开销，因此软件设计者应精心设计，以加快系统响应并减少系统开销。

在需求分析说明里，已对软件的用户接口提出了要求，因此用户接口设计的任务就是具体地设计输入、输出和操作命令的描述形式及实现的算法和技术。就描述形式而言，对于一般用户，最方便的语言莫过于自然语言。但是直到今天，使用自然语言实现人-机通讯尚存在许多问题，需要进一步研究。因此，软件设计者必须设计一套专用的描述求解对象和操作命令的格式，即一种特定的语言，以实现人-机通讯，并设计一组可行的编译算法和实现方案。用户接口设计的基本任务和表现技术如图 4.1 所示。

每种描述形式都有其优缺点，究竟采用哪一种，应因地制宜选用。菜单式适宜于交互式运行的接口设计，操作简便，但不适宜于描述量大、多变的问题数据模型；表格式适宜于描述大批量数据，描述附加的信息量较少，但可理解性差，不适宜描述复杂多变的问题数据；面向问题语言，以下简称 POL 语言 (Problem Oriented Language)，形式上比较完善，易学、好用、可理解性强，可以和用户操作命令融为一体，既适宜于批处理，也适宜于交互式，但描述需要附加的信息量较大。

软件设计者无论采用哪种描述形式进行用户接口设计，都必须完成如下两项工作：

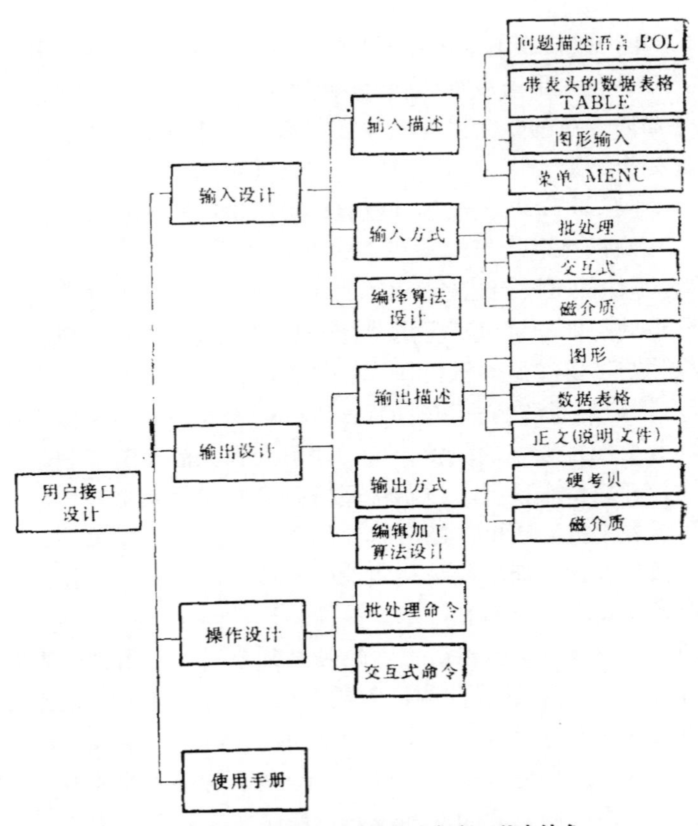

图 4.1 用户接口设计的基本任务与基本技术

• 设计一个完整的问题描述体系，简称 PSS (Problem Specification System)。它隐含地表现了软件的全部功能与性能，完善地描述软件面向的全部问题及可供用户选择的处理过程和操作命令；

• 针对 PSS 设计一个分析、解释和编译的软件 PSSI (Problom Specification System Interpreter)，把用户以 PSS 描述的问题和操作命令，转换成分析计算程序可以接受的内部数据，并驱动分析计算程序运行。

PSS 和 PSSI 在软件中的地位和作用如图 4.2 所示。

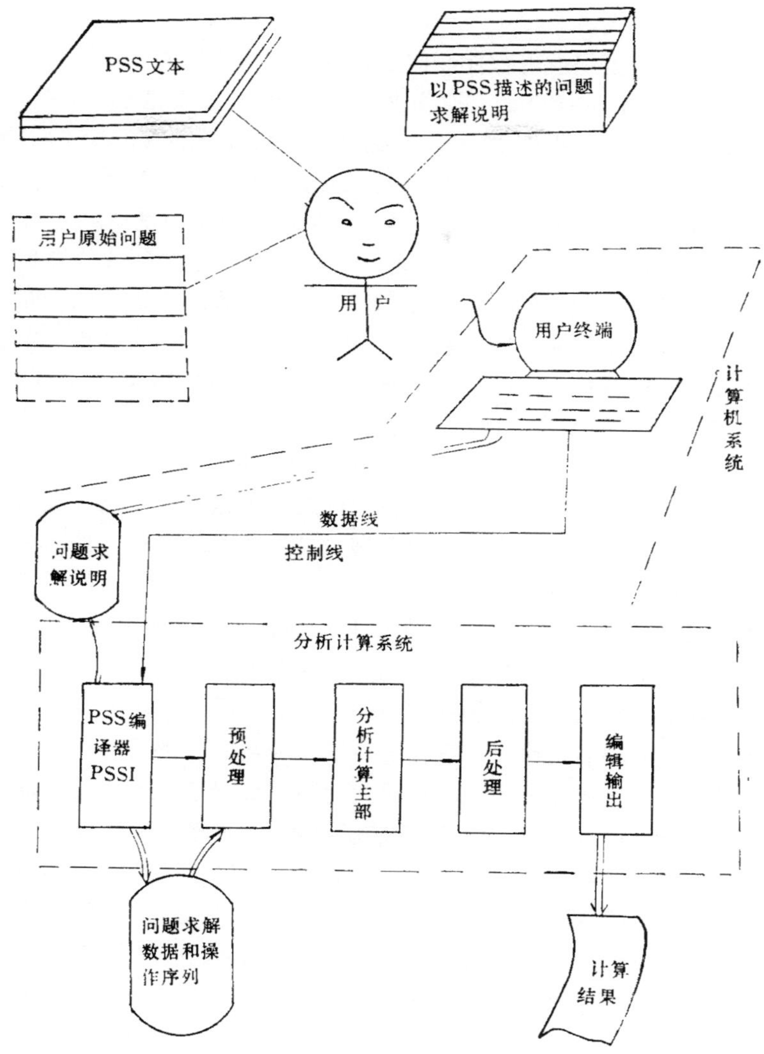

图 4.2 PSS 和 PSSI 在软件中的地位和作用

值得指出，就规范化的解释和编译技术而言，不同的输入描述形式 POL，TABLE 和 MENU 之间没有本质的区别。如果把

POL 的语法定义成表格形式和菜单形式，则用 POL 语言可以统一上述三种形式。

因为科学工程应用软件面向于各种各样的应用领域，因此需要设计五花八门的 POL 语言。如果对每种 POL 语言都单独设计，并研制相应的编译程序 POLI，无疑将要消耗大量的人力和费用。而且，由于语言及其处理程序的特定性，使得对 POL 语句的任何微小的修改，都会引起解释编译程序的修改及重新确认。因此，如同对程序设计语言(FORTRAN, ALGDL) 一样，需要研究自动生成 POL 编译程序的技术，以实现快速、正确地生成担任不同软件用户接口处理的程序。从 60 年代起，人们已开始研究自动生成 POL 编译程序的自展技术。到目前为已经研制出来的产品有：美国 MIT 研制的 ICES POL-II 系统，乔治亚理工学院研制的 STRUDL 处理器，普都大学研制的 ELLPACK 前处理器等。

还须指出，在设计和开发大型软件的用户接口时，设计者应该特别注意采用先进的辅助于用户接口设计的工具，这是提高用户接口设计水平的重要途径。80 年代以来，软件工具、软件工程环境、计算机图形学和高分辨率的图形终端已经有了飞速的发展，它们为开发出良好的用户接口提供了技术条件。目前可用的用户接口设计工具已经很多，例如多窗口屏幕编辑系统，语法制导编辑器，交互式图形软件等，设计者可以因地制宜按需采用。

对于中小型软件项目，如果用户问题的数据量不大，操作命令也不复杂，可以不必采用 POL 描述技术，应该因地制宜地设计简易的用户接口系统。因此，本章 §2 将首先讨论一般软件的用户接口设计，然后讨论如何形式地定义一个 POL 语言，如何设计通用的 POL 语言的解释编译程序 POLI，并且通过一个例子说明 POL 语言的解释编译程序的生成技术。这里的叙述完全类似于编译程序方法。

§2 用户接口设计的常规技术

2.1 用户接口设计的心理障碍

软件的用户接口既是构成软件的实体之一，也是软件的外观。有人称它为软件的包装，是有一定道理的，因为它是软件给用户的可直观感受的东西。商人不能忽视商品包装，因此软件研制者不能忽视用户接口，它是实现人与计算机、人与软件接触的界面。

众所周知，在人与人的交往中没有人喜欢对方无视自己的存在，因此在应用软件产品纷纷出现的今天，没有用户愿意购置一个对自己不友好和不实用的软件。软件设计者不应该试图强制地控制用户或无视用户要求，而应该巧妙地顺应用户心理，给用户提供他可以感受到的友好。例如使用用户熟悉的、意思明确的词汇，易于理解的语法和简练的表述格式。有经验的用户需要实在友好的用户接口，不需要华而不实的表面货色，例如"最尊敬的阁下，请您注意语法！"而对错误的属性和位置却无任何提示。

然而，值得注意，在用户接口设计方面，在设计者心目中存在着一些防碍友好的用户接口产生的心理障碍，例如：

· 设计者总倾向于让自己设计的软件在整个运行过程中，自始至终掌握着控制权，不间断地运行，这样做对于运行时间较长的软件，将会引起用户担心或产生逆反心理。而用户中途干予将会引起复杂的控制结构和数据管理，设计者怕麻烦；

· 由于软件工作职业上的原因，使设计者习惯于算法设计、符号演绎和逻辑推理。长期在抽象思维的单行线上行走，自然的心理是任何人都应该顺着我，不愿意应合用户心理和特殊要求。认为自己熟悉的用户也应该熟悉，自己不懂的用户也不需要，缺乏用户观念；

· 由于知识结构上的差异，使得一些科学工程软件研制者习惯于追求在数学、物理或工程知识结构上的大跨度和广博性，而忽视使用对象的专业性，从而生成对任何用户都不够适用的用户接口。

• 由于专业上的限制和人们固有的惰性，使得软件设计者不愿意学习应用软件所面向领域的专业知识，不乐于接受用户的专业术语和表达问题的方式，从而难以设计出对用户友好的接口。

……

因此，一个应用软件产品的用户接口的好坏，不只反映了设计者的水平，更反映了设计者待人处世的哲学思想。我们列举这些心理障碍，目的是要引起软件设计者的警惕。当您把精力投入于实现软件主要功性和性能指标的设计时，万万不应忽视用户接口设计，并且努力克服影响用户接口设计的思想障碍，因为它决定着未来软件是否受用户欢迎。

2.2 常规的用户接口设计

用户接口设计的依据是软件需求定义中有关输入、输出规格要求以及软件的运行环境，特别是与输入、输出相关的支持性硬、软件及用户的特殊要求。用户接口设计对最终产品的可用性影响极大。

一般软件的用户接口设计应该达到如下目标：

• 对用户问题和求解要求表现的完整性；

• 用户接口的专业用语和标识符具有可理解性、易用性且与用户习惯表现方式接近；

• 操作命令简便和用户对软件运行的可控性；

• 用户接口有容错能力；

• 快速的系统响应和较低的系统销耗。

常规的用户接口设计的步骤是

1．标识输入文件。

2．设计输入文件上抽象的数据类型、数据结构以及表格形式。

3．设计由输入文件转换成软件内部数据结构的算法。

4．设计装机及初始化操作。

5．对批处理操作，设计启动点、检查点及重新启动点；对交互式操作，实施进程分割，设计每一进程正确运行的辨认格式及选择下一进程的准则，中间输入的描述格式及启动命令。

6．设计输出中间结果和最终结果的图表和正文的格式，并确认输出设备。

7．以用户欢迎的方式和他们易理解的语言编写“使用手册”初稿。

为了获得友好的用户接口，在设计中应该采用如下技术措施：

第一，对于交互式操作，应该采用菜单提示供用户选择，减少用户记忆较长的操作命令符；对于较复杂的输入格式和操作命令序列，应该采用语法制导编辑技术，提供各类语法模板，用户可以不必记忆许多繁琐的语法公式、关键字和标识符，只要按语法结构实施输入或选择控制结构就可以了；在输入语句和操作命令里，应该采用具有专业背景的命令缩写字，避免采用编号，这样既可减少用户打入命令的工作量，又避免了混淆。

第二，无论是对于用户问题信息的输入，还是操作命令序列，都应该提供自由格式键入和省缺值功能，以减少输入信息的冗余和出错机会。在软件运行过程中，应该充分使用高分辨率的彩色图形终端和多窗口显示技术，将运行状态或部分中间结果在终端上显示出来，使用户心中有数，减少等待时以为系统有故障的疑烦心理，并且运行状态和中间结果的显示应该尽可能采用图形，使用户一目了然。

第三，对于用户的所有输入，包括问题数据和命令，都应该设置诊断措施，并且错误检查应该指出位置和属性，使用户能迅速纠正。

第四，应该采用联机的 HELP 加顾问专家系统的软件技术，以便对用户正确和有效地使用软件提供迅速的支持。

第五，为了使用户接口达到快速响应和较低的系统开销，应该加强输入编辑解释算法和运行控制机制的研究。对于大型综合性应用软件，应该通过构造用户接口原型，来提高用户接口设计的质量。

§3 POL 语言的设计

本节旨在叙述 POL 语言的设计规则。为了展示 POL 语言的作用和内涵，下面先给出三个软件用 POL 描述求解问题的例子。

3.1 POL 语言之例

一个大型综合性软件或软件包的 POL 语言是一个具有相当规模的语言体系，其使用说明决非一两页纸能够表达清楚，故这里只能举三个例子来分别显示三个软件各自的 POL 语言的描述形式和基本特征。

例1 使用 MATLAB 求解常微分方程数值解。MATLAB 是美国 Math Works 公司研制的通用数学分析软件包；它具有完备的数学功能和三维作图能力；它是一个开放式系统，用户可根据需要对它进行修改和扩充；它采用交互式运行，并且操作命令的语法结构易学好用。调用它的算法模块 ODE23 求常微分方程值解的格式如下：

格式：〔tout, yout〕= ODE23 (F, t0, tfinal, y0, tol, trace),

输入量：

其中，F 为常微分方程的函数名（文件名），由用户定义，F = ‘fun’。定义方法如下：

令 yprime = fun(t, y)，式中

t 为时间（自变量，标量），y 为解向量，

yprime 为导数列向量且 yprime(t) = dy(t) / dt,

t0 为 t 的初值，

tfinal 为 t 的终值，

y0 为解向量初值，

tol 为精度且缺省值 tol = 1.0E − 3，

trace 为跟踪，若非零，则打印（显示）每一步骤，且缺省值trace = 0。

输出量：

tout：积分时间点（行向量），

yout：解，对应每一积分时间点有一个解向量。

输出结果可用 plot (tout, yout) 作图显示。

例 2 使用 ELLPACK 数值求解椭圆型方程边值问题。ELLPACK 是一个基于差分方法的求解椭圆型方程边值问题的软件系统，是一个高水平的数学软件包。它拥有高级的、形式化的POL语言（称之为 PSL——Problem Statement Language）和可扩充的问题求解模块库（ELLPACKLB）。ELLPACK 的 PSL 可以扩充到全部FORTRAN 语言，具有描述复杂的数学物理问题、数值解法和求解步骤的能力。例如，假定要数值求解如下问题：

方程形式：$Uxx + Uyy + 3Ux - 4U = e^{(x+y)}\sin(\pi x)$

定解区域：矩形 $(0<x<1,\ -1<y<2)$，

边界条件：$U = 0, x = 0,\ -1<y<2$，

$$U = \sin(\pi x) - \frac{x}{2},\ y = -1,\ 0 \leqslant x \leqslant 1,$$

$$U = \frac{y}{2},\ x = 1,\ -1<y<2,$$

$$U = x,\ y = 2,\ 0 \leqslant x \leqslant 1。$$

计划采用的解法是：用 6×6 均匀格点的五点差分格式进行离散化，采用带型 Gauss 消去法求解离散方程。要求输出的计算结果是：列表输出 U 的格点值，并画出 U 的等值线图。

针对上述问题和求解要求，使用 ELLPACK 的 PSL 语言编写的程序是

```
    ......................................................................
    EXAMPLE ELLPACK PROGRAM 1, E1
    ......................................................................
OPTIONS TIME S MEMORY
```

```
EQUATION  UXX + UYY + 3.0*UX - 4.0*U = EXP(X + Y)
          *SIN(PI*X)
BOUNDARY  U = 0.0                     ON  X = 0.0
          U = SIN(PI*X) - X/2.0       ON  Y = -1.0
          U = Y/2.0                   ON  X = 1.0
          U = X                       ON  Y = 2.0
GRID      6X POINTS
          6Y POINTS
DISCRETIZATION 5 POINT STAR
SOLUTION          LINPACK BAND
OUTPUT            TABLE(U)
                  PLOT(U)
END
```

将以 PSL 写成的用户 ELLPACK 程序输入，经过 ELIPACK 的预处理器(Preprocessor)处理后形成用户 FORTRAN 主程序，再经 FORTRAN 编译器编译后，自动与所必须引用的算法模块库里的目标模块相连接，形成用户执行程序，执行后输出用户所希望的计算结果。ELLPACK 的预处理器实际上是预编译器，它的输出是用户的 FORTRAN 程序。ELLPACK 的执行过程如图4.3。

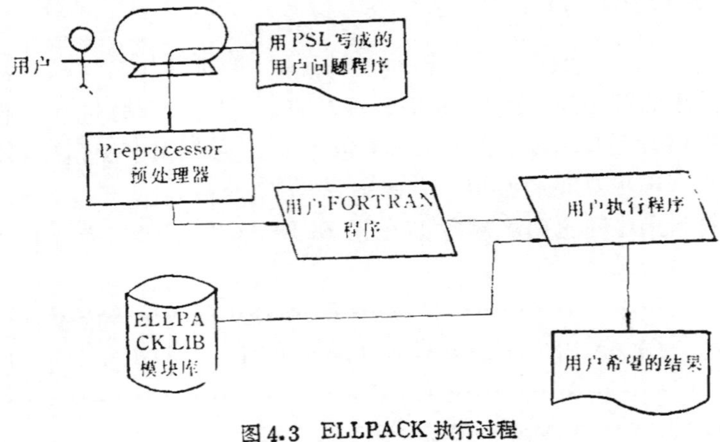

图4.3 ELLPACK 执行过程

例3 使用FEPS系统对悬臂梁进行振动分析。FEPS系统是我们国家自己研制的大型通用有限元软件之一，它装配着杆、梁、板、壳、体、平面应力和轴对称等各类结构形态的三十余种单元，可以对各种单一和组合结构进行静力和振动特性分析。它拥有一个描述能力较强的UOL语言(称之为面向用户语言)，为结构工程人员使用FEPS系统提供了极大的方便。悬臂梁振动问题的力学提法是：几何模型如图4.4所示。材料特性是$E=10^6$ PSI，$v=0.3$，$\rho=0.001$。有限元分析模型为采用均匀的八节点六面体单元对悬臂梁进行有限元剖分，如图4.4所示，总单元数40，总节点数99，采用集中质量方法生成质量矩阵，使用子空间迭代法计算前五个振型。用FEPS的用户语言写成的问题求解程序是（其中小写字母可以省缺）：

```
TITLE "COMPUTE EIGENPROBLEM OF SPACE BODY"
TOTAL Project, END of NODE = 99
REquired VALUE = 5, DIMENSION = 3, XYZ,
SINGLE, SUBSPAce, CONcentrate MASS//
SUBStructure, 1//
NODE COordinate,
3*11*3, 1(1, 9, 3)
0.0(0.5, 0.0, 0.0) 0.0(0.0, 1.0, 0.0)
0.0(0.0, 0.0, 0.5)//
FIXED Constrain
U = 0.0, V = 0.0, W = 0.0, 1—9//
ELEMENt, GLOBAL,
MATERIal(1.0E + 6, 0.3, 0.001, 0),
Space BODY, Space VARIable ELement
(1, EQUAL Stiffness)
```

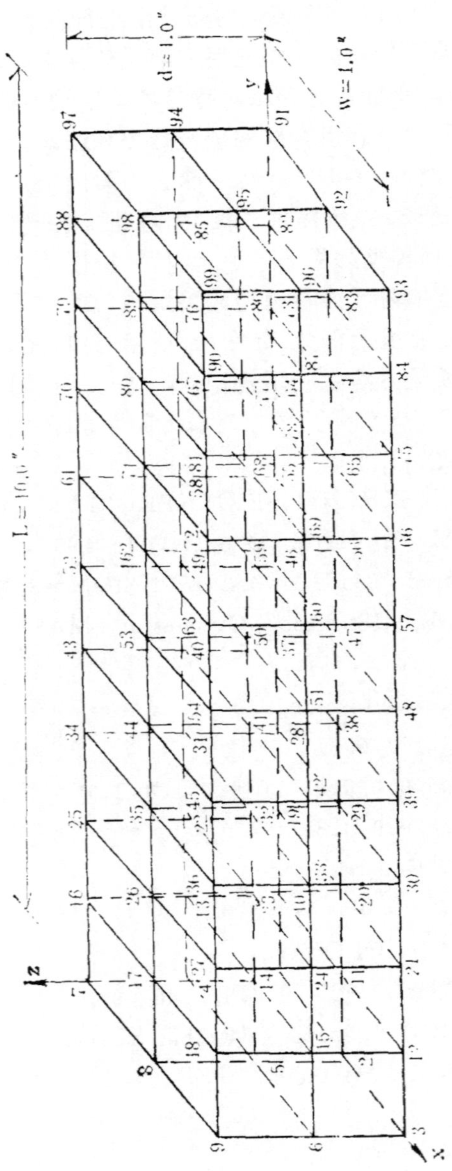

图 4.4 悬臂梁振动分析的三维有限元部分模型

2*10*2, 4(1, 9, 3) 5(1, 9, 3) 14(1, 9, 3)

13(1, 9, 3) 1(1, 9, 3) 2(1, 9, 3) 11(1, 9, 3)

10(1, 9, 3) // $

FEPS系统将用户的UOL程序读入；进行编辑加工，形成问题的内部数据结构；根据问题的特征选择适当的模块运行，并根据用户要求输出计算结果。

MATLIB和ELLPACK面向于数值分析家、计算数学与应用软件专业的研究生和高年级的学生；FEPS面向于计算力学工作者、结构工程师及有关专业的研究生和高年级的学生。他们的专业不同，使用的专业术语不同，描述各自问题的习惯方式也不同，因此这三个软件的设计者设计了完全不同的POL语言。

尽管这些语言的表现形式不同，但它们都是自然语言的一个极小的子集，都具有描述问题、求解算法和请求输出的能力。因此，我们可以从某种规则出发，设计满足不同要求的POL语言。

3.2 语言定义

为了揭示不同的POL语言在形式上的一致性，请看如下两个语句集合

dogs	sleep	李明	上班
cats	eat	王玲	休息
dogs	eat	李明	休息
cats	sleep	王玲	上班

左面是为懂英文的家庭主妇而设计的，描述家畜活动的四句话；右面是为懂中文的雇主而设计的描述职员出勤情况的四句话。虽然，它们描述不同范畴的问题，却具有相同的语法结构，都是一个主语后跟一个谓语，主语由一个词汇集合生成，谓语由另一个词汇集合生成。

一般而言，每一种语言都是建立在一个基本词汇表的基础上，并按照一定的产生式规则生成组成语言的句子。这些产生式规则

确定了一些词汇序列被认为是正确的句子，另一些词序列则不成为句子。我们把这些产生式规则称之为语言的语法。引用巴科斯-诺尔范示(BNF: Backus-Naur Form)，上述两语句的集合可以定义为

〈句子〉:: =〈主语〉〈谓语〉,

〈主语〉:: = dogs|cats ¦ 〈主语〉:: = 李明|王玲,

〈谓语〉:: = sleep|eat ¦ 〈谓语〉:: = 上班|休息;

其中〈句子〉，〈主语〉和〈谓语〉称之为非终结符， 单词 cats, dogs, sleep, eat，李明，王玲，上班，休息称之为终结符，符号 ::, =, |, 〈和〉是 BNF 的元符号。上述规则可以进一步形式地表示为

$$
\begin{aligned}
&S ::= AB,\\
&A ::= x|y, \qquad\qquad (4.1)\\
&B ::= z|w,
\end{aligned}
$$

上述规则被称为产生式。为简便起见，以下均用大写字母表示非终结符，用小写字母表示终结符。

更精确地，我们对语言给出下列严格的定义。

A1　语言 L = L(T, N, P, S) 由下列成份规定：

T——终结符集合，

N——非终结符集合，

P——产生式集合（语法规则），

S——开始符号（它属于N）。

A2　语言 L(T, N, P, S) 是终结符序列ξ 的集合，ξ可以按下面的规则 A3 由 S 生成：

$$L = \{\xi | S \to \xi \text{且} \xi \in T^*\} 。 \qquad (4.2)$$

我们用希腊字母表示符号序列， 用T^* 表示 T 中符号生成的序列的全体。

A3　一个序列 σ_n 可由序列 σ_0 生成， 当且仅当存在序列 σ_1 $\sigma_2, \cdots, \sigma_n - 1$ 使得每个 σ_i 可按下面的规则A4 由 $\sigma_i - 1$直接生成：

$$(\sigma_0 \to \sigma_n) \to ((\sigma_{i-1} \to \sigma_i) \text{对} i = 1, \cdots, n) 。 \qquad (4.3)$$

A4　一个序列η 可由序列 ξ 直接生成， 当且仅当 存列α, β,

ξ', η' 使得

(a) $\xi ::= \alpha\xi'\beta$,

(b) $\eta ::= \alpha\eta'\beta$,

(c) P 中包含规则 $\xi' ::= n'$。

例如产生式(4.1)生成的句子 xz 可由下面的一系列直接生成步骤来生成：

$$S \to AB \to xB \to xz,$$

所以，$S \to xz$。又由于 $xz \in T^*$，因此 xz 是该语言的一个句子，即 $xz \in L$。注意，非终结符只在非终止步骤中出现，而终止步骤必须导致仅包含终结符的序列，语法规则之所以称为产生式，就是因为它们决定了可以生成的新形式的句子。

一个语言称为上下文无关的，当且仅当它可以由一个上下文无关的产生式集合来定义。一个产生式集合是上下文无关的，当且仅当它的所有产生式具有形式

$$A ::= \xi \quad (A \in N, \xi \in (N \cup T)^*),$$

即左边是一个非终结符，且不管 A 的上下文如何均由 ξ 替换。如果一个产生式具有形式

$$\alpha A\beta ::= \alpha\xi\beta,$$

则它就称为是上下文敏感的，因为仅当上下文分别为 α 和 β 时，A 才能由 ξ 替换。由于上下文敏感的产生式所定义的语言，在定义、使用、识别和加工等方面都比较复杂，故今后我们仅限于讨论上下文无关的系统。对于设计 POL 语言，它是足够的。

例 4 产生式

$$S ::= xA, \qquad (4.4)$$

$$A ::= z \mid yA。$$

由开始符号 S 出发，可以生成下列句子：

x z

x y x

x y y z

x y y y z

……

该例子表明，从有限的产生式集合，通过递归关系可以生成无穷多个句子。

3.3 句子识别

POL语言的作用是用户用它描述实际问题和求解要求，编成问题求解程序以便输入。当把它们输入计算机后，POL编译程序的第一项任务就是识别它们的句子，然后对其进行操作，生成问题的内部表示，等待进一步处理，或者直接加工成处理结果。因此，POL编译程序必须有一个识别程序以识别输入序列中的句子，并决定对它们的操作

现行的识别句子的办法是在读句子时，按照生成句子的步骤，回描句子的生成过程，以决定一个终结符序列是否是一些句子，并确定对其进行的操作。对于具有多级和复杂产生式规则的语言来说，研制识别算法及其程序是建立编译解释程序的主要任务之一。

本章我们将不局限于一个特定的POL语言，去生成特定的识别算法，而是引用N. Wirth和L. A.Lopez的思想，形成一个通用的识别和编译算法。

一个POL语言的识别算法是经常处理包含着数千、数万甚至数十万个输入符号的问题求解程序，因此应该尽可能简单并讲究效率，应该使每个识别步骤仅依赖于输入的当前状态和正要读入的下一个符号，并且任何一个识别步骤都不会在后来废除．这种识别过程称之为无回溯的单符号先行。

这里给出的识别算法是按自顶向下的原则，根据产生式规则重新建立句子的生成步骤。即从开始符起，自顶向下地逐步直接生成，直至最后得到句子。例如，对于前面给出的句子dogs eat，要求决定它是否属于指定的语言。根据定义，看其是否能从开始符〈句子〉生成。从语法规则上看，显然只有当它是一个主

语后跟一个谓语时才能成为句子。首先，确定该句子的某一开始部分是否可由非终结符〈主语〉生成，这是确实的，dogs 可由〈主语〉直接生成。然后，检查剩余部分，看其是否可以由非终结符〈谓语〉生成，而这又是成功的。故分析的结果是肯定的。我们可以把这个过程表述如下(左边是未完成的任务，右边是输入序列中尚未读入的部分)：

〈句子〉	dogs eat
〈主语〉〈谓语〉	dogs eat
dogs 〈谓语〉	dogs eat
〈谓语〉	eat
eat	eat
—	—

另一个例子是按例 4 中的产生式分析句子 xyyz 的过程：

S	xyyz
xA	xyyz
A	yyz
yA	yyz
A	yz
yA	yz
A	z
z	z
—	—

在这两个例子里，都是只要考察输入序列中的下一个终结符，就能根据产生式断定要采用那个替换步骤。

3.4 补 充 规 则

遗憾的是，上述自顶向下无回溯的分析算法，不是对所有满足 3.2 节四条规则的语言，都是成功的。例如：

例 5 S ::= A|B,

$$A ::= xA \mid y,$$
$$B ::= xB \mid z。\qquad (4.5)$$

让我们来分析句子 xxxz：

S	xxxz
A	xxxz
xA	xxxz
A	xxz
xA	xxz
A	xz
xA	xz
A	z

继续识别遇到了困难，是否能就此断定终结符序列 xxxz 不是该语言的句子呢？显然不能。只要第一步替换时，不取 A 而取B，就会正常识别完 xxxz 。问题发生在第一步替换时，因为仅从当前符号无法断定取 A 还是取 B。

例 6
$$S ::= Ax, \qquad (4.6)$$
$$A ::= x \mid \varepsilon,$$

其中 ε 表示空符号序列，即 A 可以为空。当我们分析句子 x 时，可能进入如下死胡同：

S	x
Ax	x
xx	x
x	—

麻烦产生在不应使用 A ::= x 而应使用 A ::= ε。这种情况称为空串问题，它只发生于可以生成空序列的非终结符的情况。

避免上述算法失败的一个可能的办法是：在每次做出一种可能的选择时，都做出记录。当前进到不能再前进时，沿着所取的子目标退回。这种回溯是很不经济的，可能引起识别句子工作量的大爆炸。因此，应该把导致这种现象的语法结构识别出来，通过限制，加以避免。

下面给出两条补充规则，它可以保证满足补充规则的语言，在识别句子时不再发生必须回溯的现象。

A5　给定产生式

$$A ::= \xi_1 | \xi_2 | \cdots | \xi_n。$$

由每个 ξ_i 生成的所有子句的头符号集合必须是互不相交的，即

$$\text{first}(\xi_i) \cap \text{first}(\xi_j) = \phi \quad 对一切\ i \neq j。 \qquad (4.7)$$

first(ξ) 是一个集合，它由可能出现在由 ξ 导出的子句的第一个位置上的所有终结符组成。集合 first 按下列规则形成：

1．若变元的第一个符号是终结符，则

$$\text{first}(a\xi) = \{a\}。$$

2．若变元的第一个符号是具有推导规则

$$A ::= \alpha_1 | \alpha_2 | \cdots | \alpha_n$$

的非终结符，则

$$\text{first}(A) = \text{first}(\alpha_1) \cup \text{first}(\alpha_2) \cup \cdots \cup \text{first}(\alpha_n)。 \qquad (4.8)$$

在例 5 中，我们注意到 $x \in \text{first}(A)$ 且 $x \in \text{first}(B)$。因此，规则 5 被第一个产生式所破坏。对于例 5 的语言，寻找一个满足规则 5 的语法是很寻常的。解决的方法就是在处理了所有的 x 后再分因子。在生成同样语言的意义上，产生式

$$S = C | xS,$$

$$C ::= y | z \qquad (4.5)'$$

等价于(4.5)的产生式。

A6　对每一个可能生成空序列($A \rightarrow \varepsilon$)的符号 $A \in N$，其头符号集合不得与其一块生成的任何后继序列的头符号集合相交，即

$$\text{first}(A) \cap \text{follow}(A) = \phi,$$

集合 follow(A) 是这样计算的：考虑形如

$$X ::= \xi A \eta,$$

$$\eta ::= \eta_1 | \eta_2 | \cdots | \eta_n$$

的产生式，则 follow(A) 是

$$\text{follow}(A) = \cup \text{first}(\eta_i)。$$

在例 6 中，由于

$$\mathrm{first}(A) = \mathrm{follow}(A) = \{X\},$$

规则 6 被符号 A 所破坏。

3.5 重复句型的表示方法

通常表示符号重复句型的方法是使用递归定义的语法结构，例如，产生式

$$A ::= B \mid AB$$

描述了序列集合 {B, BB, BBB, …} 。但是，因为

$$\mathrm{first}(B) \cap \mathrm{first}(AB) = \mathrm{first}(B) \neq \phi,$$

故违犯规则 5，不能使用这种递归描述。又例如，产生式

$$A ::= \varepsilon \mid AB$$

描述了序列集合 {ε, B, BB, BBB, …} ，那么又因为

$$\mathrm{first}(A) = \mathrm{first}(B),$$

故

$$\mathrm{first}(A) \cap \mathrm{follow}(A) \neq \phi$$

违犯了规则 6，也应被禁止。这两个例子都使用了左递归定义。

因此，为了表示符号重复的句型，又不违犯规则 5 和 6，可行的方法是

1. 使用右递归。例如

$$A ::= \varepsilon \mid BA。$$

2. 扩展 BNF 范式，把重复句型明显地表示出来，使用记号{B}表示可能的序列

$$\varepsilon,\ B,\ BB,\ BBB,\ \cdots。$$

注意，{和}记号是扩展的 BNF 范式的元符号，{B}可能产生空序列。

由(4.5)到(4.5)′的转变，以及由左递归到右递归的转变可以看出，通过修改产生式可以部分地解决满足规则 5 和规则 6 的问题。但是，必须注意，这种转变不应该造成语义错误，否则失去语法定义的根本目的。

3.6 语法终结符

由 3.2 和 3.4 节的语言定义与下节的例子可以看出，构成语言的基本语法单位是词汇和语法符号，它们是在语法规则中出现的终结符。而词汇又是由基本符号按一定规则构成的，后者称为词法规则，其表现形式同语法规则一样，仍可用产生式。因此要掌握一种语言必须同时掌握构成词汇的词法规则和构成句子的语法规则。POL 语言的作用是用户使用它描述问题的数据和信息，计算与输出要求，并命令软件运行。因此，对于软件用户而言，其 POL语言，是否易于掌握，受到欢迎，很重要地表现在 POL 的词法规则和语法规则是否足够简单；基本词汇是否来之于软件所面向的专业领域，用户是否易于理解。就组成 POL 的基本语法单位而言，可以分类如下：

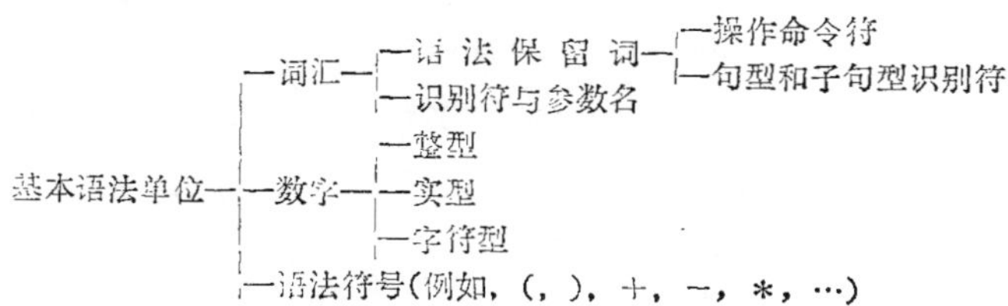

词汇，特别是语法保留词是用来描述语义动作、数据属性和操作特征的，它们在语言的编译、解释过程中起着关键作用。当用户使用 POL 语言描述的问题求解程序输入计算机之后，POL 编译解释程序的第一件事就是词法分析，即正确地识别和分析源程序中的词汇、数字和语法符号，把它们转换成程序的内部表示，并按语法保留词的含义，实现数据加工，因此语法保留词是组成语言终结符的关键词汇。

3.7 例

下面列出的基本语法和例句取自建筑工程设计软件包(BDP)

结构分析子系统的POL语言文本，这里对原文本进行了若干修改和简化。

1．BDP 的POL 语法

〈POL 程序结构〉∷＝〈程序开始符〉〈语句串〉
〈程序结束符〉

〈程序开始符〉∷＝〈名字〉

〈程序结束符〉∷＝〈名字〉

〈语句串〉∷＝{〈语句段〉}|〈语句〉〈语句串〉

〈语句段〉∷＝〈语句段开始符〉{〈语句〉/}〈语句段结束符〉

〈语句段开始符〉∷＝〈名字〉

〈语句段结束符〉∷＝〈名字〉

〈语句〉∷＝〈句型 1〉|〈句型 2〉|〈句型3〉|
〈句型 4〉|〈句型 5〉|〈关键名 6〉|〈注释〉

〈句型 1〉∷＝〈关键名 1〉:〈有界参数赋值表〉

〈句型 2〉∷＝〈关键名 2〉〈特征标识符〉:〈参数赋值表〉

〈句型 3〉∷＝〈关键名 3〉:〈有界数据表〉

〈句型 4〉∷＝〈关键名 4〉:〈数据表〉

〈句型 5〉∷＝〈关键名 5〉:〈字符串〉

〈特征标识符〉∷＝ε|(〈标识符〉)

〈关键名 i〉∷＝〈名字〉, i＝1，2，3，…，6

〈有界参数赋值表〉∷＝{〈有界参数赋值式〉}

〈有界参数赋值式〉∷＝(〈界表〉){〈参数赋值表〉}

〈界表〉∷＝〈界偶〉{,〈界表〉}

〈界偶〉∷＝〈初值〉〈终值〉

〈初值〉∷＝〈整数〉

〈终值〉∷＝ε| T O〈整数〉〈步长〉

〈步长〉∷＝ε|STEP〈整数〉

〈参数赋值表〉∷＝〈参数名表〉〈参数值表〉{;〈参数名表〉〈参数值表〉}

〈参数值表〉∷＝ε|＝〈数据表〉

〈数据表〉::=〈数据项〉{,〈数据项〉}
〈数据项〉::=〈数〉|〈重复数〉|〈标识符〉
〈重复数〉::=R*〈整数〉*〈数〉
〈数〉::=〈整数〉|〈实数〉|'〈字符串〉'
〈参数名表〉::=〈参数名〉,〈参数名〉
〈有界数据表〉::=〈有界数据表示式〉{;〈有界数据表示式〉}
〈有界数据表示式〉::=(〈界表〉)〈数据表〉
〈字符串〉::=〈除包含“'”之外的基本字符序列〉
〈参数名〉::=〈名字〉
〈标识符〉::=〈名字〉
〈名字〉::=〈字母〉{〈字母〉|〈数字〉}
〈整数〉::=〈无符号整数〉|+〈无符号整数〉|-〈无符号整数〉
〈无符号整数〉::=〈数字〉{〈数字〉}
〈实数〉::=〈无符号实数〉|+〈无符号实数〉|-〈无符号实数〉
〈无符号实数〉::=〈十进制数〉|〈指数部分〉|〈十进制数〉〈指数部分〉
〈十进制数〉::=〈无符号整数〉•|〈十进制小数〉|〈无符号整数〉〈十进制小数〉
〈指数部分〉::=E〈整数〉
〈十进制小数〉::=•〈无符号整数〉
〈注释〉::=C〈除包含“,”之外的基本符号串〉

2. 基本符号

〈基本符号〉=〈字母〉|〈数字〉|〈其它〉
〈字母〉::=A|B|C|D|E|F|G|H|I|J|K|L|M|N||O|P|Q|R|S|T|U|V|W|X|Y|Z|
〈数字〉::=0|1|2|3|4|5|6|7|8|9|
〈其它〉::=,|:|;|•|+|-|×|/|=| |(|)|␣|

3. 例句

下面列举几个例句，说明针对具体句型，如何引用上述语法设计具体的POL句子，描述具体的问题。

例 7　BDP/SS 的弹性约束语句的基本语法是〈句型 1〉。

〈弹性约束〉:: =ELAstic Restraint:〈有界参数赋值表〉

〈有界参数赋值表〉:: = {〈约束参数赋值式〉}

〈约束参数赋值式〉:: =(〈约束节点表〉){〈约束参数赋值表〉}

〈约束节点表〉:: =〈界表〉

〈约束参数赋值表〉:: =〈参数名表〉〈参数值表〉

〈参数名〉:: =KX|KY|KZ|KMX|KMY|KMZ|

针对图 4.5 所示的弹性平面应力问题，其弹性约束语句可以写为

ELastic Restraint: (14, 21, 28, 35)

KX = 10000

例 8　BDP/SS 的固定约束语句的基本语法是〈句型 3〉。

〈固定约束〉:: =RESTraint:〈有界数据表〉

〈有界数据表示式〉:: =(〈约束节点表〉)〈约束标识符表〉

〈约束标识符〉:: =FIXED|X|Y|Z|θX|θY|θZ

针对图 4.5 所示的问题

RESTraint: (1 TO　7) FIXED

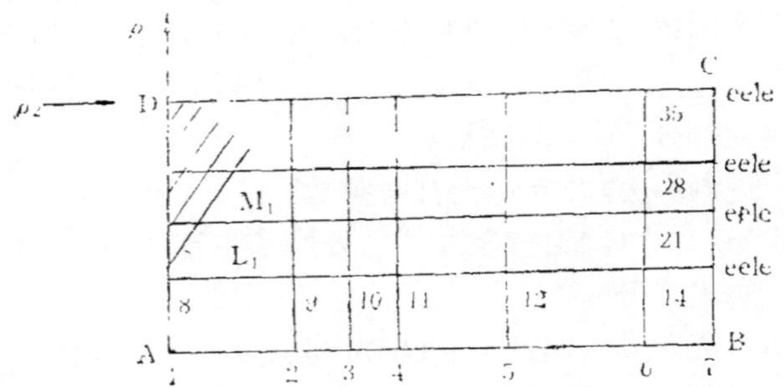

AB 边上受全固定约束

u=V=0

BD 边上受水平弹性约束

KX=10000

图 4.5　弹性平面应力问题

例 9　实现表格输入的基本语法是〈句型 2〉。

TABLE　　(〈表标识符〉):〈表头参数赋值表〉

〈表头参数赋值表〉∷ = 〈表头参数名表〉〈参数值表〉{;〈表头参数名表〉〈参数值表〉}

〈表头参数名表〉∷ =〈参数名表〉

假定要对图 4.5 所示的四边形单元进行表格式输入，描述语句是

TABLE (Plane QUADrangle) : NE, N_1, N_2, N_3, N_4, M, L

=1, 1, 2, 9, 8, 1, 1,
2, 2, 3, 10, 9, 1, 1,
3, 3, 4, 11, 10, 1, 1,
4, 4, 5, 12, 11, 2, 2,
……,

其中参数名 NE 代表单元号，N_i 代表组成单元的节点编号, M 代表材料特性编号，L代表荷载编号。

对于图 4.5 所示的单元描述，有更为简化的组合描述格式，限于篇幅从略。

假若要求以表格方式描述职工收入情况，则语句可以是（小写字母可以省略）:

TABLE (Staff INCome):
NAME, SEX, AGE, POSItion WORKAge,
SALARY, MONeyAWard =
WANGLIN, M, 52, PROFfesor, 28, 180, 20,
LIPING, F, 40, AssociatePROF., 18, 140, 25
……

这是标识符和数字的混合形式。

§4 POL 编译程序的生成技术

构造 POL 编译程序的技术有两种。一是设计一个通用的自顶向下的编译程序，它适用于一切符合六条规则的语法。在这种

情况下，特定的语言是以特定的语法数据结构形式体现出来的。编译程序是在数据结构上运行，受数据结构控制的，我们称这样的编译程序是由数据结构驱动的。另一种是对特定的POL语言设计特定的编译程序。后者的优点是容易保证编译程序的运行效率，但给修改、扩充等维护活动带来很大不便。目前多数大型软件的面向用户语言编译都采用后者，这是因为这些软件多数是在70年代研制的，而当时通用的编译技术尚未得到有效的普及。但是，这里我们仅介绍前一种方法，目标是设计一个通用的POL语言编译程序生成器，给特定应用软件的用户接口设计提供支持。

4.1 POL的编译过程

由上节给的例子可以看出，一个具体问题的POL程序是一个由问题的定解数据描述语句和算法命令语句组成的终结符序列。因此，POL编译程序(以下简称POLI)的任务应该是正确地识别每个句子，并决定和实施对其进行的操作。前者属于语法分析工作，后者属于语义解释及加工工作。具体而言，POLI的算法是重复如下工作的过程：

1. 扫描输入流中一个基本语法单位，即语言终结符。

2. 对获得的基本语法单位执行如下操作，

```
Li IF (〈语法单位〉    M〈期望特征〉)
   THEN   BEGIN   S1;
                   ⋮
                  Sn;
                  CALL   1(取下一个语法单位)
                  GO   TO   Lj;
          END
     ELSE  BEGIN   S′1;
                   ⋮
                  S′m;
```

```
            GO  TO  L_k
        END
    END  IF
```

其中 L_i，L_j，L_k 是POLI 中的语句标号，〈语法单位〉是指当前扫描得到的语法单位，例如名字、标识符等；M 表示比较性匹配，是把〈语法单位〉与〈期望特征〉进行比较；〈期望特征〉由语法规则决定，例如语句名、标识符、逗点、分号、整型、实型等；S_i，S_i' 表示执行的操作或调用预先编制好的算法模块。

该算法可以简述为：从输入流中取出一个语法单位，与期望值进行匹配。如果匹配成功，则执行一系列操作，进而取下一个语法单位，然后转到语句标号为 L_j 的地方进行工作；如果匹配不成功，则执行一些操作后，转去进行另一个期望值匹配，直到终止或发现错误。因此，实现此算法的关键是

- 设计扫描基本语法单位的程序；
- 提供〈期望特征〉集合，决定操作$\{S_i\}$，$\{S_i'\}$及语句标号 L_j，L_k 等。

前者工作单一，称之为词法分析；后者既涉及到语法分析，也涉及到语义解释。因此，设计 POL 编译程序的首要任务是如何将 POL 语言的词法和语法规则装入 POLI，特别是语法规则，使其能按特定的语法规则进行语法分析。为此，在讨论 POL 编译技术之前，先讨论一下语法分析方法及语法规则的图形和数据表示。

4.2 语 法 图

语法分析的基本方法是按照产生式自顶向下地分析。自顶向下是指一开始就知道了分析过程的目标，目标是识别一个句子；句子是能从开始符号生成的一个终结符序列，使用产生式，即用一个符号序列替换一个非终结符，相当于将一个目标分成若干个按次序实现的子目标。我们容易利用非终结符与目标之间的对应性，对每个非终结符都构造一个子分析程序。每个子分析程序都

有一个目标，它能识别从其对应的非终结符产生出来的子句。鉴于图示技术的易理解性，我们先用语法图来表现这一分析过程。对于一个按照§3六条规则定义的语言来说，构造其语法图的规则如下：

B1　每个非终结符A连同它的产生式被映射成一个识别图，其结构由产生式右端的表达式按规则B2－B6生成。

B2　在A中每出现一个终结符X，就对应于该符号的一个识别语句，并进而去读输入句子的下一符号。在图中用一个以圆圈住的X来表示：

—— →ⓧ—— →

B3　在A中每出现一个非终结符B时，就对应于一个子图B，这在A图中用以B标记的方框来表示：

——[B]—— →

其中B对应于一个子图。

B4　形如

$$\xi ::= \xi_1 | \cdots | \xi_n$$

的产生式映射成图4.6的形式，其中每个非终结符ξ_i，都又对应于一个子图。

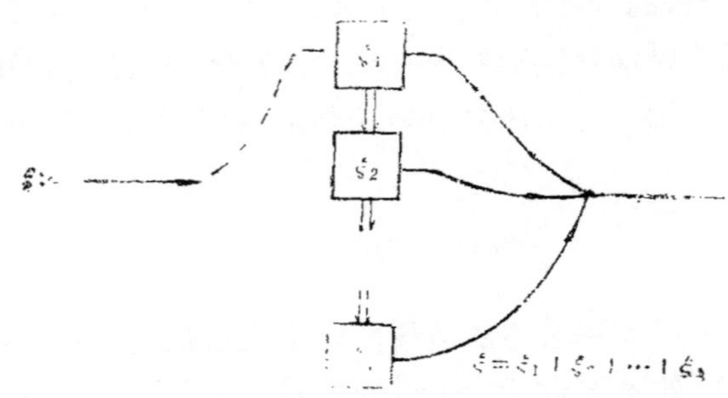

图4.6　多分枝替换语法图

于一个子图。为了以下的讨论，我们把语法图中的每个圆圈或方框均称之为语法节点。在图4.6中每个语法节点只发射一个单箭头和一个双箭头。发射单箭头表示此节点匹配成功，经过适当的操作后，转向后继节点；双箭头表示此节点匹配不成功，转向另一个同级替换节点，继续进行匹配。

B5 形如

$$\xi ::= \xi_1\xi_2\cdots\xi_m$$

的产生式的语法图为

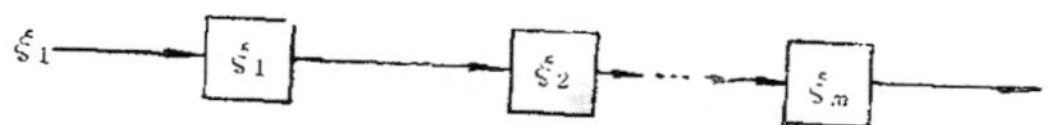

其中某个 ξ_i 若是非终结符，则对应于一个子图。

B6 形如

$\xi ::= \{B\}$

的产生式的语法图如右图所示。这里 B 有一个对应的子图；ε 表示空串，直接退出本子图。

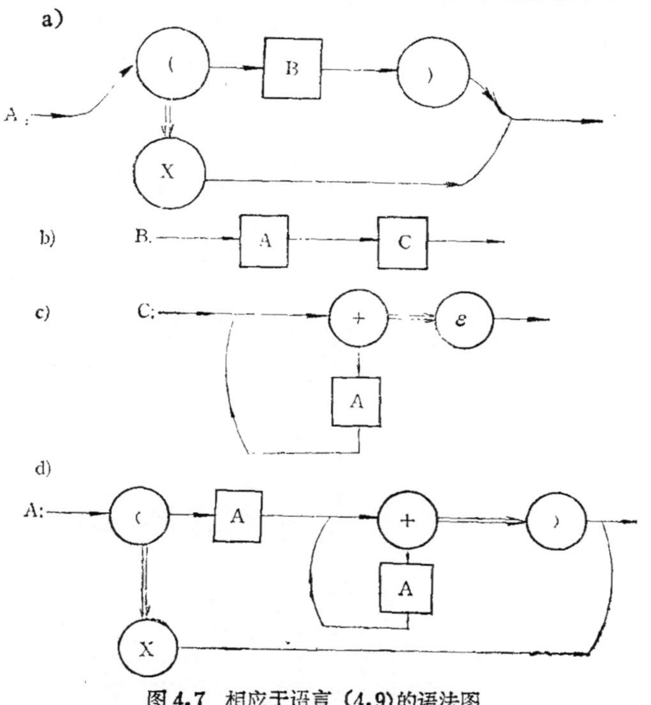

图 4.7 相应于语言 (4.9) 的语法图

例 10 已知语言

$$
\begin{aligned}
&A::=X\mid(B),\\
&B::=AC, \qquad\qquad (4.9)\\
&C::=\{+A\},
\end{aligned}
$$

其中+，X，(和)是语法终结符。由A生成的语言是由表达式组成的，这些表达式具有运算对象X，运算符+和圆括号。例如

X

(X)

(X+X)

((X))，…

应用上面构造语法图的六条规则，可以绘出相应于语言(4.9)的语法图，如图4.7a，b，c所示。将它们归并一下，可以得到图4.7d所示的语法图。

对于§3.6所述的〈句型4〉，按那里定义的语法规则，其语法

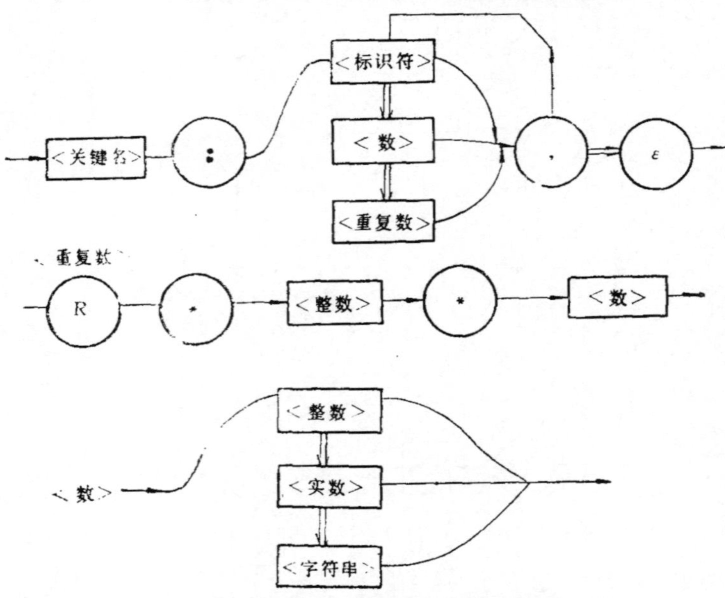

图4.8 §3.6中句型4的语法图(其中<名字>，<整数>，<实数>，<字符串>为语法终结符)

图如图 4.8 所示。

由语法规则派生的语法图可知，补充规则 5 和补充规则 6 对于实施无回溯的单符号先行的确定性分析来说是必须的。它们确保了在每个分叉处，只需观察下一个终结符就能选定要搜索的下一个分枝，即没有两个分枝有相同的第一个终结符。如果一个子图 A 可以不读入终结符而通过，则在“空分枝”上必须标出不同于 first(A) 的终结符。

4.3 语法的数据结构

语法图清晰地表达了各语法单位之间的复杂关系，包括顺序、选择、重复、嵌套和递归等，但是它们都不易被计算机识别。为了使计算机能够按照 POL 的产生式规则分析用户问题的 POL 程序，必须将语法规则数据化。

我们这样来设计语法的数据结构：

C1 对应于每个语法节点，设计一段控制数据，其内容如图 4.9 所示。它包括

<期望特征>指针	
S_1	匹配为真应执行的操作
⋮	
S_n	
匹配为真的后继节点指针T	
S'_1	匹配为假时执行的操作
⋮	
S'_n	
匹配为假的替换节点指针F	

图 4.9 一个语法节点的控制数据

• 〈期望特征〉指针。它提供了当前扫描得到的语法单位应与

之相匹配的语法单位的完整的信息。

当某个节点是一个非终结符语法单位时，节点控制数据的第一个数据不是〈期望特征〉指针，而是指向该非终结符所代表的子语法的第一个节点控制数据的指针。例如，对于图 4.10 a 所示的语法图，其 E 节点控制数据的第一个数据不是期望语法单位的指针，而是一个指向 c 节点的指针。

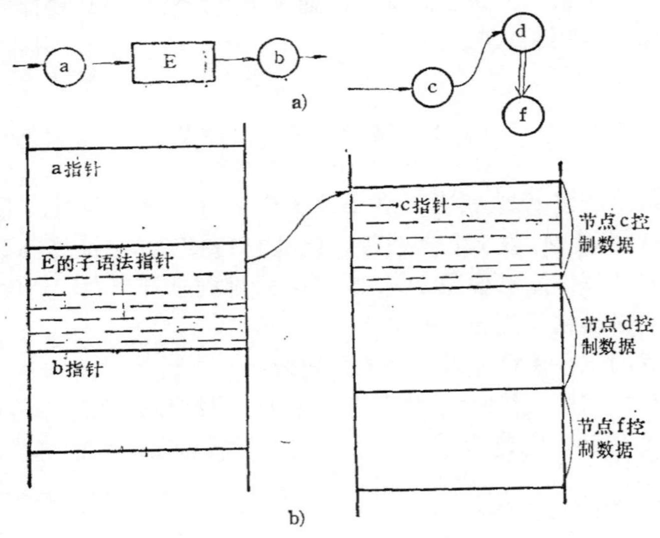

图 4.10　复合节点控制数据表示

- 当匹配 T 为真时应转向的后继节点指针；
- 当匹配 S_i 为真时应进行的操作，S_i 是操作码指针或算法模块指针；
- 当匹配 F 为假时，应进行替换性匹配的同级节点指针；
- 当匹配 S_i' 为假时，应进行的替换性操作，S_i' 是操作码指针或算法模块指针。

基于语法节点的控制数据的表现格式，我们可以将任何复杂的 POL 语言的语法图，按照下述规则翻译成语法数据链表。

C 2　由形如 B5 的语法图翻译成的数据结构如图 4.11 所示，

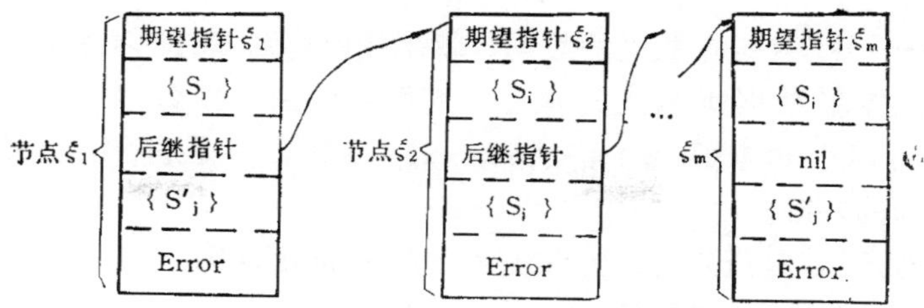

图 4.11 顺序型语法图的数据结构（nil 表示本子语法正常出口；Error 表示非正常出口，处理错误）

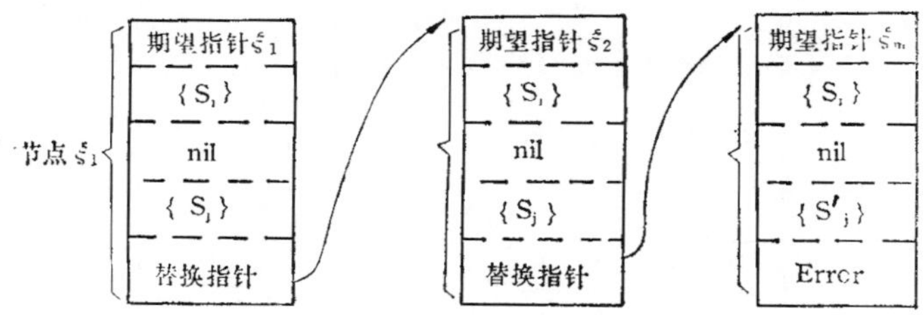

图 4.12 替换型语法图的数据结构

展示了顺序型语法的数据结构。

C3 由形如 B4 的语法图翻译成的数据结构如图 4.12 所示，展示了替换型语法的数据结构。

C4 由形如 B6 的循环型语法图翻译成的数据结构如图

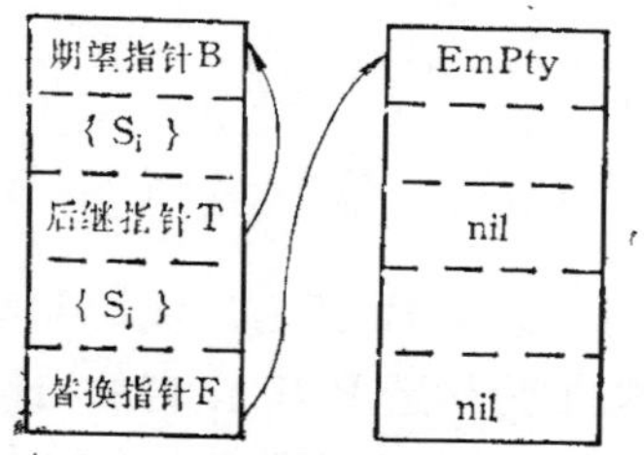

图4.13 循环型数据结构

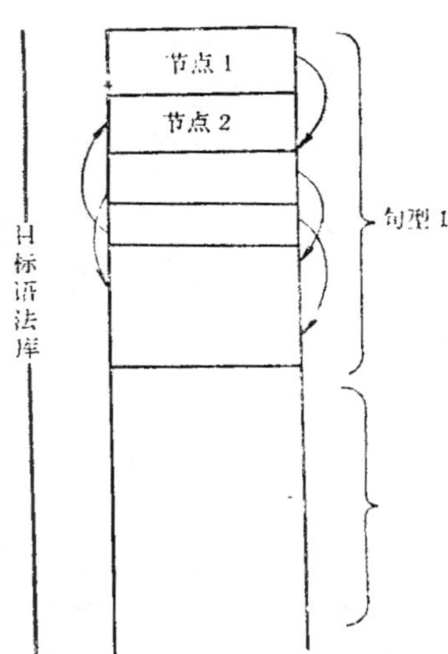

图 4.14 双指针树型链表形式的目标语法库 POLD

4.13 所示，展示了循环型语法的数据结构。

一个 POL 语言的语法数据，就是按照规则 C1 到C4 生成的语法节点控制 数据所 组成的链表，其组织形式如图 4.14 所示。它被称为 POL 语言的 目标语法库， 记为 POLD，是进行语法分析和编译的基础。

对于(4.9) 所示的语言和图 4.7 所示的 语法图，其目标语法库的形式如图 4.15 所示。

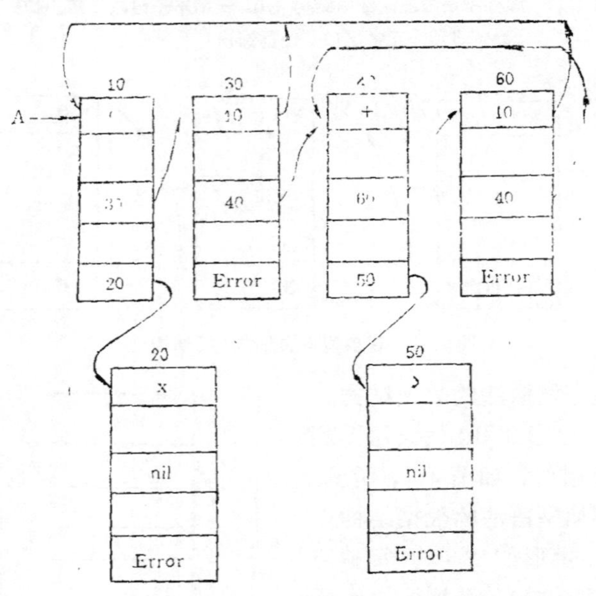

图4.15 对应于语法图 4.7 的语法数据结构

4.4 POL编译程序

POL 语言的目标语法库为分析用户以 POL 语言写成的问题源程序奠定了基础，其数据结构形式也 为构造 POL 语言的语法分析程序提供了思路。一般而言， POL 的编译解释程序应包括如下成分：

1．一个词法分析程序。它能读入一行源程序，按要求进行词法分析，得到一个基本语法单位，并按类型对语法单位进行标识，转换成适当的内部表示。

2．语法分析程序。它负责管理分析过程中指向当前语法节点的指针及指针堆栈，并针对一个节点实施应该进行的操作。

3．提供所有节点匹配成功与不成功所要进行的操作过程。其中一部分操作过程是为所有POL语言公用的程序模块，另一部分是针对具体的POL语言所设计的算法模块。后者是以符号串(模块名）或整型数(模块名编号)形式进入目标语法库的。

编译过程一开始，分析解释程序将指针P指向目标语法库POLD的第一个节点，然后读入第一行POL源程序，从左到右扫描出第一个非空的基本语法单位，进行标识、转换和分类。将获得的语法单位与指针P指出的节点期望值进行匹配。如果成功则进行成功对应的操作，并将指针P修改为成功的后继节点，转去

表4.1 语法分析程序执行过程中指针堆栈变化示意

当前指针	指针堆栈	正处理的词法项	尚未处理部分
10	P_i		(X+X)
10	P_i	(	X+X)
30	P_i		X+X)
10	30, P_i	X	+X)
20	30, P_i	X	+X)
nil	30, P_i		
30	P_i		+X)
40	P_i	+	X)
60	P_i		X)
10	60, P_i	X	)
20	60, P_i	X	)
nil	60, P_i		)
60	P_i		)
40	P_i	)	
50	P_i	)	
nil	P_i		
P_i			

取下一个语法单位；如果不成功，则进行不成功对应的操作，并将指针P修改为替换型节点转向不成功的替换型节点，进行新的匹配。一行处理完了，再读入下一行，直到全部处理完。如果当前节点是一个复合型节点的子语法 G_i，那么先把P指针的值放于语法指针堆栈里，然后将P置为 G_i 的第一个节点，在 G_i 全部处理完以后，再恢复原来放在堆栈里的那个值。

例如，对于图4.15所示的目标语法库，假定正要分析语句 $(X+X)$，并假定在进入A之前，在指针堆栈里已有指针 P_i，则指针的变化如表4.1所示。

4.5 POL编译程序的自展技术

综上所述，POL语言的编译程序由四部分组成：一是描述POL词法和语法规则的目标语法库——语法数据结构，二是词法分析程序，三是语法分析程序，四是POL操作模块库。二、三及四的一部分对不同的POL编译程序是一样的，可以共享。对于一个复杂的POL语言，手工生成目标语法库是一项极为复杂和困难的工作。这里介绍一种能生成任意POL语言目标语法库的软件工具——G语言技术。它可以作为开发通用的POL编译系统的技术。当然，G语言也可以作为描述G语言本身的工具。这样，我们可以使用自展技术来生成特定的POL语言的部分编译程序。

假定用上述编译方法得到了一个只有少量语法规则的基本语言B的编译程序 A_B，无疑，A_B 是很精悍的。基本语言B是专门定义G语言语法的。假定 G_O 是用B语言描述G语言所得的源语法，则由 A_B 对 G_O 进行编译所得的 G_D 为G语言的目标语法。即 $A_B(G_O)\to G_D$，进而

$$A_B+G_D+\{\text{针对 G 的特殊处理模块}\}=A_G,$$

A_G 为可以处理由G语言定义的任何一种语言的源语法的编译程序。

假如我们需要获得某种POL语言的编译程序，那么我们首先用G语言来描述POL语言的语法。对于得到的源语法L_O，经过A_G的编译得到POL语言的目标语法库L_D，则由A_G, L_D与再设计一部分POL语言的算法模块，就能组成POL的编译程序。即$A_G(L_O) \rightarrow L_D$

$A_G + L_D +${针对POL的专用算法模块}$=$ POLI,

对于用POL语言写成的用户问题的求解程序P_O，经过处理后得到P_D，即

$$\text{POLI}(P_O) \rightarrow P_D,$$

P_D是POLI语义操作的结果。一般而言，它由两部分组成：一是用户问题的内部数据表示，二是与POLI相联结的应用软件中的目标模块序列。

4.6 BDP／SS的POL编译技术

作为POL编译程序生成技术的一个例子，下面简要介绍一下BDP／SS的POL编译技术。它是通过直接设计G语言，并研制G语言编译器，进而利用G语言编译器自动生成易变的POL编译程序。G语言编译器在POL编译中的地位和作用如图4.16所示。应用软件开发者只要将自己设计的语言POL(T，N，P，S)和特定的操作，用G语言描述出来，输入到G编译器，它就

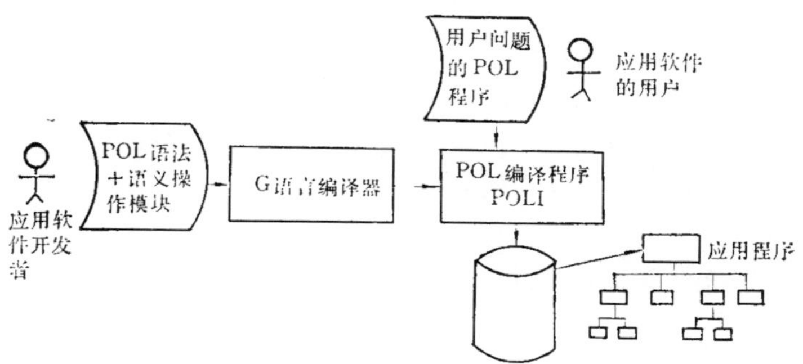

图4.16 G语言编译器的地位和作用

会生成开发者需要的 POL 编译器 POLI。POLI 可以处理应用软件的最终用户以 POL 语言描述的输入。

设计的 G 语言及其编译器具有如下功能：

· 描述足够广泛的 POL 语言的语法的能力（通过 G 语言文本实现）；

· 包括词法分析、语法分析、基本操作过程以及编译过程中的数据管理程序（通过 G 语言编译器实现）。

鉴于 BDP／SS 的 POL 编译器是一个具有相当规模的程序[1)]，限于篇幅这里只能列出其关键性技术。

1．G 语言

BDP/SS 的 G 语言文本，是以 FORTRAN 语言实现其编译程序为基础设计的。由于原来的 G 语言文本有不符合前节给出的语言规则 A1—A6 之处，故这里进行了修改。

〈G 语言〉∷＝GRAMMAR〈语法名〉{〈操作说明〉}
　　　　{〈通讯向量说明〉} {〈等价变量说明〉}
　　　　{〈子语法说明〉} END〔OF GRAMMAR〕

〈操作说明〉∷＝INTERLUDES
　　　　{〈操作名〉〈操作变量说明〉}
　　　　END〔OF INTERLUDES〕

〈操作名〉∷＝〈标识符〉

〈操作变量说明〉∷＝ε|（〈变量表〉）

〈通讯向量说明〉∷＝COMMON／TABL／〈变量表〉

〈变量表〉∷＝〈变量〉{,〈变量〉}

〈变量〉∷＝〈变量名〉〈规模〉|′〈字符串〉′|〈常数〉

〈规模〉∷＝ε|（〈整数〉）

〈变量名〉∷＝〈标识符〉

〈等价变量说明〉∷＝EQUIVALENCE〈等价量表〉

---

1) BDP/SS 的 POL 编译器是由黄如福、蒲海龙、阎纪明、隋燕飞等同志合作完成的。

〈等价量表〉::=〈等价量〉 {,〈等价量〉}

〈等价量〉::= (〈变量1〉,〈变量2〉)

〈变量i〉::=〈在 COMMON 中已定义的变量〉, i=1, 2

〈子语法说明〉::=SUBGRAMMAR〈子语法名〉〈节点说明〉
{;〈节点说明〉}
END 〔OF SUBGRAMMAR〕

〈子语法名〉::=〈标识符〉

〈节点说明〉::=〈节点标号〉〈期望特征〉〈真操作表〉〈后继节点标号〉〈假操作表〉〈替换节点标号〉

〈节点标号〉::=〈整数〉|〈标识符〉|ε

〈期望特征〉::=〈终结符〉|〈类型特征〉|〈子语法名〉

〈终结符〉::=〈字符串〉|*〈非字母数字符〉

〈非字母数字符〉::=。|:|;|$|/|…

〈类型特征〉::=〈随编译方案而定〉

〈真操作表〉::=〈操作表〉

〈假操作表〉::=〈操作表〉

〈操作表〉::=〈操作〉 {,〈操作〉} |ε

〈操作〉::=〈操作名〉〈操作变量说明〉

〈后继节点标号〉::=GOTO〈节点标号〉|ε

〈替换节点标号〉::=〈节点标号〉

〈节点标号〉::=ε|〈标号〉|NEXT

其中〈标识符〉、〈整数〉等符号的定义同§3.6，方括号表示，可省缺。

2. G语言的公共操作

这里列举一些G语言中定义的基本操作，同时它们也是G语言分析解释程序的公用处理过程。对于特定的POL语言的编译，显然需要增加定义一些操作过程或算法模块。

(1) SCAN

按指定顺序扫描输入文件，获得一个语法单位，将它送到通讯向量指定位置上。

(2) CHAIN

当某个语句初次出现时，形成关键名对应数据表的链指针，当该语句重复出现时在数据表中形成次级拉链。

(3) MOVEN (I, J) 或 MOVEN (I, D(K), N)

前者实现I⇒J，后者实现向量 D 从 K 起连续安放 N 个 I 值。

(4) COUNT (I[, J])

实现 I+J⇒I，当 J 省缺时，认为 J=1。

(5) SEND (D(I))

当前扫描得到数⇒D (I)

(6) COPY (D(I), A(J), N)

从向量 D 的第 I 个元素起向向量 A 的第 J 个元素起拷贝 N 个数。

(7) RETURN

返回控制程序。

(8) STATIS (NE, NC)

统计参数个数 (NE) 及数据位置 (NC)。

(9) ADD (I, J, K)

表示 I+J=K。

(10) LOCAT (I)

查询当前扫描得到的标识符或参数名在参数表中的地址〈I〉。

(11) RDAT (NP, D(I))

从输入文件中顺序读小于或等于 NP 个数到 D 中，由 D(I) 开始存放。

(12) ERROR (I)

给出第 I 号错误信息。

(13) CHANGE (I)

把当前扫描得到的标识符转换成内部码〈I〉。

(14) PUTCHA (CD, I)

读字符常数⇒CD 并统计所占用的单元数(四个字节为一个

单元〉。

（15）ADDRESS（K，I P）

求临时向量 D 中的相对链址〈K〉在数据区中的绝对地址〈I P〉。

（16）*ALPHA

检查当前扫描得到的语法单位是否为标识符。是则 A = 1，否则 A = 0。

（17）*NUMR

检查当前扫描得到的语法单位是否为一个数，是则 A = 1，否则 A = 0。

（18）*MULTIPLY（RUNM，N1）

检查当前扫描得到的语法单位是否为重复数 R*N*U，是则 A = 1且 U = RNUM，N = N1，否则 A = 0。

（19）*PARA（NP）

判断当前的语法单位是否参数名，如果是，则将它要求的数据个数⇒NP，A = 1，否则 A = 0。

（20）*THING

置 A = 1。

（21）*KEYWORD

判断当前扫描得到的语法单位是否关键名。是则 A = 1，否则 A = 0。

（22）*〈非字母数字符〉

判断当前的语法单位是否为〈非字母数字符〉，是则A = 1，否则 A = 0。

（23）SUBTR（I，〔J〕）

表示 I − J ⇒ I，J 的省缺值为 1。

3．G 语言描述之例

对于图 4.8 所示的句型 4 的语法图，用上面给出的 G 语言文本和操作，得到如下的 G 语言描述：

SUBGRAMMAR〈句型 4〉

```
*THING, SCAN, NEXT
*:,SCAN, GOTO L 13, NEXT
*THING, ERROR(1), NEXT
L13*THING, CHAIN, MOVEN (θ, ID(1),2), MOVEN
  (θ, N) ,MOVEN (4, J) , STATIS (NE, NI) , ADD
  (NE, 4, K, ) ,GOTO L5
L2*/, SCAN, GOTO L2, NEXT
*KEYWORD, RETURN, NEXT
*THING, ERROR(2), SCAN, GOTO L2
L5*ALPHA,LOCAT( I ),COUNT(N), COUNT (L, J),
  CHANGE(D( I )), SCAN, GOTO L9, NEXT
*NUMR, COUNT(K), COUNT(N), SEND (D(K)) ,
  COUNT (NI) , SCAN, GO TO L9, NEXT
*MULTIPLY (RNUM, N1) , COUNT (K), MOVEN
  (RNUM, D(K), N1), COUNT (K, N1), COUNT (N,
  N1) , SUBTR (K), COUNT (NI, N1) , SCAN, GO
  TO L9, NEXT
L8*THING, ERROR(3) , SCAN, GOTO L2
L9*, , SCAN, GOTO L5, NEXT
*/, MOVEN (1, ID(3)),MOVEN (NI, ID( J )), COPY
    (ID (1), θ, K), SCAN, GOTO NEXT, L8
*KEYWORD, RETURN, GOTO L8
END〈句型 4〉
```

4.7 使用 YACC 生成 POL 编译程序

YACC (Yet Another Compiler-Compilor) 是由美国贝尔实验室推出的软件开发工具。它是一个用C语言编写的，可以在 Unix 和非 Unix 系统下运行的，是一个通用的语法分析程序自动生成器，由 S.C.Johnson 研制。许多重要的程序设计语言，例如C,

APL 和 PASCAL的编译系统都用它来构造分析程序，并已用于开发数据库查询语言 SQL 的语法分析程序。当然，它可以用来辅助生成 POL 编译程序。正在研制的有限元方法软件环境(SEFEM)，其 POL 语言编译程序就是基于它生成的。

当使用 YACC 生成 POL 编译程序时， YACC 的作用和地位如图 4.17 所示。类似于上节中的 G 编译器， 用户需要先构造 YACC 输入文件 YSP (YACC Specification) 。其内容包括 POL 语言的说明部分，规则部分，POL 的语义动作模块库。 YACC 在接收到 YSP 后，便根据 POL 语法规则生成以 C 语言描述的语法分析程序，以 ytab.C 表示。 因此， 要求所有词法分析及语义动作模块也应以 C 语言编写， 再经过 C 编译器生成 POL 编译程序的执行程序，它可以处理用户以 POL 描述的输入。

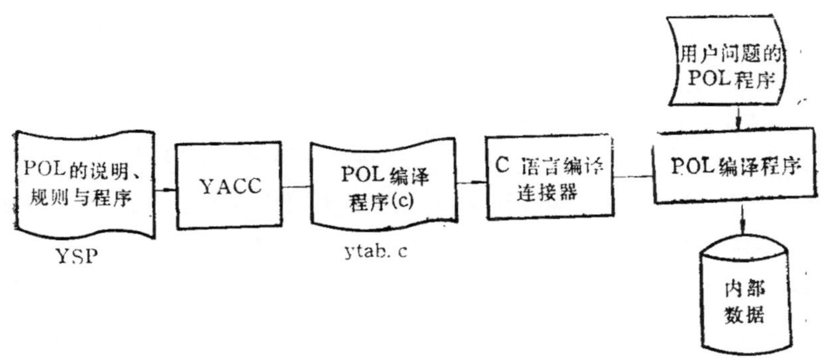

图 4.17 使用 YACC 生成 POL 编译程序

鉴于 YACC 本身庞大且使用复杂， 故不再详述， 请有兴趣的读者参看文献[111]。

第五章 算法设计

§1 引 言

众所周知，应用软件的功能就是按指定的算法实施对数据的加工，因此算法构成了软件的内涵，它是相应软件的理论基础。在软件设计中，说一个程序模块不同于另一个，其主要区别又在于它们的算法不同。不同于事务处理和信息系统软件，科学工程软件的主要特征是以数值计算方法为这类软件算法的核心。这类软件可靠性的主要标志之一是它拥有一套好的数值算法和正确的算法结构。鉴于有关信息和数据组织方面的算法，在软件科学中已有许多专著，故本章仅讨论关于数值方法的算法设计问题。

原则上讲，一个科学工程软件的算法设计应该由两部分组成：算法结构设计和算法过程设计。前者主要是选择和构造计算方法与公式，形成支持软件整体功能的算法结构；后者主要是针对每个计算方法，设计有效的算法过程。计算方法是指描述客观现象和求解问题方法的形式化的数学思想，是一组精确和抽象的数学公式。一般的数值计算方法的加工对象是连续的实数域，可能需要进行无限次运算。而算法过程是实现计算方法的实际步骤，其加工对象是离散数域，只允许包含有限次运算。它包含了一些在抽象的计算方法的表述里不需要考虑的可行性因素和实际抉择，并且几乎所有的运算都含有舍入误差。因此，理论上可靠的计算方法，在形成算法程序后未必一定可行。实践已经证明，在理论上等价的一些数学物理公式和计算方法，其相应的软件产品的使用效果是不等价的，甚至差别很大。

由于对于一个计算方法的算法过程设计，较多地涉及到软件细部设计问题，故我们把它放在第七章§4里去讲，本章主要讲述算法选择及算法组织问题。当然，在选择和构造计算方法时，应该包含对算法过程的选择和构造。

一般而言，科学工程软件的算法设计，应该根据软件需求分析说明，分成若干个子系统或大的功能块分别进行，这样可以降低整个软件算法设计的复杂性。算法设计的基本任务如图 5.1 所示。对于一位缺乏数值计算经验的设计者来说，进行算法设计是一件困难的事；因为他面对着一个极为丰富的计算方法宝库和一批可用的数值计算软件资源，有多种多样的计算方法和软部件可供选用，他必须做出合理的抉择，选定将要采用的计算方法和算法过程，并设计出一个可靠的算法结构。

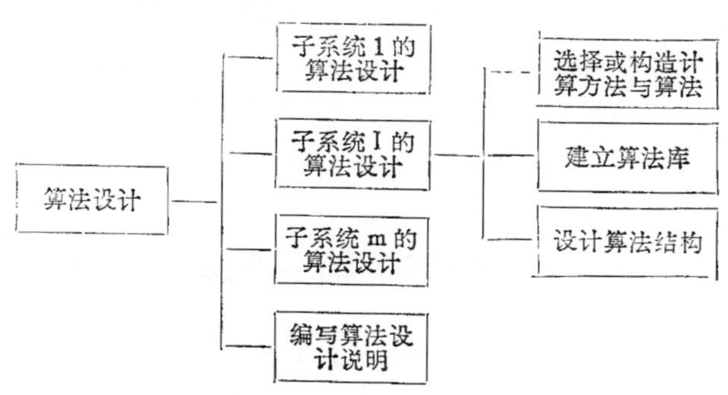

图 5.1 算法设计的基本任务

随着科学研究和工程技术行业的计算机化和巨型计算机的发展，已经出现并将继续涌现更多的大型综合性的科学工程应用软件，这类软件不仅规模大，而且涉及到的计算方法类型多而复杂。一个大型科学工程软件，可能包含数十万到数百万行高级语言的语句，它们实现着数百种，甚至上千种计算方法或公式，由上千个程序模块组成。对于软件面向问题集合中的每一个具体问题，决不是全部程序模块都参与运行。事实上，在大型科学工程软件里，对于问题求解过程的每一步，一般都设置了多种外部功能相当的计算方法模块。这些方法具有不同的计算精度、计算量、稳定性和存贮要求等，它们适应于不同的问题特征。那么，针对软件面向的每一个具体问题，软件的控制模块根据什么原则，如何自动且有效地选择一些程序模块，组织一个运行的模块序列，并控制这个序列对问题进行计算，以确保有较高的运行效率和可靠性呢？这就是大型软件算法设计的系统自适应组织问题。这里所说的运行效率，既包括计算精度、结果精度计算量、存贮量、数据调度频率，还包括避免调用多余的程序模块。

这里所谈的系统的自适应性问题，实质上是一个算法设计问题，是指系统管理模块，如何针对具体问题有效地实施算法模块的调度。它是综合性的科学工程软件算法设计方法中的一个重要课题。

§2将首先叙述一般科学工程软件的算法设计的方法和步骤；§3阐述算法自适应组织的抽象框架，构造自适应管理算法的实用方法及构造自适应性能评价算法的问题；§4介绍一种实现算法自适应组织的软件技术——决策表技术。

§2 一般软件的算法设计

一般而言，科学工程软件的算法设计应按如下步骤进行：

1．根据软件需求定义和系统分解图式针对每个基本加工和

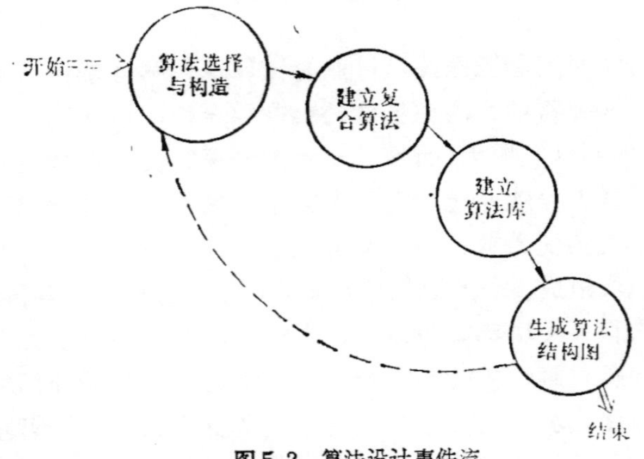

图5.2 算法设计事件流

下层功能块，选择或构造计算方法、算法过程及数据变换算法，形成基本算法集合，必要时可对系统分解图式进行合并或进一步分解。

2. 自顶向下与自底向上相结合地联合若干基本算法组成集成化的、具有较大功能的复合算法。这些复合算法或者是一个固定的复合算法结构，或者是具有自适应选择能力的算法子库。

3. 联合基本算法和复合算法，生成算法库，进而构造实现子系统及整个软件系统功能的整体算法结构。

图 5.2 表示了算法设计的基本事件流。以上三步不能截然分开，必须进行综合评价、修改、增删、并逐步完善。

2.1 算法选择与构造

算法选择与构造包括计算方法与算法过程的选择与构造，它是算法设计的第一步。

在进行科学工程软件的算法设计时，设计者的主要任务不是自己创造新颖的计算方法和算法过程，而是选择符合需要的已经成熟的算法。因为经过前人的工作，在科学和工程计算领域里，已经积累了许多很好的算法，它们功能各异且各具特色，实用范围不一。显然，局部地构造一些新的算法也是必要的。因此，摆在软件设计者面前的第一项任务，就是根据系统分解图式针对每个基本加工和功能块，选择和构造计算方法、算法过程及数据转换和管理算法。有时，基本算法的选择和构造应伴随着对系统分解图式的进一步分解或合并，以便精确与合理地选定基本算法。

一般而言，算法的选择与构造应根据软件所面向的科学和工程的领域，或问题求解过程予以考虑。图 5.3 列出了一般科学工程软件的问题求解过程，它显示了自顶向下功能结构的第一级分解。算法选择可以基于这种分解分别进行。它表明科学工程软件已经偏离了以某一种数值计算方法为主的状况，显示了极大的综合性。随着计算技术的发展和用户要求的提高，软件的前后处理功能会越来越强，包含的算法类型已越来越多，其程序量和算法设计的复杂性已经超过或与分析计算主部相当。此外，对于综合性的科学工程软件，特别是 CAD 软件，设置一个数据管理系统是完全必要的，它将有利于用户信息的积累、数据共享和建立标准化的复合算法；这样，无疑需要许多数据管理算法。还有，用户结果的输出也要求多样化和可视化，这就要求复杂的图形算法和输出编辑算法。

未来的软件是要应用于科学研究和解决工程实际问题的，故选择算法必须注意其成熟性和正确性，以确保未来软件的可靠性。既不要单纯追求理论上的完善和新颖，也不要片面追求简单实用。注意，没有经过实践考验的理论上高深的新算法，与理论上太简单粗糙的实用算法，都会引起用户担心，影响软件信誉。因此，选择计算方法应该基于可靠的理论分析和算法性能评价的数值实验资料。这些资料既可以取之前人的成果，也可以是设计者亲自进行的数值实验。

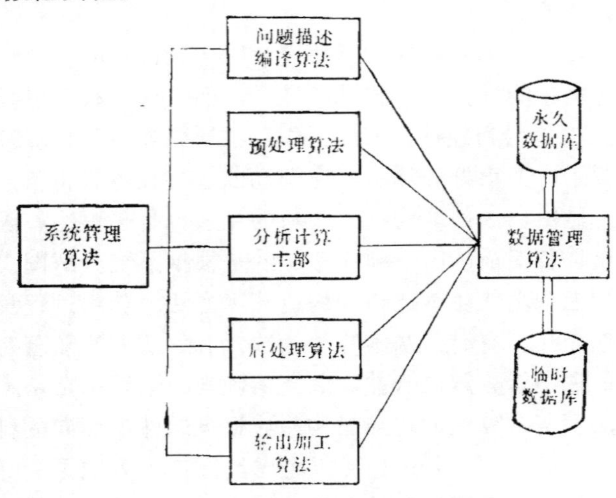

图 5.3　一般科学工程软件的算法分类

为了使选择或构造的算法满足软件的功能要求，提高计算效率和可靠性，在选择和构造算法的过程中，必须认真地进行算法

性能评价，性能评价的主要方面是

- 理论模型的正确性；
- 对软件面向问题集合的实用性；
- 计算精度与结果精度的可接受性；
- 存贮量；
- 计算量；
- 计算过程的稳定性；
- 算法结构的复杂性。

关于算法性能评价的方法和技术将在下节叙述。鉴于各项指标全优的算法是不存在的，故算法性能评价必须统筹兼顾、综合评价，以决定一个计算方法或算法过程对软件面向问题集合的实用性。

在基于系统分解图和算法性能评价选定和构造了算法之后，再基于自顶向下和自底向上的综合考虑，修改和调整一下选定和构造的算法是完全必要的。这有利于形成更多的共享算法，减少算法模块的冗余度，充分利用已有的软件资源，提高未来软件基本算法模块的可靠性，并减少开发投资。

综上所述，针对一个软件项目进行算法选择和构造的基本步骤是

(1) 针对软件的需求分析说明，调查和收集现行有效的算法模块与软部件。

(2) 进行算法性能评价。

(3) 选择和构造算法。

(4) 评价和复审，选定基本算法。

2.2 算法性能评价

对一组具体的算法而言，一般可从理论分析、数值实验和实际应用效果等三个方面对其进行性能评价，从不同算法性能评价指标的比较中，来选择出好的或比较好的算法。

一般说来，理论分析是对算法进行定性分析，其主要结论来之于数值分析家已经获得的理论成果，主要内容有

· 算法的数学物理模型的正确性；

· 稳定性，即计算结果的精度对原始数据误差和计算精度的依赖性，特别是这种依赖性随问题的规模增长而变化的程度；

· 收敛性，即计算结果的精度随算法近似指标或迭代次数的变化规律；

· 计算量，即计算量的精确表示或计算量随问题规模的变化规律；

· 存贮量，对于算法最适宜的数据结构，算法所要求的存贮量的精确表示或存贮量随问题规模的变化规律；

……

对一个算法的实际应用效果评价，来源于实际应用的反馈信息，它们是包含着软件技巧和硬件环境在内的综合效果。应用效果评价的主要方面同上。

数值实验的算法性能评价是利用一组精心设计的模型问题或随机问题，对软件化的算法进行实际数值实验，测定其性能数据，然后用统计方法计算综合性的性能指标，从而获得一定意义下有用的定量结论。

对于一个具体的算法而言，数值实验性能评价的方法和步骤如下：

1．设计模型问题集合

模型问题集合应满足如下要求：

· 概括算法所面向的各类问题特征，包括正常问题和几乎变态的问题；

· 问题的规模力求反应实际应用；

· 问题的数量应尽可能少，形成问题数据的手段应尽可能简单；

· 问题的精确解或者已知，或者可以更加精确地算出。

2．设计测定算法性能的指标

对于不同的计算方法，性能测定的方面是不一样的。一般而言，性能测定应该围绕着算法对软件面向问题集合的实用性进行，它们是

· 可靠性，即求解模型问题的成功率。为此，必须精确地定义达到什么标准的数值解是成功的；

· 适应性，即处理不同类型问题的可靠性；

· 健壮性，即正常处理极限问题和几乎变态问题的能力。必须对正常处理作出精确的定义，以利于区分正常处理和非正常处理；

· 精确度，即与精确解相比的实际误差。必须严格定义误差度量的方法和计算格式，确定算法对各类问题的极限精度（相对于计算精度而言）；

· 计算效率，即统计对于不同类型、不同规模的问题必须调用其他算法的次数，所消耗的 CPU 时间。例如，对于非线性方程迭代法应统计一次迭代须要计算的$\{f_i(X^{(K)})\}$的次数，以及 CPU 时间的总消耗；

· 存贮量，即必须的最小存贮量以及存贮量与问题规模的关系。

不难看出，上述性能指标的测定均和运行环境有关，既使对于同一算法的软部件，同样的问题，在不同的机器上运行会得到不同的结果。

3．设计性能评价的统计方法

对于模型问题集合中的每个问题进行数值实验，测得每个问题的性能数据，进而运用统计方法，确定综合的性能指标。对于不同的性能指标，必须设计不同的统计方法。例如，对于可靠性可以采用如下的统计算法：设第 i 类模型问题的总数为 M_i，对 M_i 个问题进行数值实验达到成功标准的问题总数为 P_i；故对于第 i 类问题，算法的成功率和失效率分别为

成功率 $S_i = P_i / M_i \times 100\%$， (5.1)

失效率 $F_i = (M_i - P_i) / M_i \times 100\%$。 (5.2)

进而，可以得到算法的可靠性和失效性指标

可靠性指标　$S=\sum_i W_i\times S_i$，　(5.3)

失效性指标　$F=\sum_i W_i\times F_i$，　(5.4)

其中$\sum_i$是对不同问题类求和，W_i是加权因子，$0\leqslant W_i\leqslant 1$，$\sum_i W_i=1$。加权因子$W_i$的选择带有很大的人为性，与软件设计者的观点有关。例如，可以视问题的难易程度而异，难度大的取高值，难度小的取低值。也可以视问题类型出现的概率而异。经常出现的问题类取高值，稀少或罕见的问题类取低值。

又例如，对于计算效率可以运用如下的统计方法：令E_{ij}表示完成第i类问题的第j个问题须要花费的代价，则完成第i类问题的平均代价为

$$E_i=\sum_{j=1}^{M_i} E_{ij}/M_i, \tag{5.5}$$

则算法的效率指数为

$$E=\sum_i W_i E_i, \tag{5.6}$$

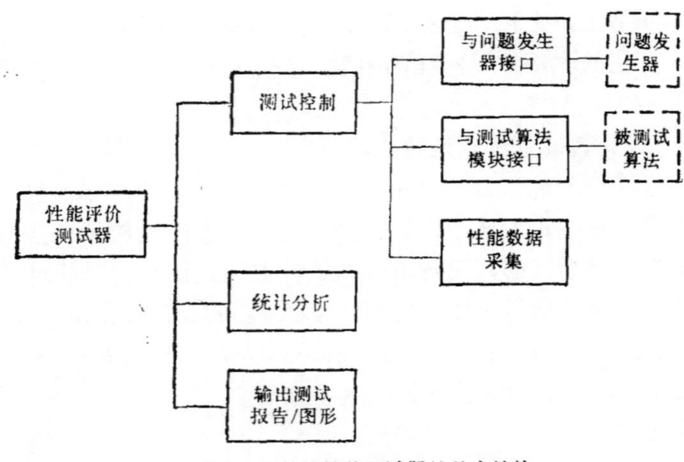

图5.4　算法性能测试器的基本结构

其中W_i为加权因子，取值规则同上，具体数值可以不同。

为了表示问题规模或精度要求对效率的影响，我们可以从数值实验结果绘制出效率-精度关系曲线以及效率-问题规模关系曲线。同样，我们可以绘制存贮量与精度要求，存贮量与问题规模的关系曲线。它们对于设计者认识算法的可用性是很有帮助的。

如果一个软件项目涉及到大量的算法，并且设计者要对众多的算法进行数值实验性能评价，则应研制或购买专门的测试算法性能的软件工具——算法性能测试器。图 5.4 是算法性能测试器的基本结构。

2.3 算 法 库

基于软件需求分析和算法性能评价，选定或构造的计算方法与算法过程属于基本算法，它们为进一步的算法设计奠定了基础。从算法功能上讲，基本算法可以分类如下：

- 用户接口处理；
- 数值计算方法；
- 数据结构转换；
- 数据管理；
- 图形生成；
- 正文与报表生成。

数据结构转换算法常常是为适应不同数值方法模块的衔接而构造的。

注意，在算法设计阶段，不是所有的基本算法都精确地被定义，只是影响软件功能和性能的关键性算法——计算方法或计算过程精确地选定或构造出来了。事实上，确有一部分算法由于过多地依赖于数据的细部组织，故只好到细部设计阶段确定。

在选定了基本算法之后，应根据软件的功能和性能定义。基于自顶向下与自底向上的综合考虑，将若干个基本算法联合起来，形成复合算法。例如，可以把$A=LDL^T$分解模块与正代和回代模块联合起来，生成一个求解线性代数方程组的复合算法。这些复合功能块实际上是基本算法以某种固定搭配关系组成的联合体，它们具有稍强的综合功能。有些复合功能块则是具有自适应功能的复合算法或算法子库，它有一个控制检测模块，承担算法中某些参数的自适应选择或算法的自适应组织，我们把这种复合功能的算法设计称为自适应计算方法的算法设计。事实上，有许多计算方法的算法过程中可以设置或已经包含若干个参数，这些参数的不同取值对该方法的计算精度和计算量影响极大，而这些参数的最优取值往往随问题和运行状态而变化。注意，设计这些参数的自动的最优取值算法既是数值分析家的责任，也是软件研制者的责任。例如，求解椭圆型问题离散化方程的超松弛方法，设计自动选择最优松弛因子的算法，就是一个自适应的计算方法设计问题。又例如求解常微分方程初值问题的自动变步长、自动变价、自动改变数值积分方法的自适应技术，是另一个十分成功的自适应计算方法算法设计的代表，它可以使用户在对计算方法无所了解的情况下，用最小的代价（工作量），获得他所期望的计算结果。

构造复合算法的思路是功能结合和数据流结合，表现复合算法结构的图示形式，采用第二章§5的系统分解图式，如图5.5所示。在功能结合的形式里，每一个矩形框表示一个算法，两个矩形框之间的连线表示一个算法从属于另一个算法。我们总假定，左边的框表示复合算法，右边的框表示从属算法。在一个算法结构图中，最右边的框为基本算法。在数据流结合的形式里，每个圆圈是一个基本算法，带箭头的线段指定了算法之间的顺序执行关系。

把选定或构造出来的基本算法与复合算法集合起来，就形成了未来软件的算法库。为了方便于以后的研制和维护，应该对算法库里的每个算法，特别是反映计算方法特征的基本算法，做出严格的和结构化的说明，其内容应包括

- 算法名称；
- 功能（包括指出适用或不适用范围）；

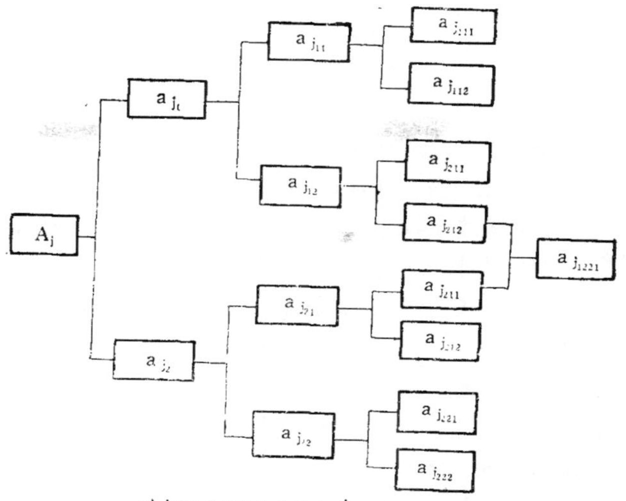

a)功能形式结合的复合算法 A_j

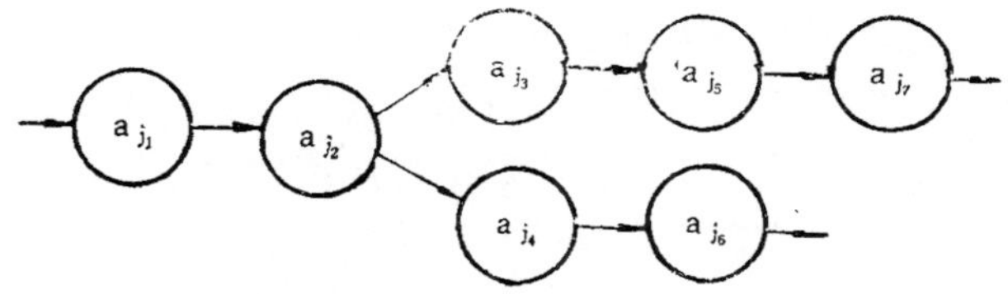

b)数据流形式结合的复合算法 A_j

图 5.5 复合算法的算法结构

• 输入与输出；

• 算法（对基本算法应详细说明计算方法、公式或算法过程；对新构造的复合算法应以基本算法为单位说明其算法结构或计算过程。）；

• 计算精度；

• 存贮要求；

• 参考文献。

算法说明形成了未来软件理论手册的基本内容，它是软件算法结构设计和系统自适应组织的基础。

2.4 算法结构

软件的整体算法结构是在算法库基础上构成的。即按照系统分解图式，把算法库里的算法组织起来，以实现软件需求定义所要求的计算和数据处理功能，表现软件整体算法结构的图式是算法结构图，它完全类似于图 5.5。对于功能与算法结构比较复杂的大型软件，应该分出若干个子图，用多个算法结构图来表现整体的算法结构。

如果对应于问题求解过程的每一步，只含有一个复合的算法，则不存在算法的自适应组织问题。绘制出算法结构图，加上算法库的算法说明，就完成了算法设计。

任何一位科学计算工作者都有专业的局限性。因此，对于一个综合性强的科学工程软件，其算法设计应该成为多方面专家结合的产物，决不是一人可以包揽的。未来的支持计算方法选择的专家系统，应该是多方面科学计算专家共同的知识、经验和智慧的集成系统，它能够支持科学和工程应用软件设计者进行算法设计，但是它的建立需要众多的科学工程计算工作者的共同努力。

2.5 例

限于篇幅，下面仅摘要给出平面弹性问题有限元软件(PEFES)的算法设计说明。PEFES 的需求分析说明已在第二章 §6 给出，为避免重复，这里只列出有限元分析(FEMA)部分的部分内容。PEFES 算法设计说明的封面与图 2.14 相似，其内容如下：

目录

1. 引言
2. 算法结构
3. 算法说明

1．引言

PEFES 是一个在微机上运行的，能分析静荷载作用下的弹性平面应力和平面应变问题的专用有限元软件。本算法设计方案是基于如下原则设计的：

(1) 由于本软件是一个工程应用软件，故被选择的算法应具有较强的可靠性，并保持较高的计算效率。

(2) 由于需求定义中对计算结果精度及有限元问题的规模要求不高，故有限元分析算法，包括单元形态和求解刚度方程的方法仅在常规的有限元方法范围内选择。

(3) 用户问题的输入加工和输出编辑算法，有限元模型生成与应力检验算法应围绕有限元分析算法选择，不要求自身的完备性，以基本满足有限元分析为目标。

本算法设计的参考文献是

(1) H.G.Schaeffer著，大型有限元软件 MSC/NASTRAN，国防工业出版社，1988。

(2) 计算技术研究所三室，“有限元方法及其应用”，1975。

2．算法结构

(PEFES 的一级分解图如第二章 § 6 所示。限于篇幅本节仅节录有限元分析部分的算法结构)

2.3 有限元方法分析

有限元方法分析部分的算法结构如图 5.6 所示，其中

ELAN——单元分析控制算法

TEA——三角形单元分析

QEA——四边形单元方析

AFEE——组装有限元方程组

RESP——约束处理

SOLV——求解有限元方程组

STRE——计算单元应力和主应力控制

3．算法说明

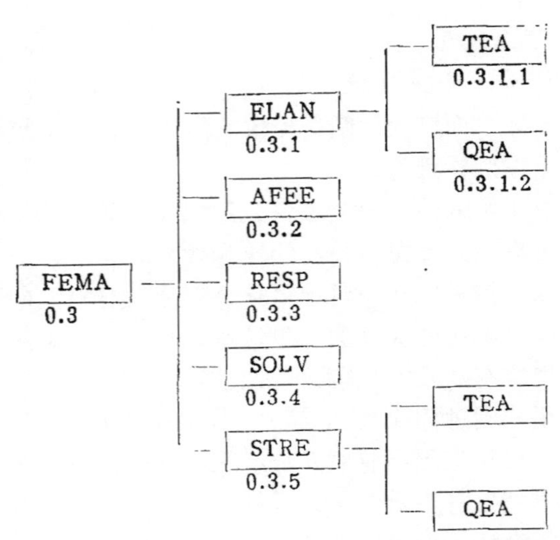

图 5.6 PEFES 软件有限元分析部分算法结构

（限于篇幅，本节选录了有限元分析部分三个算法的算法说明）

0.3.1.1，TEA——三节点常应变三角形单元分析

功能：根据接口数据和计算要求，可以计算：

单元刚度；

自重力产生的等效节点荷载；

边界上非节点集中力和分布力产生的等效节点荷载；

由温升产生的等效节点荷载；

初应变产生的等效节点荷载；

由节点位移产生的单元应力和主应力；

输入与输出：除计算要求标志 CFLAG 和运行状态标志 RFLAG 外，还有

(1) 实现子功能(1)，应输入节点坐标 $\boldsymbol{xy}=(\boldsymbol{x}_1, \boldsymbol{y}_1, \boldsymbol{x}_2, \boldsymbol{y}_2, \boldsymbol{x}_3, \boldsymbol{y}_3)^T$ 和材料特性数据 $D=(E, \nu, \alpha, \boldsymbol{t})$，输出为单元刚度矩阵 K_e。

（2）实现子功能（2），应输入节点坐标xy和自重力 $W=(\gamma_x, \gamma_y)^T$，输出为等效节点荷载 F_e。

（3）实现子功能（3），应输入节点坐标 xy，边界分布荷载标志 LFLAG 和边界分布力的集度 $P=(x_c, y_c, p_{xc}, p_{yc})$ 或节点密度 $P=(p_{x1}, p_{y1}, p_{x2}, p_{y2})$，输出为等效节点荷载 F_e。

（4）实现子功能（4），应输入节点坐标 xy，单元温升$\triangle T$ 及材料特性数据 D，输出为等效节点荷载 F_e。

（5）实现子功能（5），应输入节点坐标 xy，单元初应变 $E=(\varepsilon_x^0, \varepsilon_y^0, \gamma_{xy}^0)^T$ 及材料特性数据D，输出为等效节点荷载 F_e。

（6）实现子功能（6），应输入节点坐标 xy，材料特性数据 D 及节点位移 $U_e=(u_1, v_1, u_2, v_2, u_3, v_3)^T$，输出为 $\sigma=(\sigma_x, \sigma_y, \gamma_{xy})^T$ 和 $S=(\sigma_1, \sigma_2, \theta)$。

算法：对于给定的输入计算

$$b_i=y_j-y_m, \quad C_i=x_m-x_j$$

$$(i, j, m)=((1,2,3),(2,3,1),(3,1,2)),$$

$$2A=C_3b_2-b_3c_2, \tag{5.7}$$

$$B_i=\frac{1}{2A}\begin{pmatrix} b_i & 0 \\ 0 & c_i \\ c_i & b_i \end{pmatrix}, i=1,2,3,$$

$$B=[B_1, B_2, B_3]。$$

对于平面应力

$$\bar{D}=\frac{E}{1-\nu^2}\begin{pmatrix} 1 & \nu & \\ \nu & 1 & \\ & & \frac{1-\nu}{2} \end{pmatrix}。$$

对于平面应变有

$$\bar{D}=\frac{E}{(1+\nu)(1-2\nu)}\begin{pmatrix} 1-\nu & \nu & \\ \nu & 1-\nu & \\ & & \frac{1-2\nu}{2} \end{pmatrix}=\frac{E_1}{1-\nu_1^2}\begin{pmatrix} 1 & \nu_1 & \\ \nu_1 & 1 & \\ & & \frac{1-\nu_1}{2} \end{pmatrix},$$

其中

$$E_1=\frac{E}{1-\nu^2},\qquad \nu_1=\frac{\nu}{1-\nu}。$$

单元刚度矩阵 K_e 为

$$K_e=t\cdot A\cdot B^T\bar{D}B=\begin{pmatrix}K_{11} & K_{21} & K_{31}\\ K_{21} & K_{22} & K_{32}\\ K_{31} & K_{32} & K_{33}\end{pmatrix},$$

$$K_{ij}=t\cdot A\cdot B_i^T\bar{D}B_j$$

$$=\frac{tE}{4A(1-\nu)}\begin{pmatrix}b_ib_j+\frac{1-\nu}{2}C_iC_j & \nu b_iC_j+\frac{1-\nu}{2}C_ib_j\\ \nu b_iC_j+\frac{1-\nu}{2}b_iC_j & C_iC_j+\frac{1-\nu}{2}b_ib_j\end{pmatrix}。\tag{5.8}$$

由自重产生的等效节点荷载为

$$F_e=\frac{A}{3}(\gamma_X,\gamma_Y,\gamma_X,\gamma_Y,\gamma_X,\gamma_Y)^T。$$

由初应变产生的等效节点荷载为

$$F_e=t\cdot A\cdot B^T\bar{D}\begin{pmatrix}\varepsilon_X^0\\ \varepsilon_Y^0\\ \gamma_{XY}^0\end{pmatrix}。$$

由温升产生的等效节点荷载为

$$F_e=t\cdot A\cdot B^T\bar{D}\begin{pmatrix}\alpha\Delta T\\ \alpha\Delta T\\ 0\end{pmatrix}。$$

由作用于单元边界上的非节点集中力产生的等效节点荷载是：假定非节点集中力作用于单元边界$\overline{12}$上，令

$$l=[(x_2-x_1)^2+(y_2-y_1)^2]^{\frac{1}{2}},$$

$$l_c=[(x_c-x_1)^2+(y_c-y_1)^2]^{\frac{1}{2}},$$

$$\xi=l_c/l,$$

则

$$F_e=(\xi P_{xc},\xi P_{yc},(1-\xi)P_{xc},(1-\xi)P_{yc},0,0)^T。$$

由作用于单元边界上的分布力产生的等效节点荷载是

$$F_e=\frac{l}{3}[2P_{x1}+P_{x2},2P_{y1}+P_{y2},P_{x1}+2P_{x2},P_{y1}+2P_{y2},0,0]^T。$$

由节点位移 U_e 所产生的单元应变、应力和主应力为

$$\varepsilon=\begin{pmatrix}\varepsilon_x\\\varepsilon_y\\\gamma_{xy}\end{pmatrix}=BU_e,$$

$$\sigma=\overline{D}\,\varepsilon。$$

计算精度：双精度。

存贮要求：除输入与输出外，只要求少量工作单元。

参考文献：计算技术研究所三室，“有限元方法及其应用”，中国科学院计算技术研究所，1975，p67。

0.3.2，AFEE——组装有限元方程组

功能：根据有限元模型信息和单元分析结果，组装有限元方程组的总刚矩阵和荷载列阵。鉴于有限元方程组的总刚矩阵具有大型、稀疏、对称、正定，且非零元素分布有规律性等特点，为了节省存贮量我们对总刚矩阵采用了变带型下半带按行存贮技术。例如，对于

$$A=\begin{pmatrix}a_{11}&a_{21}&0&0&0\\a_{21}&a_{22}&a_{32}&a_{42}&a_{52}\\0&a_{32}&a_{33}&0&0\\0&a_{42}&0&a_{44}&0\\0&a_{52}&0&0&a_{55}\end{pmatrix},\qquad(5.9)$$

实际存贮的元素为

A：a_{11}，a_{21}，a_{22}，a_{32}，a_{33}，a_{42}，0，a_{44}，a_{52}，0，0，a_{55}。

这种存贮技术是把 A 中每行从第一个非零元至对角元之间的元素按行存贮。当 A 的阶数很大且带外零元素很多时，会大量节省存

贮空间。为了有效地指出每个带内元素的位置，必须附加一个存贮格式信息 INFO，指出 A 中每个对角线元素的位置序号。INFO 的逻辑结构是

$$\boxed{\text{INFO}} \overset{\text{def.}}{=\!=\!=} \left|\ \boxed{I=1,n} \text{——}\right| \text{IAII } a_{ii} \text{ 在 } A \text{ 数组中的序号} \quad (5.10)$$

对于上面的矩阵 A，INFO 是

INFO：1，3，5，8，12。

按此存贮技术，元素 $a_{ij}(i \geqslant j)$ 处在数组 A 的第 $\text{INFO}(i)-i+j$ 的位置上，第 i 行第一个非零元的列标号是

$$m_i = i-(\text{INFO}(i)-\text{INFO}(i-1))+1,$$

因此，按此种存贮技术，在实际组装有限元方程组之前，必须先形成存贮格式信息 INFO，其长度为方程组阶数 n。

输入与输出：输入是有限元模型信息与单元分析结果，输出是存贮格式信息，组装出总刚矩阵与荷载列阵。

算法：基本的组装过程是

(1) 生成存贮格式信息，

(2) 组装总刚矩阵 A，

(3) 组装荷载列阵 B。

详细的算法过程很强地依赖于有限元模型信息和单元分析结果的数据结构和数据组织，只能等到细部设计阶段完成。

计算精度：双精度。

存贮要求：计算机系统能够提供的最大内存空间。

0.3.4，SOLV——求解有限元方程组

功能：使用 LDL^T 分解法，求解有多列荷载列阵的有限元方程组，得到节点位移列阵。

输入与输出：输入是有限元方程组阶数 N，荷载列阵的列数 M，总刚矩阵存贮格式信息INFO，总刚数组 A 及荷载列阵 B；输出是位移列阵 U。

算法：对于给定的有限元方程组

$$AU = B,$$

其中A是$N\times N$阶矩阵，B是$N\times M$阶矩阵，LDL^T分解法的计算过程如下：

(1)分解总刚矩阵

$$A = LDL^T,$$

L为下三角矩阵，D为对角阵。具体分解步骤是

a）$d_1 = a_{11}$；

b）对于$i = 2, 3, 4, \cdots, N$,

$j = m_i, m_i+1, \cdots, i-1$计算

$$\tilde{a}_{ij} = a_{ij} - \sum_{k=ij}^{j-1} \tilde{a}_{ik} l_{jk}, \quad (5.11)$$

$$d_i = a_{ii} - \sum_{k=m_i}^{i-1} \tilde{a}_{ik} l_{ik}。$$

对于　$j = m_i, m_i+1, \cdots, i-1$计算

$$l_{ij} = \tilde{a}_{ij}/d_j, \quad (5.12)$$

其中m_i为第i行第一个非零元的列标号，$ij = \max(m_i, m_j)$。

(2)正代与回代

对于$k = 1, 2, \cdots, M$计算

a）计算$b_{ik} = b_{ik} - \sum_{j=m_i}^{i-1} l_{ij} b_{jk}$，$i = 1, 2, \cdots, N$；

b）计算$b_{ik} = b_{ik}/d_i$，$i = 1, 2, \cdots, N$；

c）计算$b_{ik} = b_{ik} - \sum_{j=i+1} l_{ji} b_{jk}$，$i = N-1, N-2, \cdots, 1$。

计算精度：双精度。

存贮要求：计算机系统能够提供的最大内存空间。

参考文献：冯康等编，数值计算方法，国防工业出版社，1978 p330。

§3 算法的自适应组织

在软件的算法设计中，如果相应于问题求解过程的某些步骤有多种外部功能相同的算法与之对应，由于不同的问题需要不同的算法，则算法的自适应组织问题，即算法自适应组织的设计，就成为整个软件设计中的一个关键问题。

3.1 算法自适应组织的抽象表述

假定软件的算法库 $A=\{a\}$ 已经按上节所述的自顶向下和自底向上相结合的方法生成。我们说算法库 A 是完备的，是指对于软件面向问题集合中的任意一个问题 X，都可以从算法库 A 中挑选出一些算法，排成一个执行的算法序列 $A_X=(a_{X_1}, a_{X_2}, \cdots, a_{X_m})$，它能对 X 运行，给出正确的计算结果。

系统自适应组织的算法设计问题是：如何定义一个实施自适应挑选的管理算法 S，它能对每个具体问题 X，自动地从算法库 A 中挑选出一些算法模块，正确地排成一个算法序列 A_X，并能控制这个算法序列对 X 运行，获得在某种度量意义下好的、比较好的、甚至最好的计算效果。

所谓好的、比较好的、甚至最好的计算效果总是针对某种意义而言，它应该是对 A_X 的运行状态和计算结果的某种客观评价，而且这种评价必须是多方面综合性的。因此，系统的自适应组织问题，除设计自适应挑选的管理算法 S 外，还有两个问题需要解决：

1．必须设计一个抽取 A_X 对 X 运行的性能指标的算法 P，它能从运行过程中和计算结果中，抽取若干个性能指标。每个性能指标从一个方面评价了 A_X 的运行效果，例如各阶段计算时间、结果精度、存贮要求等。将这些指标按一定顺序排列，可以构成一个向量，形式地写为

$$P(A_X X)=V=(V_1, V_2, \cdots, V_n)^T, \tag{5.13}$$

2. 必须设计一个对 V 赋范的算法 N

$$N(V) = \|V\|, \tag{5.14}$$

否则，无法比较两个 V 的大小。

显然，$\|V\|$ 是受多个因素决定的，它可以表示成

$$\|V(X, S, A, P, N)\|。$$

至此，我们可以对算法的自适应组织问题形式地表述为：对于一个经过严格需求定义的软件的面向问题集合 U，和一个设计好的完备的算法库 A，假定已经设计好一个抽取运行性能指标向量的算法 P 和一个赋范算法 N，则系统的自适应组织就是设计一个自适应挑选的管理算法 S^*，它应该对所有的问题 X，都给出最好的运行效果，即

$$\|V(X, S^*)\| \geqslant \|V(X, S)\|, \quad \forall X \in U, \quad \forall S \in T, \tag{5.15}$$

其中 T 表示所有可能的自适应管理算法的集合。

因此，系统自适应组织的基本任务是基于问题集合 U 和算法库 A，设计一个实现算法自适应组织的管理算法 S，一个抽取运行性能指标向量的算法 P 和一个赋范算法 N。

显然，对于一个面向问题集合复杂的大型软件，设计一个完善的自适应系统是十分困难的，几乎是不可能的。

3.2 构造自适应管理算法的实用方法

如上所述，设计自适应管理算法是系统自适应组织的核心。它的作用是对于每个问题，用算法库提供的某些算法，具体实现对问题的求解。因此，设计自适应管理算法的基本依据是软件面向问题的集合与算法库。

1. 面向问题集合的特征表示

大型软件的面向问题是无法枚举的。为了有效地抓住问题的计算特性和求解要求，有必要引入若干个刻划问题求解要求的特

征指标，使不同的问题对应于不同的指标值。这些特征指标值的总体反映了问题的本质。管理算法可以根据它们决定选用的算法模块，并构造算法序列。这样，相当于在复杂的连续问题的集合里，引入了有限维向量空间的离散化表示，使得欲求解的每个实际问题都对应着一个向量，称之为问题特征向量。

显然，问题特征向量的各个分量是彼此独立、不可比较的，它们具有不同的表现形式，可以是整型数、实型数或字符型数。对于反映同一特征的不同的数值型特征指标值之间是可比较的；非数值型的特征指标的不同取值，相互之间是不可比较的，取值是互斥的。

为了便于构造自适应管理算法，在定义问题特征指标时，应充分考虑问题的求解过程。相应于图 5.3 所示的问题求解过程的每一步，都应有若干个问题特征分量与之对应。因此，问题特征向量可以相应于问题求解过程分解成若干个子向量，分解形式为

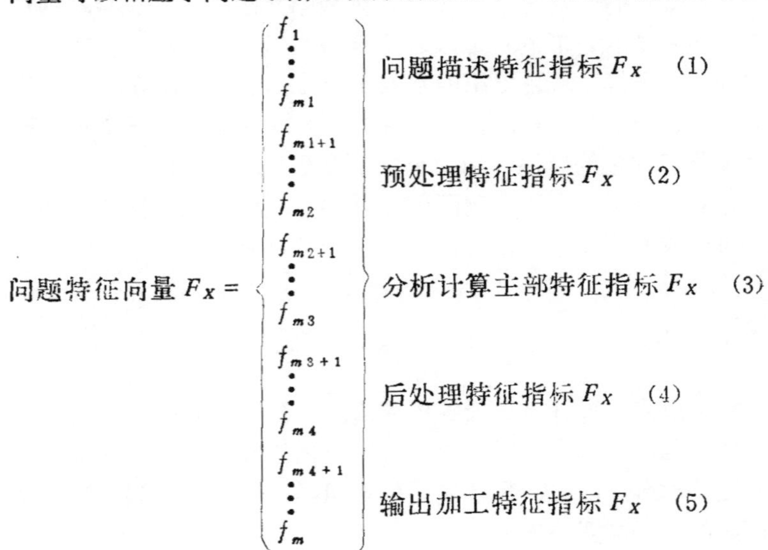

$$
\text{问题特征向量 } F_X = \left\{ \begin{array}{ll} \left.\begin{array}{l} f_1 \\ \vdots \\ f_{m1} \end{array}\right\} & \text{问题描述特征指标 } F_X \quad (1) \\ \left.\begin{array}{l} f_{m1+1} \\ \vdots \\ f_{m2} \end{array}\right\} & \text{预处理特征指标 } F_X \quad (2) \\ \left.\begin{array}{l} f_{m2+1} \\ \vdots \\ f_{m3} \end{array}\right\} & \text{分析计算主部特征指标 } F_X \quad (3) \\ \left.\begin{array}{l} f_{m3+1} \\ \vdots \\ f_{m4} \end{array}\right\} & \text{后处理特征指标 } F_X \quad (4) \\ \left.\begin{array}{l} f_{m4+1} \\ \vdots \\ f_m \end{array}\right\} & \text{输出加工特征指标 } F_X \quad (5) \end{array} \right.
$$

问题特征向量的一部分分量可以直接从问题的原始描述里提取出来，多数分量只能从执行过程或中间结果里提取出来。因此，

问题特征向量不应该由用户给出，而应该设计一个专门的提取问题特征向量的算法，在计算过程中按照各分量的定义和计算规则，逐步提取。设计这种算法应该是系统自适应设计的一部分。

假设E表示提取问题特征向量的算法，则 E 可以基于问题求解过程图 5.3逐步生成 F。故可以分解为

$$E=\begin{Bmatrix} E^{(1)} \\ E^{(2)} \\ E^{(3)} \\ E^{(4)} \\ E^{(5)} \end{Bmatrix},E^{(i)}X^{(i-1)}\to F_x^{(i)}, \tag{5.16}$$

$E^{(i)}$ 表示算法 E 的第 i 个子算法，它能从 $i-1$ 步的计算结果 $X^{(i-1)}$ 中提取问题特征子向量 $F_x^{(i)}$，其中 $X^{(0)}$ 表示原始问题的输入描述。

为了便于设计自适应管理算法，应将算法库中的算法按问题求解过程图 5.3 分解成若干个子库，

$$A=\begin{Bmatrix} A^{(1)} \\ A^{(2)} \\ A^{(3)} \\ A^{(4)} \\ A^{(5)} \end{Bmatrix}。$$

显然，有些算法可能同时属于两个子算法库。对于每个算法库应单独建立一个算法说明子集。

注意，自适应管理算法只选择到算法模块一级，而不涉及算法模块内部的自适应组织。所谓算法模块内部的自适应组织，是指那些具有自适应能力的计算方法或计算过程的算法。对于这些算法内部的参数，同样应该有一个能使其随问题而变的自适应定值算法，这是计算方法的研究课题。

2. 自适应管理算法的构造

相应于问题特征向量和算法库的分解形式，自适应管理算法 $\mathcal{S}$ 可以分段构造，即

$$S=\left\{\begin{array}{l}S^{(1)}\\S^{(2)}\\S^{(3)}\\S^{(4)}\\S^{(5)}\end{array}\right\},\quad S^{(i)}F_x^{(i)}\to A_x^{(i)}=\{a_x^{(i)}\}\in A^{(i)}。\quad(5.17)$$

对于已知的问题特征子向量 $F^{(i)}$ 及子算法库 $A^{(i)}$，构造$S^{(i)}$的实用规则是

(1) 建立问题特征子向量与算法模块或算法模块序列间的固定对应关系。这种关系是基于数学上、物理上或工程上的某种要求，或者数值实践经验而建立起来的。例如，在有限元软件里，当分析特性是线性动力时程响应时，一般均选择 Wilson-θ 法或 Newmark 方法，及有关的算法序列。

(2) 对于 $F^{(i)}$ 的每个取值，若是不可比较的离散点集，则对应于每个取值应列出与之对应的算法模块表；若其取值是可以排序的，则应分段列出与之对应的算法模块表。

(3) 对于 $F^{(i)}$ 的每组取值，应首先对计算方法模块进行选择，即首先找到与之对应的计算方法模块表，在外部功能相同的互斥计算方法模块中间，应依照一定的次序进行筛选。例如，先考察结果精度；在结果精度满足的算法中间，考察存贮量；在存贮量容许的算法模块中间，考察计算量；在计算量大致相当的算法中间，考察模块外部接口是否简单，即输入输出数据结构是否简单，传递的信息量的多少；最后，考察算法的复杂性和程序规模。在计算方法模块选定的基础上，按计算过程对算法进行排序，然后再在$A^{(i)}$中选择或重新组织数据结构转换算法，使之实现不同计算方法模块之间的衔接。

程序上分段实现算法自适应挑选的方法有两种：一是基于谓词演算进行逻辑推理，这样必须将问题特征，算法说明和挑选规则形式化，建立算法自适应挑选的知识库；二是把实现算法自适应挑选的问题解释成多条件中的多状态和多目标行动的选择问题，从而采用决策表技术。决策表的基本结构如图 5.7 所示，左上

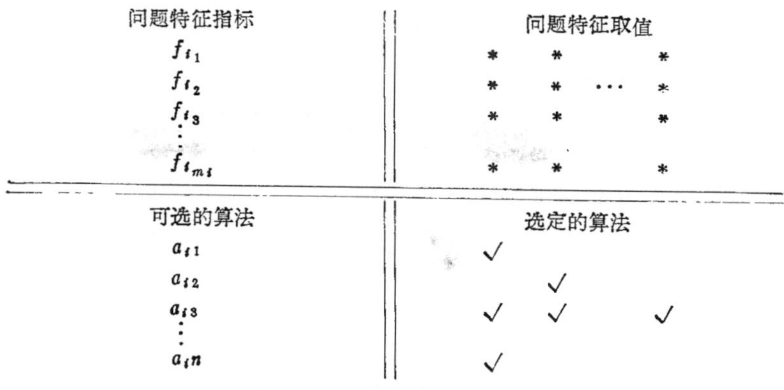

图 5.7 实现自适应管理的决策表

部是问题特征指标列，左下部是所有可供选择的算法模块，右上部是问题特征的各种可能取值列，右下部是相应于每个问题特征列而选定的算法，它们以✓号标出。图 5.8 是一个使用决策表技

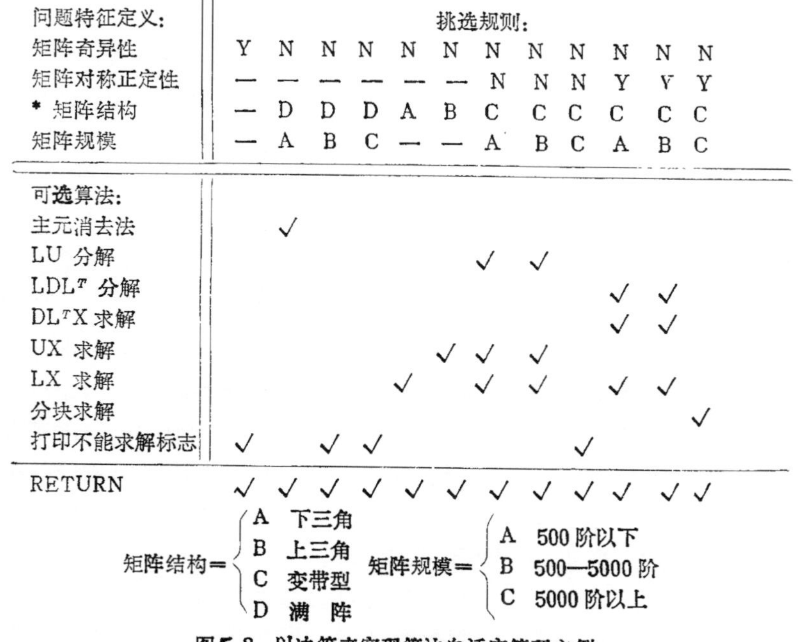

问题特征定义:	挑选规则:											
矩阵奇异性	Y	N	N	N	N	N	N	N	N	N	N	N
矩阵对称正定性	—	—	—	—	—	—	N	N	N	Y	Y	Y
* 矩阵结构	—	D	D	D	A	B	C	C	C	C	C	C
矩阵规模	—	A	B	C	—	—	A	B	C	A	B	C
可选算法:												
主元消去法		✓										
LU 分解							✓	✓				
LDL^T 分解										✓	✓	
DL^TX 求解										✓	✓	
UX 求解						✓	✓	✓				
LX 求解					✓		✓	✓		✓	✓	
分块求解												✓
打印不能求解标志	✓		✓	✓					✓			
RETURN	✓	✓	✓	✓	✓	✓	✓	✓	✓	✓	✓	✓

矩阵结构＝{A 下三角；B 上三角；C 变带型；D 满 阵}　矩阵规模＝{A 500 阶以下；B 500—5000 阶；C 5000 阶以上}

图 5.8 以决策表实现算法自适应管理之例

术实现算法自适应挑选的例子。它可以用于有限元软件中静力问题求解器的算法自适应管理。

实现算法自适应挑选的决策表技术把复杂的多条件多目标选择归结为一张数据表，它是一种典型的数据表驱动算法。不管选择规则多么复杂和多样化，基本程序结构保持不变，它有利于选择规则的修改和更新。按这种技术设计的自适应管理系统由一系列决策表和一个决策表驱动程序组成。

鉴于决策表是软件中的一个重要技术，其作用远不仅在于构造自适应挑选算法，这只是作者给出的这种技术的一个新应用。故我们将它单列出来，在下节予以详述。

通过以上分析，可以把自适应管理算法形式地表示如下：设原始问题 X 的输入描述为 $X^{(0)}$，则

$$
\begin{aligned}
& E^{(1)} X^{(0)} \to F_X^{(1)}, \\
& S^{(1)} F_X^{(1)} \to A_X^{(1)} = \{a_X^{(1)}\} \in A^{(1)}, \\
& A_X^{(1)} X^{(0)} = X^{(1)}, \\
& \cdots\cdots \\
& E^{(i)} X^{(i-1)} \to F_X^{(i)}, \\
& S^{(i)} F_X^{(i)} \to A_X^{(i)} = \{a_X^{(i)}\} \in A^{(i)}, \\
& A_X^{(i)} X^{(i-1)} = X^{(i)}, \quad i = 2, \cdots, 5。
\end{aligned}
\tag{5.18}
$$

3.3 自适应管理算法评价

把上面设计的自适应管理算法所依据的某一条规则进行修改，即修改决策表中某一列或将问题特征分量的定义予以修改，或修改抽取问题特征向量的算法，都会派生出一个新的自适应管理算法。这样，从各种经验的或理论的考虑出发，可以构造各种不同的自适应管理算法。如何评价它们并决定其优劣是获得最好的系统自适应组织的重要环节。

正如在 §3.1 所述，自适应管理算法的评价将依赖于抽取运行性能向量的算法 P，和赋范算法 N，即决定于从那些方面判断

运行状态和计算结果的优劣，怎样抽取运行性能指标，以及怎样定义范数计算公式。

因此，为了全面地评价一个软件的系统自适应组织，应该使抽取的运行性能向量的分量涉及到运行过程和计算结果的方方面面。它们应该包括预处理效率度量、自诊断功能度量、总体及各个运行步的 CPU 时间，计算精度，结果精度，各个计算步所需要的存贮量、输出效果度量等。我们必须严格地定义和构造算法 P，例如对于一个问题 X 可以通过测定如下运行指标，来刻画系统对面向问题集合 U 的适应性。

· 测定对每个问题 X 运行成功的系数 σ。即测定系统运行是否正常，计算结果精度是否满足要求。如果不满足，是全部不满足还是部分不满足，如果部分不满足，不满足部分占有的百分比，从总体看计算结果是否可用。因为对于许多工程软件来说，计算结果由许多部分构成，要求所有结果精度都满足要求往往是困难的，甚至是不可能的。这样，计算结果是否可用就成为成功性的基本指标。若成功则 $\sigma=1$，否则为零。

· 预处理效率度量 $\eta=\dfrac{\text{预处理后的信息量}}{\text{实际输入的信息量}}$；

· 各计算步的I／O 次数 λ_i 及总体 I／O 次数 $\lambda=\sum_i \lambda_i$；

· 各计算步消耗的 CPU 时间 t_i 及总消耗 $t=\Sigma t_i$；

· 各计算步要求的计算精度 $\delta_i=-\log\varepsilon_i$, ε_i 为由字长折算出的精度

· 计算结果的可用性 $\xi=\dfrac{\text{满足要求的结果量}}{\text{全部计算结果量}}$；

· 各计算步要求的存贮系数 $\mu_i=\log M_i$ 及最大存贮系数 $\mu=\log M$, 其中 M_i 为各计算步要求的实际存贮量，$M=\max\limits_i\ \{M_i\}$；

· 后处理效率度量 $\gamma=\dfrac{\text{后处理的数据量}}{\text{实际输出量}}$。

类似于问题特征向量及其抽取算法，运行性能向量及其抽取算法，也应该按问题求解过程进行分解，即

$$V=\begin{pmatrix}V^{(1)}\\V^{(2)}\\V^{(3)}\\V^{(4)}\\V^{(5)}\end{pmatrix},\quad P=\begin{pmatrix}P^{(1)}\\P^{(2)}\\P^{(3)}\\P^{(4)}\\P^{(5)}\end{pmatrix},\quad P^{(i)}(A_X^{(i)}X^{(i-1)})=V^{(i)}。\tag{5.19}$$

定义赋范算法 N 带有很大的人为特征，可以通过加权因子来提高对某个运行性能的要求。例如

$$\|V\|=\sigma^*\sum_i \beta_i\,|V^{(i)}|。\tag{5.20}$$

赋范的目的是为了把彼此不可比较的运行性能分量统一到一个总体性能数里，以进行总体性能比较。

读者不难看出，这种对自适应管理算法的性能评价，是基于对软件的总体评价，除了隐含着自适应管理算法设计的水平外，更隐含着具体的计算方法选择和程序实现技术。但是，从对同一问题集合 U，不同的自适应管理算法的实际运行情况的比较中，仍可看出系统对 U 的自适应能力。

算法自适应组织性能评价的实用方法是数值实验确定方法。即针对一个选定的或随机的模型问题集合 $\{X_i\}^n$，逐个进行数值实验，测定运行性能向量并计算 $\|V\|$。如果有一个管理算法 S^* 有

$$\|V(X_i,S^*)\|\geqslant\|V(X_i,S)\|,\ \forall S\in T \tag{5.21}$$

$$i=1,2,\cdots,n$$

则称 S^* 是最好的自适应管理算法。

类似于§2.2对算法的数值性能评价，模型问题集合选取得是否合适，直接影响着评价的结论是否可信。一般而言，模型问题集合应包括如下问题：

· 软件面向的各种类型的问题；

· 每一类里应有大、中、小不同规模的问题，并包括正常问题和极限问题。

通过对不同的管理算法进行比较，以最好的 S^* 进行系统组织是最可取的。

3.4 自适应软件的系统结构

综合以上分析，一个自适应软件的算法结构，可以理想地以图 5.9 表示。实现每一求解步的自适应管理的算法具有如下功能：

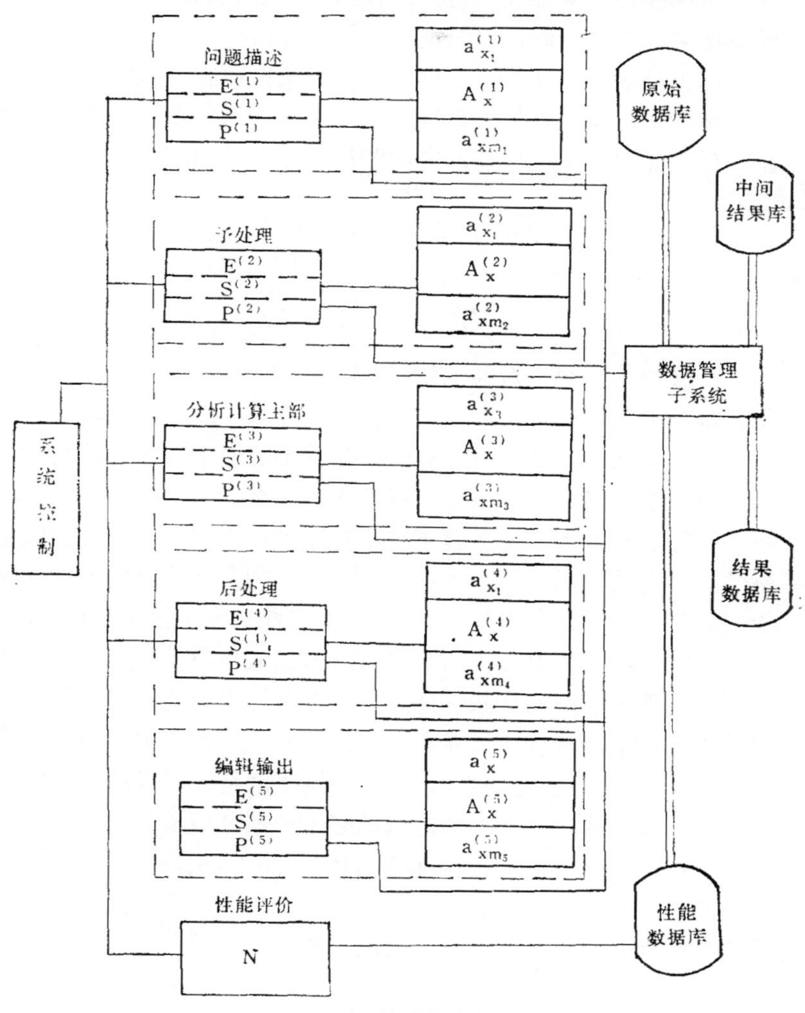

图 5.9 自适应软件算法结构

$$
\begin{aligned}
&E^{(i)}X^{(i-1)} \to F_X^{(i)},\\
&S^{(i)}F_X^{(i)} \to A_X^{(i)} = \{a_X^{(i)}\} \in A^{(i)},\\
&A_X^{(i)}X^{(i-1)} = X^{(i)},\\
&P^{(i)}(A_X^{(i)}X^{(i-1)}) \to V^{(i)}。
\end{aligned}
\tag{5.22}
$$

根据软件的复杂性和可分解性，对于某些求解步的自适应管理算法可以再行分解，以提高系统自适应组织的效率。

以上是从一般和整体上，讨论了系统自适应组织的方法和技术。实际上，多数软件的自适应组织问题，仅仅在一、两个求解步存在。显然，上面讨论的方法和技术是有效的。

§4 决策表技术

4.1 决　策　表

一天早上，经理对他的秘书说："今天我要外出，请您按如下要求进行工作；当发生什么，什么，什么，……情况时，您就做什么，什么，什么，……事情；当发生另一组什么，什么，什么，……情况时，您就做另一组什么，什么，什么，……事情；……"经理一口气列举了若干组略有差异的不同情况和必须做的事情。秘书的记录不仅难免有误，也难以理解，更难以发现经理的叙述是否存在矛盾和遗漏。实际上当天可能只发生很少几组情况，因而只有几组事情要做。这种以叙述方式表现决策很不利于复杂的事务处理及复杂的算法选择。一种有效的表现复杂决策的形式化技术，就是决策表。它是一种二维表格，由四部分组成，如图5.10所示。左上部是条件定义列，左下部是目标行动定义列，右上部是与条件定义次序相对应的若干个条件取值列，右下部是相应于每个条件取值列的行动列，将条件列与相应的行动列连在一起称之为规则。我们假定，对于每个规则，其行动总是自顶向下顺序地执行，而条件顺序是可以改变的。

条件定义	条件取值列
行动定义	选定的行动列

a）决策表结构

	R_1	R_2	R_3
C_1（开会通知）	Y	Y	N
C_2（下雪）	Y	N	Y
A_1（拿文件）	✓	✓	
A_2（骑自行车）		✓	
A_3（步　　行）	✓		✓
A_4（到会议室开会）	✓	✓	
A_5（到办公室办公）			✓
A_6（回　　家）	✓	✓	✓

b）例

图 5.10　决策表定义

稍微仔细一点就会发现图 5.10 b 不是一个完善的决策表，遗漏了一个规则，其条件取值应该是

$$C_1 \quad N$$

$$C_2 \quad N$$

应该针对这个条件列定义一个行动列，组成一个新的规则填入决策表，称这样的规则为遗失规则。

在一个决策表中，如果有两个规则具有相同的条件列和不同的行动列，则称它们是矛盾规则；如果两个规则具有相同的条件列和相同的行动列，则称它们之一是多余规则。当发生多余规则和矛盾规则时，必须删除其中之一。一个完善的决策表，必须包含各种可能的条件取值列，每个条件列必须而且只能在表中出现一次，即没有遗失规则，不存在多余规则和矛盾规则。如果一组规则的条件列均是相互不同的，则称它们是独立规则。

在图 5.10b 的决策表中，每个条件的取值仅是“Yes”或“No”两个明确值，故全部规则总数为 4。但是，一般而言，每个条件可取的明确值并非一定是 2。例如我们可以扩充条件 C_2的明确值为下雪、下雨、晴天三个互斥的明确值。这样，每个条件均取明确值的独立规则总数应为2×3。以下我们称每个条件可取的明确值总数为相应条件的条件模数。

在决策表的应用中，经常发生某个条件的取值决定了目标行动列，其它条件取何值是无关紧要的，我们称前者为支配条件，后者为受支配条件。鉴于受支配条件可以取任何一个明确值，故我们用一个特殊符号"—"来表示它的取值，称它为非明确值。例如，对于图 5.11 a 所示的决策表，当 C_1 取值为"No"时，不管 C_2，C_3 取何值，其行动永远是 A_5，A_6。不难看出，这样一个包含着非明确值"—"的规则，隐含着多个全部条件均取明确值

	R_1	R_2	R_3	R_4	M
C_1	Y	N	—	Y	
C_2	Y	—	N	Y	2
C_3	Y	—	—	N	2
CC	1	4	4	1	$10 \neq 2^3$
A_1	✓				
A_2	✓				
A_3				✓	
A_4	✓				
A_5		✓	✓		
A_6	✓	✓	✓		

a) 初始决策表

	R_1	R_2	R_3	R_4	M	Y	N	—	WDC	DEL	DOM
C_1	Y	N	Y	Y	2	3	1	0	0	2	C_2C_3
C_2	Y	—	N	Y	2	2	1	1	4	1	C_3
C_3	Y	—	—	N	2	1	1	2	6	0	
CC	1	4	2	1	8=8	RCM					
A_1	✓										
A_2	✓										
A_3				✓							
A_4	✓										
A_5		✓	✓								
A_6	✓	✓	✓	✓							

b) 完善决策表

图 5.11 从初始决策表到完善决策表

的独立规则。事实上，规则 R_2 隐含着条件取值为

$$\begin{array}{ll} C_1 & N\ N\ N\ N \\ C_2 & Y\ Y\ N\ N \\ C_3 & Y\ N\ Y\ N \end{array} \tag{5.23}$$

且行动列全部相同的四个独立规则。为了在决策表中清晰地表出每个规则隐含的独立列数，在条件列的下面我们增设了一个列计数行以CC标出，R_2 条件列下面的 4 就是其隐含的列计数。

再仔细观察一下 R_3，立即会发现它也隐含四个独立规则，其条件列为

$$\begin{array}{ll} C_1 & Y\ Y\ N\ N \\ C_2 & N\ N\ N\ N \\ C_3 & Y\ N\ Y\ N \end{array} \tag{5.24}$$

比较一下（5.23）和（5.24），它们具有共同的条件列

$$\begin{array}{ll} C_1 & N\ N \\ C_2 & N\ N \\ C_3 & Y\ N \end{array}$$

因为 R_2，R_3具有相同的行列列，故不会发生矛盾，但存在多余规则。为了避免出现多余规则，可在 R_3 的条件列定义中，针对 C_1 引入互斥的明确值，即取 C_1 为 Y，规则 R_3 修改成图5.11b所示的形式。这样，使得所有的独立规则在决策表中，只是隐含地或明显地出现一次，而且

$$\Sigma CC = \pi m_i = 8,$$

其中 m_i 是 c_i 的条件模数。因此，图 5.11b 是一个完善的决策表。

下面考查决策表图5.11b 的程序实现，目标是生成相应的决策算法模块的逻辑结构。为减少判断次数，我们从第一个不含非明确值的行开始，自顶向下进行分叉。为便于分叉我们对规则进行了交换，交换后的规则如图 5.12a 所示，在条件列部分引入的横线和纵线分别表示判断次数和分叉的层次；图 5.12b 是相应的决策算法模块的程序逻辑图，相应于每次决策的平均判断次数是

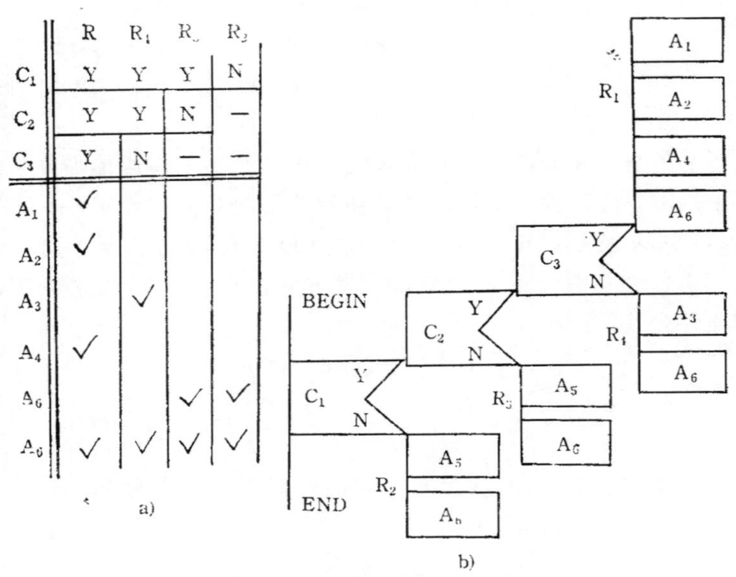

图5.12 决策算法模块的程序逻辑

$$(3+3+2+1)\div 4=2.25。$$

决策表是描述多条件、多目标行动的形式化工具，在复杂事物处理的决策和管理算法模块的设计中，可以得到很好的应用。事实上，不管是多么复杂的多条件、多目标行动的决策，只要建立起完善的决策表，一切决策活动都可以基于它进行。当出现一个实际条件列时，我们便可根据决策表行动，决不会产生任何紊乱，不管决策多么复杂。

就决策表技术的实际应用而言，应该完成如下三项工作：

- 生成一个正确反映实际决策活动的完善的决策表；
- 生成一个正确反映决策表的决策算法模块；
- 决策表应用，即生成实际条件列并调用决策算法模块的主程序。

为了使按决策表生成的决策算法模块正常地工作，我们规定每个规则的行动列必须用下列四个行动之一结束：

$$\begin{array}{c}\text{RETURN}\\\text{GO TO L}\\\text{GO AGAIN}\\\text{STOP}\end{array}\tag{5.25}$$

我们称它们为出口行动。其中 GO AGAIN 表示再次运行本决策模块，为了避免死循环，在执行 GO AGAIN 之前，必须有一个行动包括着对实际条件列的修改；GO TO L 是指转向本决策算法模块内 L 处继续工作，在此转移过程中，也可以隐含着对实际条件列的修改；在全部规则中，至少有一个规则是以 RETURN 或 STOP 结束。

4.2 完善决策表

由上面的叙述可知，一个决策表只有满足如下三个条件时，才是一个结构完善的决策表：

- 每个规则必须以（5.25）所示的四个行动之一作为出口；
- 列计数之和必须等于条件模数之积

$$\Sigma \mathrm{CC} = \pi m_i; \tag{5.26}$$

- 每个规则的条件列必须是独立的，即任何两个规则的条件列之间，至少有一个条件的明确值是不同的。

只有当一个决策表是完善的，才能基于它进行正确和有效的决策。如果由于某种需要，定义了一个初始决策表，应对其实施完善化步骤：合并行动相同的规则，检查规则的独立性，补充遗失规则。我们统称这些步骤为决策表分析。

1. 合并规则

如果有两个规则，具有相同的行动列和相同的列计数，且条件列中除一个条件模数为 2 的明确值不同外，其余都相同，则可以对它们进行一次合并，例如

	R_1	R_2		R_1/R_2
C_1	Y	Y		Y
C_2	N	Y		—
C_3	—	—	⟹	—
C_4	N	N		N
A_1	✓	✓		✓
A_2				
A_3	✓	✓		✓

当遇到条件模数大于2时，合并规则需要更多的要求。除了具有相同的行动列，相同的列计数和仅有一个条件的明确值不同外，一次合并的规则个数必须等于具有不同明确值的条件模数。例如，假定有一组规则，它们具有相同的行动列，其条件为

	R_1	R_2	R_3	R_4	R_5	R_6
C_1	Y	Y	Y	Y	Y	Y
C_2	—	1	2	—	4	3
C_3	N	N	N	N	N	N
C_4	A	B	B	C	B	B
CC	4	1	1	4	1	1

由于 C_2 的条件模数为 4，故 C_2 行上的“—”隐含着四个独立规则列。R_1 和 R_4 是合并的候选者，它们在 C_4 行的明确值不同，其他均相同。但由于 C_4 的条件模数是 3，故一次必须合并三个规则列，因此 R_1 和 R_4 不能合并。再看 R_2，R_3，R_5，R_6。它们仅在 C_2 行具有不同的明确值，其规则个数正好等于 C_2 的条件模数，故它们可以合并成一个列计数为 4 的规则。进而，可以再合并。

	R_1	$R_2/R_3/R_5/R_6$	R_4		$R_1/R_2/R_3/R_4/R_5/R_6$
C_1	Y	Y	Y		Y
C_2	—	—	—	⟹	—
C_3	N	N	N		N
C_4	A	B	C		—
CC	4	4	4		12

2．检查规则的独立性

针对一个决策表，检查规则是否相互独立十分简单。从左边第一个规则开始，把它与其右边的每个规则进行比较。如果两个规则有一个明确值不同，就称它们相互独立；如果 R_1 与其右边的每个规则都独立，再看 R_2 与其右边的规则是否独立，然后再看 R_3，……。不难看出，图 5.11b所示决策表的四个规则是独立的。

在检查规则独立性的过程中，如果发现明显的或隐含的多余规则，应删除它们，以保持决策表的正确性和无冗余性。

3．扩充遗失规则

一个初始定义的决策表，在合并规则、删除多余和矛盾规则之后，如果

$$\Sigma CC < \pi m_i,$$

则必定存在遗失规则。因此，需要找到遗失的条件列，补充定义遗失规则，形成完善的决策表。

为便于寻找遗失规则，请读者注意完善的决策表应具有的另一个性质：在每一行里，同一条件的不同明确值以相等的列计数出现，其和等于所有条件模数之积。在计算每个明确值的列计数时，“—”隐含的每个明确值的列计数是相应规则的列计数除以条件模数。

寻找遗失规则决不是容易的事，特别是当条件比较多，条件模数又比较大时。寻找遗失规则的一般步骤是

(1) 根据上述性质计算初始决策表的 WRCM 阵。WRCM阵位于决策表的右边，每一行表示相应条件不同明确值实际出现的列计数，最右边是其应该出现的标准列计数，其差是遗失的列计数。例如，对于图 5.13 所示的甩掉了行动列的不完善决策表，条件 C_1 行里明确值 A 的列计数为 $1+4+2=7$，条件 C_2行里“N”的列计数为 $1+2+1+2+2+1=9$。注意，C_2 行 R_2 列的“—”对“N”的列计数为 2，但 C_2 行 R_4 列的“Y”的列计数是4。

(2) 基于 WRCM 阵立即可以发现是否有遗失规则。事实上，

只要某个明确值的实际列计数小于标准列计数，就一定存在遗失规则。然后，采用自顶向下的次序，针对实际列计数小于标准列计数的明确值，分离出相应的条件列进行单独考查，并运用合并规则的技术，确定遗失规则的具体形式。在补充了遗失条件列之后，一定要使每个明确值的列计数等于标准列计数。

(3) 在构造遗失条件列之后，进而定义行动列，生成遗失规则。

	R_1	R_2	R_3	R_4	R_5	R_6	R_7	M	A	B	C	Y	N	M
C_1	A	A	A	B	B	C	C	3	7	6	3			8
C_2	N	—	—	Y	N	N	N	2				7	9	12
C_3	N	Y	N	—	Y	Y	N	2				10	6	12
C_4	Y	—	N	—	—	—	N	2				7	9	12
CC	1	4	2	4	2	2	1	16<24			WRCM			

图5.13 不完善的决策表

对于图 5.13 所示的例子，由 WRCM 阵的第一行可知，遗失了一个含 A，两个含 B，五个含 C 的独立规则列。我们将含 A 的部分摘录如下：

	R_1	R_2	R_3	R_8	A	Y	N	M
C_1	A	A	A	A	7			8
C_2	N	—	—	Y		3	4	4
C_3	N	Y	N	N		4	3	4
C_4	Y	—	N	Y		3	4	4
CC	1	4	2	1		WRCM		

由此不难看出，这里遗失了一个条件列，它应该在 C_1 行取 A，C_2 行取 Y，C_3 行取 N，C_4 行取 Y。如果将这一列增补进去，将会使 A 的列计数为 8，其他条件的明确值的列计数相等，且均等于 4。

下面我们考查含 B 的部分

	R_4	R_5	R_9	B	Y	N	M
C_1	B	B	B	6			8
C_2	Y	N	N		4	2	4
C_3	—	Y	N		4	2	4
C_4	—	—	—		3	3	4
CC	4	2	2	WRCM			

由这部分的 WRCM 阵不难看出，遗失的规则应该在 C_1 行含两个 B，C_2 行含两个 N，C_3 行含两个 N，C_4 行含一个 Y和一个N。使用合并规则的技术立即可以找到遗失的条件列。

对于明确值 C 的部分，

	R_6	R_7	R_{10}	R_{11}	C	Y	N	M
C	C	C	C	C	3			8
C_2	N	N	N	Y		0	3	4
C_3	Y	N	N	—		2	1	4
C_4	—	N	Y	—		1	2	4
CC	2	1	1	4	WRCM			

查看 WRCM 子阵立即可以发现，遗失规则的列计数，在 C_1 行应有五个C，在 C_2 行有四个 y 一个N，在 C_3 行有两个 Y 三个N，在 C_4 行有三个 Y 两个 N。从明确值最多的列 R_7 开始，寻求能与之合并的规则，如果不存在合适的条件列，则必须补充。为了进一步合并，应在含“—”的行构造不同的明确值，从而获得 R_{10}，进而得到R_{11}。

寻找遗失条件列的另一方法是先生成全部独立条件列，然后删除那些已经在决策表中明显或隐含出现的列，再对剩下的部分进行合并，形成其最简形式，最后再补充定义行动列，生成遗失规则。例如，对于图 5.13 中 C_1 的明确值为 C的全部独立条件为

C C C C C C C C
Y Y Y Y N N N N
Y Y N N Y Y N N
Y N Y N Y N Y N

删除与 R_7 相同及 R_8 隐含的条件列，剩余部分为

C C C C C		C C
Y Y Y Y N		N Y
Y Y N N N	合并 →	N —
Y N Y N Y		Y —

后一方法的优点是步骤简单，规律性强，易于计算机实现。缺点是工作量稍大，当条件很多时，占用的存贮量也大。

4.3 生成决策算法

为了有效地按决策表生成决策模块的算法，最大限度地减少判断次数，必须对决策表进行整理和分解。为叙述简便，下面再引入几个表现决策表特征的数字和标记：

· RCM 计数阵，用于表现在每个条件行里，每个明确值和非明确值"—"在规则里出现的次数，如图 5·11b 所示；

· 非明确值"—"出现的加权计数列WDC，每次出现"—"的权是其所在规则的列计数。例如对于图 5·11b，C_2 行 R_2 列的"—"的权是 4；

· 明确值的计数差 DEL，以 RCM 中每一行里明确值的最大计数与其他明确值计数之和的差的绝对值。例如，在图5·11·b 的 C_1 行里

$$DEL = |3-1| = 2;$$

· 以 DOM 列标出受所在行条件支配的条件。

一般而言，对于一个初始决策表的整理和分解的步骤是

1. 检查规则的独立性，删除多余规则和矛盾规则，补充遗失规则，并且合并一切可以合并的规则，建立一个结构完善的

决策表。

2．确保至少有一个条件行不包含非明确值。如果没有，可以分解一个含“—”最少的行。

3．计算 RCM, WDC, DEL 列，并标出 DOM 列。

4．通过条件行调换，使 WDC值从小到大逐次排列；在WDC相等的诸行里，按 DEL 从小到大的次序排列，同时使总体支配条件所在的行处于第一行，以下按支配能力由大到小排列。

5．从第一行开始，按明确值的一定次序对规则列进行交换，使具有相同明确值的规则集中在一起。在不破坏第一行条件值分布的前提下，通过列交换使第二行的条件值分布具有局部意义下的上述特征。然后对第三行，……。

6．对调整后的决策表进行分解。注意，应尽可能减少纵横分界线的交叉次数。

7．以分解后的决策表为基础，绘制决策算法模块的程序逻辑图。

下面以图 5.14 所示的初始决策表为例，演示一下决策表整理和分解的过程：

(1) 完善决策表；

由于在初始决策表上有$\Sigma CC = 134 > 128 = \pi m_i$，通过自左向右逐个检查规则的独立性，可以发现 R_1，R_2 和 R_3 的条件列隐含于 R_7 的条件列里，而它们的行动列又不相同，因此必须认真检查规则定义中间的错误，并消除之。假定发现 R_7 的定义有误，修改后变成图 5.15 所示的决策表。经复查，修改后的全部规则是彼此独立的，又因为 $\Sigma CC = 128 = \pi m_i$，故它是一个完善的决策表。

(2) C_7 行不含非明确值“－”；

(3) 计算 RCM 阵，MDC，DEL 列并标出 DOM 列；

(4) 对条件行进行行交换，使总体支配行处于第一行。以下各行按前面的要求排列。行交换后的决策表如图 5.16，略掉了行动列；

	R1	R2	R3	R4	R5	R6	R7	R8	M
C_1	Y	Y	Y	N	Y	Y	Y	—	2
C_2	Y	Y	Y	—	N	Y	Y	—	2
C_3	Y	Y	Y	—	—	N	Y	—	2
C_4	Y	N	N	—	—	—	—	—	2
C_5	Y	—	—	—	—	—	—	—	
C_6	—	Y	N	—	—	—	—	—	2
C_7	N	N	N	N	N	N	N	Y	
CC	2	2	2	32	16	8	8	64	134>128
A_1	✓	✓							
A_2	✓	✓	✓	✓	✓	✓	✓		
A_3								✓	
A_4								✓	
A_5								✓	
A_6 (AGAIN)	✓	✓	✓	✓	✓	✓	✓		
A_7 (STOP)								✓	

图5.14 初始决策表

	R1	R2	R3	R4	R5	R6	R7	R8	M	Y	N	—	WDC	DEL	DOM
C_1	Y	Y	Y	N	Y	Y	Y	—	2	6	1	1	64	5	C_2—C_6
C_2	Y	Y	Y	—	N	Y	Y	—	2	5	1	2	96	4	C_3—C_6
C_3	Y	Y	Y	—	—	N	Y	—	2	4	1	3	112	3	C_4—C_6
C_4	Y	N	N	—	—	—	Y	—	2	2	2	4	120	0	C_5—C_6
C_5	Y	—	—	—	—	—	N	—	2	1	1	6	124	0	
C_6	—	Y	N	—	—	—	—	—	2	1	1	6	124	0	
C_7	N	N	N	N	N	N	N	Y	2	1	7	0	0	6	C_1—C_6
										RCM					
	2	2	2	32	16	8	2	64	128 =128						
A_1	✓	✓													
A_2	✓	✓	✓	✓	✓	✓	✓								
A_3								✓							
A_4								✓							
A_5								✓							
A_6	✓	✓	✓	✓	✓	✓	✓								
A_7								✓							

图5.15 相应于图5.14的完善的决策表

	R_1	R_2	R_3	R_4	R_5	R_6	R_7	R_8	M	—	WDC	DEL	DOM
C_7	N	N	N	N	N	N	N	Y	2	0	0	6	C_1—C_6
C_1	Y	Y	Y	N	Y	Y	Y	—	2	1	64	5	C_2—C_6
C_2	Y	Y	Y	—	N	Y	Y	—	2	2	96	4	C_3—C_6
C_3	Y	Y	Y	—	—	N	Y	—	2	3	112	3	C_4—C_6
C_4	Y	N	N	—	—	—	Y	—	2	4	120	0	C_5—C_6
C_5	Y	—	—	—	—	—	N	—	2	6	124	0	
C_6	—	Y	N	—	—	—	—	—	2	6	124	0	
CC	2	2	2	32	16	8	2	64	128=128				

图 5.16 相应于图 5.15 的行交换后的决策表

(5) 通过列交换形成自顶向下自然分解的表结构，在这种结构中应尽可能使非明确值成有规律的排列。列交换后的决策表如图 5.17 所示；

	R_8	R_1	R_7	R_2	R_3	R_6	R_5	R_4
C_7	Y	N	N	N	N	N	N	N
C_1	—	Y	Y	Y	Y	Y	Y	N
C_2	—	Y	Y	Y	Y	Y	N	—
C_3	—	Y	Y	Y	Y	N	—	—
C_4	—	Y	Y	N	N	—	—	—
C_5	—	Y	N	—	—	—	—	—
C_6	—	—	—	Y	N	—	—	—
A_1		√		√				
A_2		√	√	√	√	√	√	√
A_3	√				√			
A_4	√							
A_5	√							
A_6		√	√	√	√	√	√	√
A_7	√							

图 5.17 相应于图 5.15 实施行列交换后的决策表

(6) 对实施行列交换后的决策表进行分解，分解表的纵横线如图5 .17 虚线所示，每个横线表示一次判断.实现每个规则所需

判断的次数，由与该规则的条件列相交的横线条数确定。实施一次决策所需要的平均判断次数为

$$(1+6+6+6+6+4+3+2)\div 8=4.25;$$

(7) 绘制决策算法模块的程序逻辑图。相应于图5.17的程序逻辑图见图 5.18。

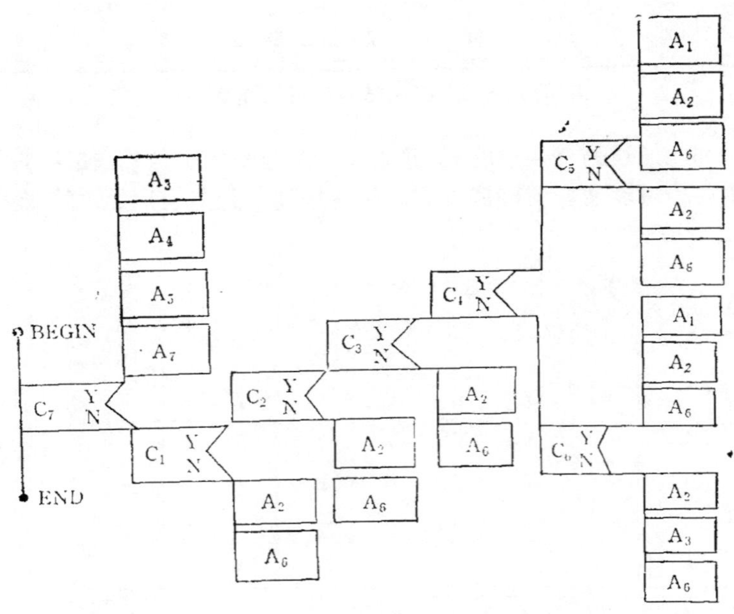

图 5.18 相应于图 5.19 决策表的 PAD 逻辑图

在结束本节之前，我们想指出，由于决策表技术的规律性很强，能够正确和有效地实施决策，故它在复杂的多条件、多目标的同步决策方面将会得到广泛的应用，并且可以设计通用的决策表处理器。它应该能够在交互式工作状态下，使初始定义的决策表完善化，然后自动地生成有效的决策算法。

第六章 结构设计

§1 引 言

早期的软件是作为单个有序的命令和数据的集合而开发的，不存在模块化和软件结构问题，因此软件设计就是程序设计。设计者在对软件的功能、性能和外部接口有所了解之后，他就从自己熟悉的部分开始编写程序。这样做对于某些小型软件开发是可行的，但对于稍大一点儿软件的开发是少慢差费，不易获得成功，原因是经常发生后来的开发活动要全盘否定前面的开发成果，或者形成杂乱无章的系统结构，给可靠性测试和软件的运行维护造成灾难。

结构设计是彻底改变上述软件开发途径的有效措施，是导致良态系统结构和提高软件总体品质的一个关键步骤。本章将集中讨论结构设计的思想、方法和技术。

结构设计的目标是形成模块化的软件结构，它是用软件成份——程序和模块组成的未来软件的层次性表示。结构设计将不涉及模块内部的过程描述。大型软件的软件结构类似于大型企业单位的管理机构，呈现层次性的隶属关系。

指导结构设计的基本思想是模块化、信息隐蔽和形成自顶向下的层次结构。基于这些，W. Stevens, G. Myers 和 L. Constantine 等人发展了结构化设计方法，目标是建立良好的模块化系统，并提出了评价模块化性能的概念——耦合与内聚。

软件结构设计的基本依据是软件需求分析说明书，用户接口设计和算法设计的成果，采用的基本设计方法是

(1) 自顶向下、逐层分解和模块化的设计方法。

(2) 自顶向下与自底向上相结合，调整和改进设计的方法。

(3) 关键部分优先考虑。

自顶向下、逐层分解和模块化已是公认的实施软件结构设计的方法。对于有些科学工程软件的研制，为了改进软件结构，利用已积累起来的辅助软件、其他软件资源和经过考验的标准算法模块，以加快研制速度，自顶向下与自底向上相结合，调整和改进设计实为必要。此外，对于一些规模很大又很复杂的大型软件，采用关键部分先行考虑的设计方法也是必要的，然后再逐步扩充，例如，综合的有限元软件可以先行考虑静力分析系统。

软件结构设计包括模块化的程序结构设计和数据结构设计，它们应该同步进行，在确定模块功能时，同时确定模块接口数据及其传递方式。若是使用文件传递，应该详细标定文件的逻辑结构。

对于数据量大的科学和工程应用软件，数据结构及其物理存贮和数据管理子系统的设计，在软件结构设计的总工作量中，占有相当大的比重。为了设计出高效能的软件结构，并有效地进行数据管理，需首先进行数据分析，分别确认静态数据和动态数据。静态数据是指不随具体问题而变的数据，例如专业性 CAD 软件所依据的工程设计规范、材料特性数据、标准构件数据，标准设计模型以及少量作为运行参数的控制数据。动态数据则随问题和软件的运行状态而异，例如问题和求解要求的描述数据、中间结果等。对于数据量较大且数据结构复杂的软件项目，应专门建立一个数据库，并设计一个数据管理子系统，至少要设计一个数据

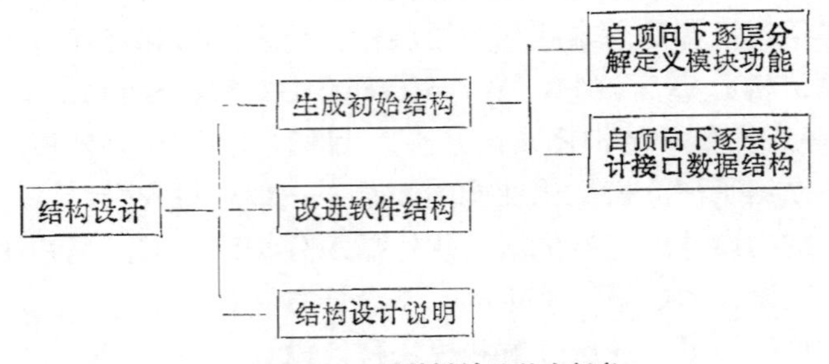

图 6.1 结构设计的基本任务

文件管理子系统，以支持整个软件的开发和运行。

关于软件结构设计的基本任务及实施顺序如图 6・1 所示。

表现软件结构的形式有图示技术和结构设计语言，后者应该建立在有效的软件开发工具的基础上。如果没有软件设计工具的支持，则应该采用图示技术，在本章§2 里我们将介绍一种表现软件结构的图示技术——结构图及其说明。就形成软件初始结构的出发点而言，结构设计方法又可以分为

- 基于功能和算法结构的结构设计；
- 基于数据流图的结构设计；
- 基于输入、输出数据结构的结构设计。

在本章§4 和§5 两节我们将分别介绍前两种设计方法。形成初始软件结构图，仅是结构设计的第一步。为了做出高质量的结构设计，必须按照优化软件结构的准则，认真地进行自顶向下和自底向上相结合地调整和改进软件结构。一个好的软件结构是在反复综合评价和修改的过程中诞生的，大型软件的结构设计是不可能一次成功的。在本章§3 里我们将重点叙述优化结构设计的概念和准则。结构设计完工的标志是按照标准的格式编写出结构设计说明。

结构设计完工表明了软件总体设计任务已经完成，为了确保设计质量，对于大中型应用软件项目，应该进行严格认真地总体设计评审，以便完善设计方案，确认其合理性和可行性。在本章§6 里，我们将重点讨论有关总体设计评审的问题。

§2 结构设计的表现技术

结构设计是总体设计的一个关键阶段，其目标是形成软件的静态程序结构和数据结构，即定义组成软件的模块的功能、层次关系及接口数据结构，以实现软件的外部功能、性能和接口需求。为了统一结构设计人员的设计风格，建立良好的结构设计文档，便于设计成果的交流、继承和发展，一个软件项目的所有设计者

必须采用同一种结构设计表现技术。下面介绍一种行之有效的表现软件结构的图示技术——结构图及其说明，它是与结构设计语言功能等同的。

2.1 结构图及其说明

构成软件结构图的基本图式如下：

1．模块表示

GAUSSE　方框表示算法模块和控制模块，方框内写有模块名。一个模块名字应当反映出这个模块的算法或控制功能，例如 GAUSSE 表示高斯消去法。

Input　表示输入模块，框内写有输入模块名。模块名应反映输入功能。

Output　表示打印输出模块，框内写有模块名。模块名应反映输出功能。

Display　表示显示模块，框内写有模块名。

2．模块间的基本关系

(1) 顺序调用

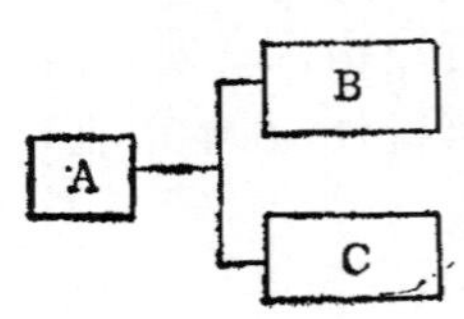

从左边模块到右边一个模块的连线，表示前一个模块中包含着对后一个模块的调用。前一个模块称为上级模块，后一个模块称为下级模块。

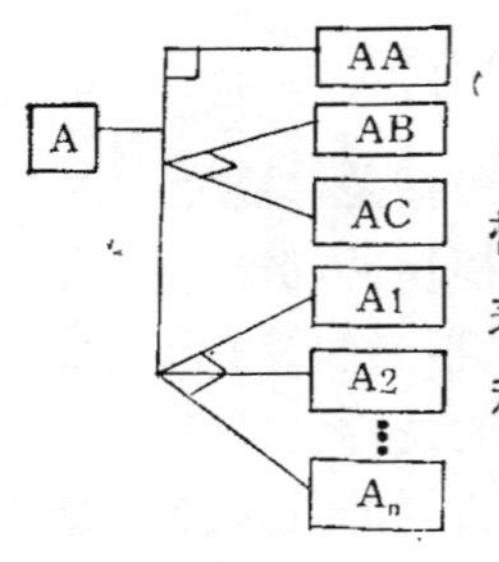

(2) 选择性调用

带有小菱形的调用线，表示选择性调用。此处表示 A 选择地调用 AA，同时 A 选择地调用 AB 和 AC，并多分枝选择调用 A1，A2，…，An。

(3) 循环调用

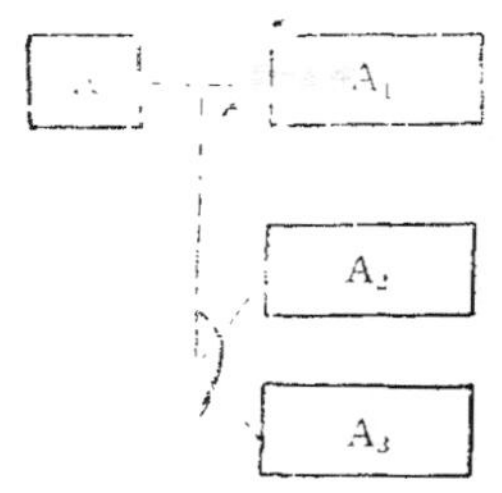

位于上级模块至下级模块调用线上的环形箭头，表示循环调用。此处表示A循环地调用A1，A又循环地调用A2和A3，并且A不是在一个循环段内调用A1，A2和A3、调用A1是一个循环段，调用A2和A3是另一个循环段。

使用上述基本图式的嵌套形式可以把任何复杂软件的模块关系表现出来，形成软件结构图。对于小型软件，由于分解的层次不多，模块的数量也少，可以在一张图上绘出整个软件的模块结构图，称之为总体结构图。如图6.2所示，每个模块下面括号内的量表示模块的编号。对于复杂的大中型软件，应该按照子系统或复合功能块，对结构图进行分解，分别形成若干张子结构图。

软件结构图清晰地表现了模块划分及模块之间的隶属关系，但没有表现出模块之间的信息传递，以及每个模块所引用、修改和建立的文件。事实上，这些都难以在结构图上严格地标出。因此，作为结构设计的成果，除了结构图之外，还应附加如下说明：

(1) 共享接口数据说明

在软件结构中经常出现利用共享数据区、文件或数据库在多个模块之间传递信息的情况，为了减少重复性说明，应该将这些复杂的接口数据分别独立命名，按其在结构图中的层次和出现的先后次序予以说明。说明的格式是

编号，数据名

组成特征：(内容及数据管理方式)

数据结构：

享用模块：

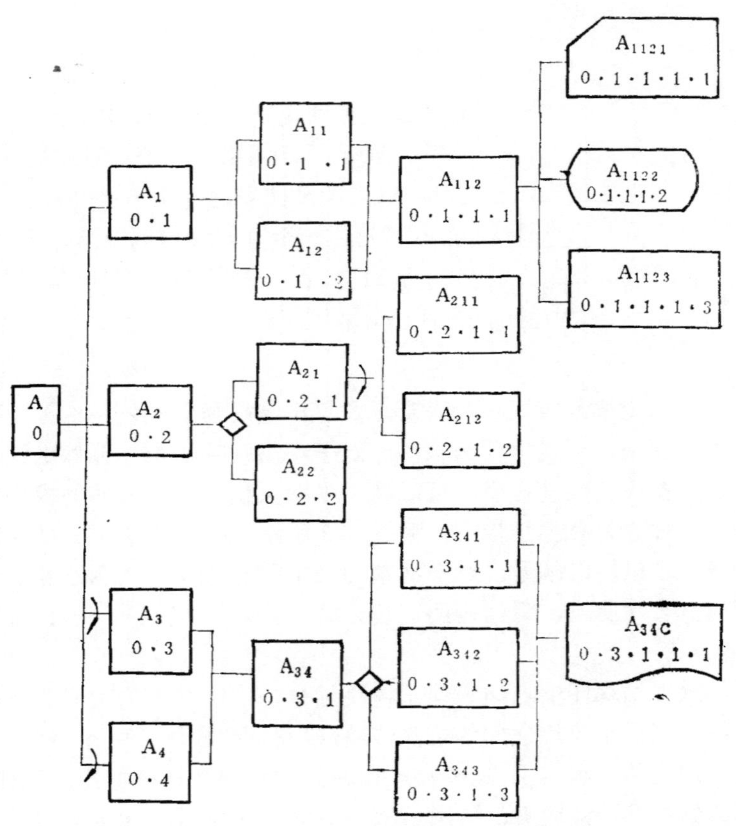

图 6.2 软件结构图

(2) 模块说明

模块说明的格式是

编号，模块名

功能：

接口：（格式如下）

下级模块名：

引用文件名：

接口数据名：

形参表

参数名	类　　型	作　　用	结　　构	数　　量

算法：

设计要求：

采用结构图及其说明来表现结构设计成果具有如下优越性：

· 完整地显示了组成软件的模块及模块间的管辖关系，提高了软件系统结构的清晰度和可理解性；

· 充分显示了自顶向下逐步求精的过程，增加了软件静态结构的可检验性；

· 精确地定义了所有模块的外部特征；

· 精化了数据结构及数据组织管理。

为了评价一个软件结构图的构造特征，下面引入几个有关结构图的概念：

· 扇出——系指由一个模块直接调用若干个下级模块。一个上级模块直接调用的下级模块的个数，称为它的扇出面。在图6.2中 A_{34} 的扇出面等于 3；

· 扇入——系指由若干个模块共同调用一个下级模块。一个下级模块所拥有的直接上级模块的总数，称为它的扇入面。在图6.2 中 A 112 的扇入面是 2；

· 深度——系指一个软件总体结构图的最大层数。图 6.2 是一个深度为 5 的结构图。

2.2　结构设计步骤

针对一个软件项目，实际实施结构设计的步骤是

1．认真理解软件分析说明中的功能分解图和数据流图及算法设计说明。

2．形成初始结构图。对于以数据流为特征的子系统（分程序）应该使用数据流图转换技术，自顶向下地逐次定义各模块的加工能力及其间的接口数据，形成相应的初始结构图。对于以实现功能与算法为主的子系统（分程序），应该基于功能算法结构图，自顶向下地逐次定义各模块的算法和功能，适当增设数据变换及数据管理模块，定义模块间的接口数据与传递方式，形成基于算法的初始结构图。

3．在初始结构图上进行与操作方式、与支持性软、硬件接口的有关方面的结构设计。

4．在改进了的结构图上增加自诊断和故障补救处理的模块，采用提公因子技术建立共享的模块。

5．按优化软件结构设计的准则进一步调整、修改、分解或合并，精化结构图。

6．编写结构图及其说明。

§3 模块特征度量与优化结构准则

追求良态的软件结构是结构设计的奋斗目标。一个软件结构的优劣主要表现在组成软件的模块的内部和外部特征上，即模块的内聚性和耦合度，它们是本节研究的主要概念。

3.1 内聚性

内聚是研究模块的内部各成份之间关系的一个概念，内聚性是对各成份联系强弱的一种度量，内聚性越高表明各成份的联系强度越大。常见的模块的内聚性如下：

1．共存性内聚，是指模块内各功能段之间不存在有意义的联系。例如图 6.3 中的模块 T，它拥有的三个动作没有直接的联系，之所以把它们放在一个模块中是由于 P, Q, R，S 均需调用它们，这是为了避免过多地设置模块而采用的一种措施。一旦 P，Q，R，S 中一个模块的调用要求发生变更，修改 T 将比较困难。一般这样的模块很难命名。

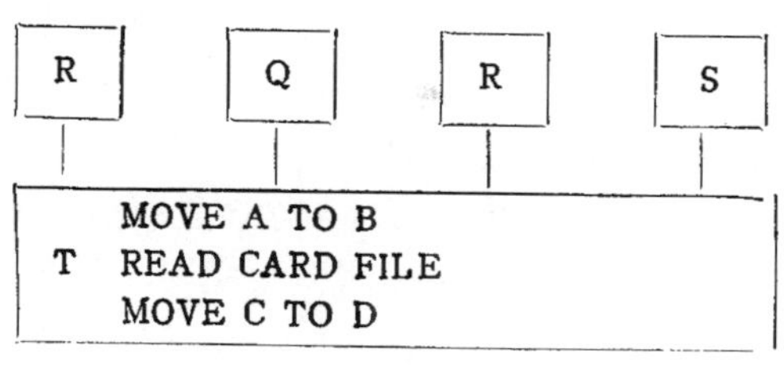

图 6.3　共存性内聚

2．逻辑性内聚，是指把几个具有逻辑上相似功能段的功能块放在一个模块内。在这种模块内必须引入条件选择以控制几个功能块共享一个逻辑段，它的内部构造如图 6.4 所示。这种模块的直接上级模块在调用它时必须传送一个控制标志；块内某一功能段需要改变时，必须接受其他功能段的限制。

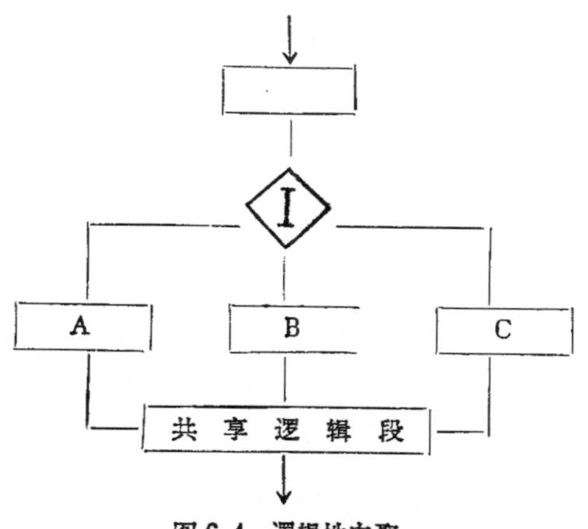

图 6.4　逻辑性内聚

3．时态性内聚是指在软运行中有几个小的动作经常需要在一个时间段内完成。因此，组合这些动作便形成了一个模块，例如由送初始参数、数组的初始化等动作而形成的初始化模块。

4．通迅性内聚，是指模块内各功能段有公用的信息区。显然，公用信息使模块内各功能段之间的联系密切起来了。

5．顺序性内聚，是指模块内各功能段的执行顺序是确定的，不可颠倒的，一般表现为前一功能段的输出是后一功能段的输入。例如求解方程 $ax^2+bx+c=0$ 的模块，其求解顺序可分为三步。第一步计算 $s=b^2-4ac$，第二步判别 s 的值是大于零、小于零还是等于零，第三步根据 s 的不同情况求 x 的值。

6．功能性内聚，是指模块的各程序段联合起来共同完成一个功能，缺一不可。例如 Gauss 消去法模块内的各个程序段，都是为实现求解一个方程组而设置的，缺少任何一段都不能完成求解工作。

以上六种模块的内聚性是由弱到强的，如果把它们标在一维数轴上，其图形如图 6.5 所示。显然这是一种概念性表示，而不是定量描述。

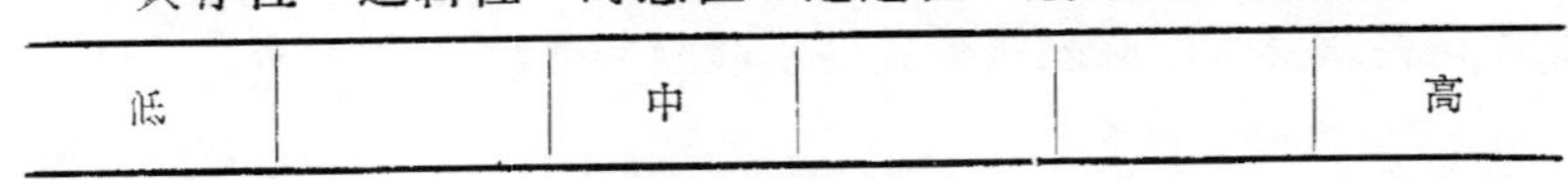

图 6.5 各种内聚性强度表示

3.2 耦 合 度

耦合是研究一个软件各模块之间依赖关系的一个概念，耦合度是对模块间依赖关系的一种度量。模块间的耦合度越低，表示模块的独立性越强。一般而言，模块之间的耦合关系是如下情况及它们的组合：

1．独立耦合，是指两个模块彼此独立，互不相干，两者之间不传递任何信息。

2．数据参数耦合，如图 6.6a 所示，是指模块 A 带参数 x 调用模块 B，B 执行后要以参数 y 返回 A，并且参数 x 和 y 均是作为数值计算对象使用的。

3．**标记耦合**，是指模块 A 调用 B 时，不是传送数据 x 的本身，而是存放数据 x 的变量名、数组名或文件名。这种耦合比单纯的数据参数耦合更易出错，因为数据本身和标记两者都可能出错。

4．**转移标志耦合**，是指模块之间传递的不是数据，而是控制转移标志。如图 6.6b 所示，模块 A 在调用 B 时，同时传送一个控制标志 I，这样模块 B 内的控制走向就受控于 A。如果在模块 B 内有多个受控标志，则 B 的正确性运行将很难保证。

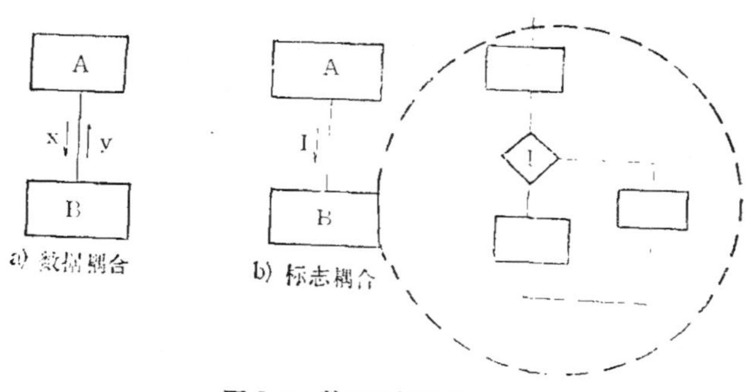

图 6.6　数据与标志耦合

5．**外部耦合**，是指模块与计算机外部设备有关，例如输入、输出及数据交换的模块，只有当所需要的设备正常联机时，这些模块才能正常工作。

6．**公用区耦合**，是指若干个模块共同享有对一个公用区中数据的引用权和修改权。这种共享方式增加了所有共享公用区的模块之间的联系，使得一个模块的错误，通过公用区传向所有模块，给查错与排错造成了麻烦。例如，对于图 6.7 所示的公用区耦合，当模块 A 工作时，它调用了模块 C，C又调用了 D, E, F, 其中 C，D，F 都对公用区 W 进行了引用和修改。假定 D 对 W 实施了错误修改，而错误一直潜伏到模块 N 工作时，才暴露出来。表面上错误在 N，实际上错误在 D，甚至 C，D，F 都可能错。因此，在软件设计中使用全程公用区时，应该格外小心。

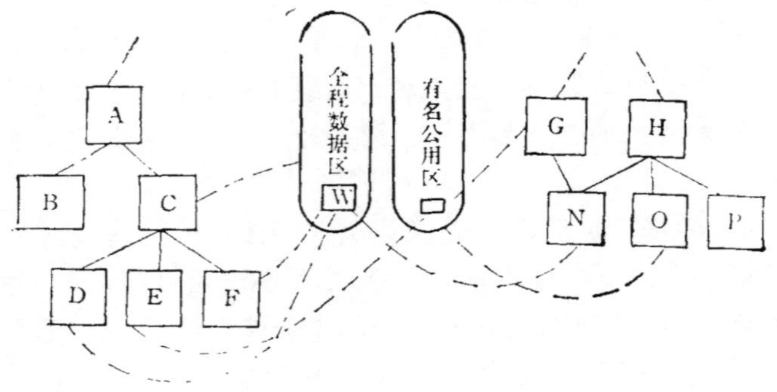

图 6.7 公用区耦合

就上面列举的耦合类型看，以公用区耦合比较复杂，特别是在多种耦合类型同时发生于多个模块之间时，会使系统的复杂性猛增，在进行结构设计时应尽量避免发生这种情形。

3.3 良态结构设计准则

结构图及其说明是软件系统结构的集中表现，它既表现了模块的控制关系，也表现了模块间的耦合度。它不仅对细部设计、编程、测试等工作有直接影响，还影响了软件的可用性和可维护性。为了获得一个良好的软件结构，建议设计者在进行结构设计时，遵守如下良态结构准则：

1. 建立低耦合度和高内聚性的模块集合。如果在初始结构图中，有若干个直接相关的模块，其块间联系复杂，耦合度过高，且每一个功能又不复杂，则可以将它们合并起来，以减少控制传递及公用区引用。有时可以把多个相关模块的功能进行比较和评价，抽其公因子，形成逻辑上或功能上独立的共享模块。例如，对于图 6.8a 所示的模块 x，y 分别调用模块 Q_1 和Q_2，在Q_1 和Q_2 里都包含一个完全相同的功能块 Q。这是一个可改进的结构图，有两种改进方案。其一是改造成图 6.8b 所示的形式，这样 x 和

y 在调用 Q时，必须传送一个选择标志；其二是改造成图 6.8c 所示形式，它减少了冗余，增强了每个模块的内聚性和减少了块间的耦合度。

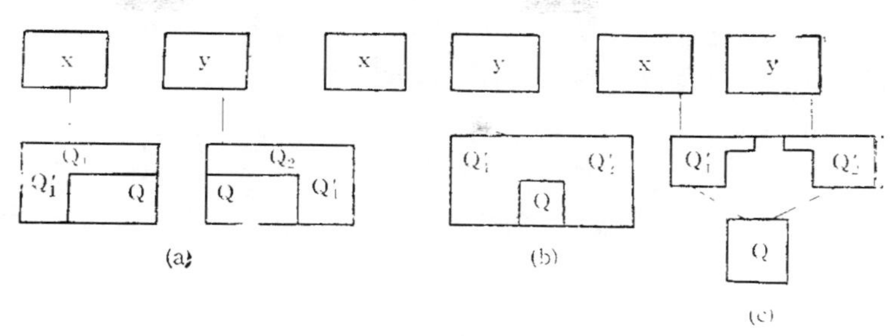

图 6.8　形成高内聚的模块

2．避免高扇入和高扇出。一个模块如果被多个模块所调用，或者调用多个模块，则是它具有多功能，可能形成复杂控制结构和复杂数据组织的病兆；如果确实如此，则应通过引入新的模块避免高扇入和高扇出。图 6.9 显示了引入新模块的途径。如果高

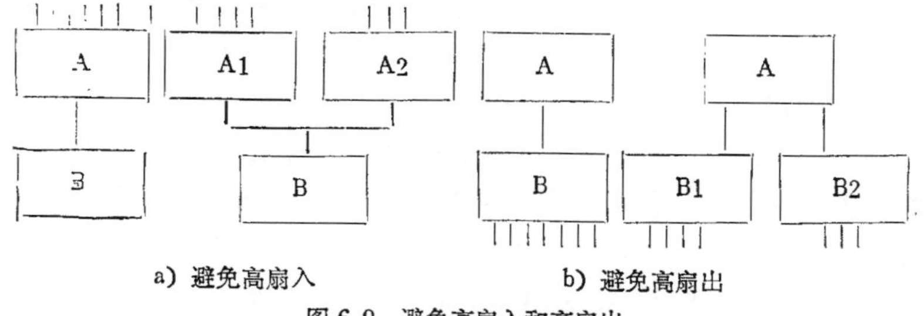

a）避免高扇入　　b）避免高扇出

图 6.9　避免高扇入和高扇出

扇入或高扇出的模块不表现为多功能，则应该允许其存在。

3．使一个条件判断的作用范围保持在其所在模块的控制范围之内。一个模块的控制范围是指该模块及其直接和间接调用的所有模块的集合；一个判断的作用范围是指该判断所在的模块，和以各种方式受该判断影响的模块及它们控制范围内的模块。如果一个条件判断的作用范围超出其所在模块的控制范围，势必会

出现控制型参数传递到其所在模块的控制范围之外，容易引起交叉控制和失控。例如，如果图 6.10a 中模块 C 内的判断不仅影响 D，E，F，而且影响模块 B 的执行，则 B 和 C 的隐含耦合会使软件复杂化给测试和维护带来不便。改进的方法有二：一是将 C 中的判断上移至 A，如图 6.10b 所示：二是将受判断影响的模块 B 置于 C 的控制范围之内，如图 6.10c 所示。

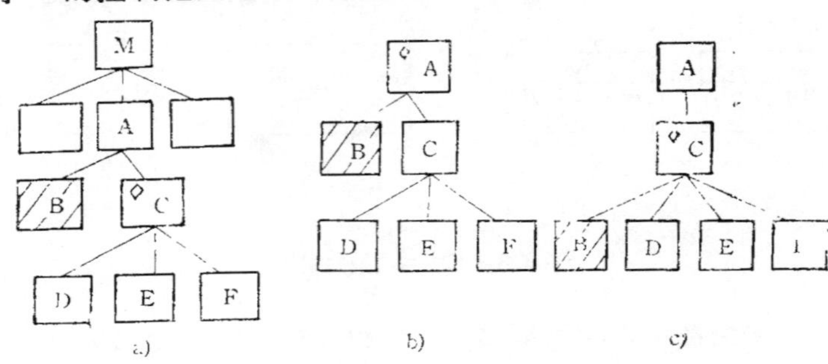

图 6.10 判断的作用范围

4．定义单入口单出口的模块。如果一个模块有多入口和多出口，则容易发生多功能和病态耦合。

5．对于数值计算方法模块应设计其最适宜的数据接口；对于复杂的数据结构和数据管理应设计专门的操作模块，使所有模块的外部接口尽可能简单。

6．关于模块规模和复杂性的建议。把软件分割成什么样规模和复杂性的模块最利于开发和维护，一直是软件工程中讨论的问题之一。从直观看，高内聚的模块倾向于小模块，但决不是越小越好。D．N．Card 等人调查了 26 个专业程序员为六个软件所编的 453 个 FORTRAN 程序模块，统计表明：出错率不直接与模块的规模相关，完整的大模块的开发成本低于小模块，因此关于模块的规模和复杂性的限制应该在保证其功能完整的前提下进行。

关于模块规模的限制在 80 年代初，人们认为 50 到150 个代码行的模块规模最合适，其主要依据是程序可以拷贝在两页打印纸上，编码工作可以在一个工作日内完成，也便于调试。但是，

D. N.Card 的统计是 250 行左右最宜。

关于模块复杂性的限制是基于 McCabe 复杂性度量提出的。McCabe复杂性度量又是以模块的程序流程图为基础进行的。以图 6.11 所示的流程图为例，每个圆圈表示一个顺序的加工串，每条带箭头的线表示控制流向，这些圆圈和控制流线将平面区域分成了若干个子域，McCabe 就是将子域的个数作为程序复杂性的度量指标。图 6.11 所示程序的复杂性 V(G) =5。统计结果表明以 V(G) ≤15 作为模块划分的限制是合适的。就一般的程序流程图而言，

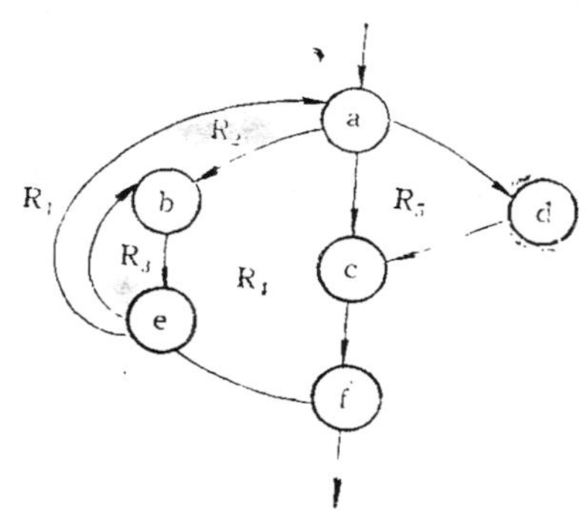

图 6.11 程序的复杂性度量

V (G) =e (边数) －n (圆圈以及控制线之间相交的交点总数) +2。

无论是关于模块的规模限制还是复杂性限制，都只是预测性的，在进行结构设计时，不可能严格遵守。

7. 控制需要优化处理的模块个数。在结构设计过程中，设计者有能力预见哪些处理步骤可能对软件的可靠性和运行效率发生较大影响，应将这些处理步骤集中在少数模块内，以便更新或修改。

8. 应建立专门的计算机环境参数生成和外部设备接口模块组，为软件移植提供方便。

§4 基于功能算法结构图的结构设计

4.1 方法要点

这一方法的要点是直接将功能与算法结构图作为软件的初始

结构的设计方法，它的成功是建立在合理的功能分解和精心的算法设计的基础上的。按照这一方法进行结构设计，设计者的第一项工作就是认真理解系统分析说明和算法设计说明。对于系统分解不合理，算法设计不深入细致或存在问题的部分，应该进行认真的系统分析和算法设计补课；然后以这样获得的算法结构图为基础，进行如下设计工作：

1．针对每个基本计算方法和算法过程，在考虑内外存容量、I/O 速度和外部设备的情况下，设计其最适宜的外部接口数据结构，完善算法模块的定义。

2．根据相关的算法模块的接口数据结构、数据量和内外存限制，设计数据管理方法，决定是采用公用数据区、文件还是数据库，进而将实施数据管理的功能分别赋予不同的模块，或设计专门的数据管理系统。

3．根据 1、2 两个设计步骤的需要，设置专门的数据结构转换模块。

经过这些工作之后，便形成了初始结构图。再按照结构设计步骤和良态结构设计准则，对结构图进行优化。

4.2 例

基于第五章 2.5 节所示的 PEFFS 软件的 FEMA 部分的功能算法结构图，形成其软件结构的过程如下：

1．根据 FEMA 的功能和算法特征，分析和设计其外部和内部接口数据的组成、类型、数据结构并估计其数据量。FEMA的输入接口主要是有限元模型的信息和数据，它们是有限元模型总信息、单元信息、约束信息、分布荷载信息、集中荷载信息以及材料特性数据、坐标数据和初应变、温升、分布荷载、集中荷载与位移约束数据；其输出接口是节点位移列阵和单元应力结果。FEMA 的中间结果主要有单元刚度矩阵，自重、初应变、温升产生的等效节点荷载，边界力产生的等效节点荷载，总刚度矩阵和总荷载列阵等。

2．FEMA 的输入、输出及中间结果中，多数数据量都比较大，不可能把它们全部安排在内存，只能根据有限元分析过程，分阶段对内存主数组或无名公用块实施动态分配，根据计算过程把所需要的数据放在内存。因此，必须把有限元模型信息和数据，主要的中间结果和输出结果放在外存文件上，才能根据需求，随时进行 I/O。即使这样，对于某些数据量大的中间结果，例如总刚度矩阵，在生成和引用过程中内存仍然放不下，还需分期分批地在内存和文件之间进行 I/O。

3．为了实现 PEFES 内部数据的统一管理，减轻各个算法模块管理数据的工作量，设计专门实施数据管理的程序模块MFED。它能根据其他模块的请求，实现对指定数据的 I/O 操作。

4．定义单元分析模块 TEA 和 QEA 的功能和接口；定义组装有限元方程组模块 AFEE、约束处理模块 RESP 和求解有限元方程组模块 SOLV 的功能和接口；最后定义三个控制模块ELAN、STRE 和 FEMA 的功能和接口。

5．编写 FEMA 部分的结构设计说明：

a）绘制模块结构图；

b）共享接口数据说明；

c）模块说明。

限于篇幅，下面节录 PEFES 结构设计说明中有关 FEMA 的一部分。

1．FEMA 的模块结构图

FEMA 部分的模块结构图如图 6.12 所示，其中 MFED为有限元数据管理模块，TEA 为三角形单元分析模块，QEA 为四边形单元分析模块，ELAN 为单元分析控制模块，AFEE 为组装有限元方程组模块，RESP 为约束处理模块，SOLV 为求解有限元方程组模块，VLDL 为变带型下半带存贮格式的 LDL 分解法标准子程序，STRE 为计算单元应力控制模块。

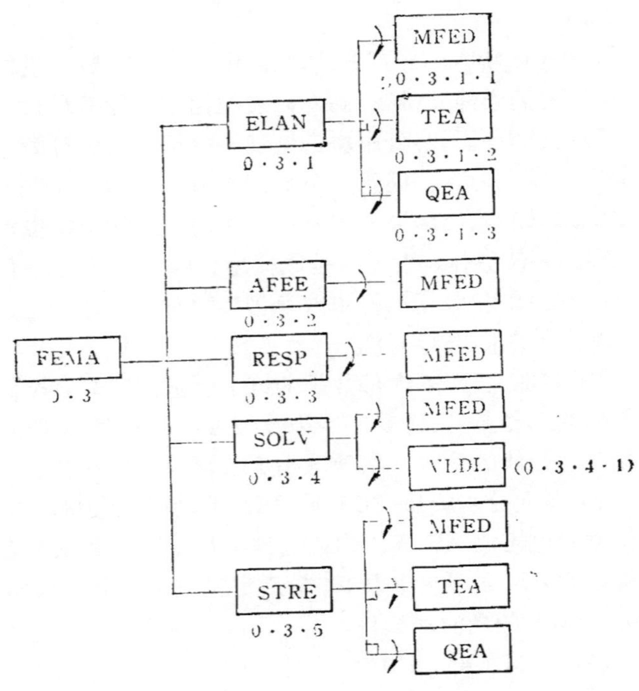

图 6.12 PEFES 软件中 FEMA 部分的软件结构图

2. 共享接口数据说明

2.1 FEDA——有限元模型信息与数据

FEDA是有限元模型生成与有限元方法分析之间的接口数据，它由一个有名公用块和11个数据集组成，包括了有限元分析过程中所需要的原始信息。由于在有限元分析过程中时常发生内存紧张，故所有数据集均放在外存文件上，需要时由 MFED 模块实现对指定数据集的一部分或全部的I/O操作。

(1) IGFE——有限元模型总信息

组成特征：由有限元模型中的总信息和标志组成的一个整型有名公用块。

数据结构：

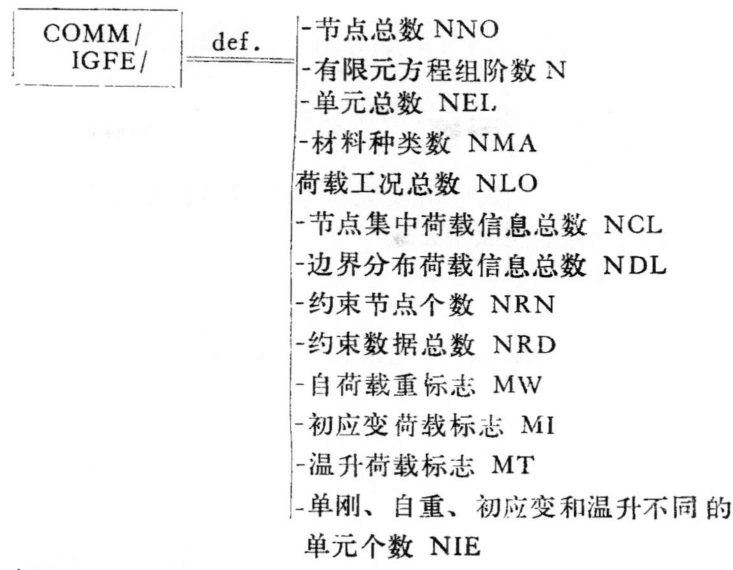

享用模块：GEFEM, MFED, ELAN, AFEE, RESP, SOLV 和 STRE。

(2) RMAD——材料特性数据集

组成特征：由材料特性数据组成的一个实型数据集。

数据结构：

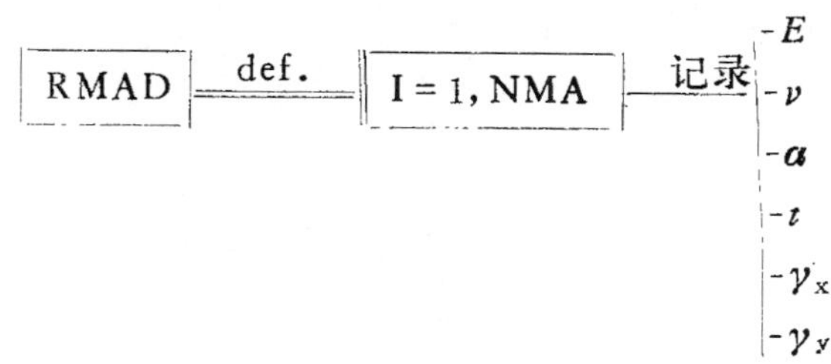

享用模块：GEFEM, ELAN, STRE。

(3) RXYD——节点坐标。

组成特征：由全部节点坐标组成的一个实型数据集

数据结构：

RXYD $\stackrel{def.}{=\!=\!=}$ I = 1, NNO —记录— [X, Y]

享用模块：GEFEM, ELAN, STRE。

(4) IETO——单元信息

组成特征：由构成单元的节点、材料特性标号及单元相同标志所组成的一个整型数据集。

数据结构：

IETO $\stackrel{def.}{=\!=\!=}$ I = 1, NEL —记录—
- 单元号
- 节点号 1
- 节点号 2
- 节点号 3
- 节点号 4 或 0
  0 表示三角形单元
- 材料特性标号
- 单刚、自重、初应变及温升均等同于单元 K (K<i)

享用模块：ELAN, AFEE, STRE, GEFEM。

(5) IRES——约束信息

组成特征：由受约束的节点号、约束标志所组成的一个整型数据集。

数据结构：

IRES $\stackrel{def.}{=\!=\!=}$ I = 1, NRN —记录— [节点号, 约束标志 M]

$$\text{约束标志}M = \begin{cases} 1 & u\text{ 约束} \\ 2 & v\text{ 约束} \\ 3 & u, v\text{ 均约束} \end{cases}$$

享用模块：RESP, GEFEM。

(6) ICLO——集中荷载信息

组成特征：由承受集中荷载的节点号及荷载工况号所组成的

一个整型数据集。

数据结构：

$$\boxed{\text{ICLO}} \overset{\text{def.}}{=\!=} \boxed{I=1,NCL} \overset{\text{记录}}{\text{——}} \begin{cases}\text{节点号}\\ \text{荷载工况号}\end{cases}$$

享用模块：AFEE, GEFEM。

(7) IEDL——分布荷载信息

组成特征：由承受边界分布荷载的单元号、受荷边界及荷载特征所组成一个整型数据集。

数据结构：

$$\boxed{\text{IEDL}} \overset{\text{def.}}{=\!=} \boxed{I=1,NDL} \overset{\text{记录}}{=\!=} \begin{cases}\text{单元号}\\ \text{节点号 1}\\ \text{节点号 2}\\ \text{荷载特征 M}\end{cases}$$

$$M=\begin{cases}1 & \text{线性分布荷载}\\ 2 & \text{非节点集中荷载}\end{cases}$$

享用模块：ELAN, AFEE, GEFEM。

(8) RIST——初应变荷载

组成特征：由所有单元的初应变所组成的一个实型数据集。

数据结构：

$$\boxed{\text{RIST}} \overset{\text{def.}}{=\!=} \boxed{I=1,NEL} \overset{\text{记录}}{=\!=} \begin{cases}\varepsilon_x^0\\ \varepsilon_y^0\\ \gamma_{xy}^0\end{cases}$$

享用模块：GEFEM, ELAN, STRE。

(9) RTEM——节点温升

组成特征：由所有节点的温升数据组成的一个实型数据集。

$$\boxed{\text{RTEM}} \underset{\text{记录}}{\overset{\text{def.}}{=\!=}} \boxed{I=1,NNO} \text{——} \boxed{\Delta T_i}$$

享用模块：GEFEM, ELAN, STRE。

(10) RNCL——节点集中荷载

组成特征：由节点集中荷载组成的一个实型数据集。

数据结构：

RNCL $\xlongequal{\text{def.}}$ I = 1, NCL —记录— $\left[\begin{matrix} F_{x_i} \\ F_{y_i} \end{matrix}\right.$

享用模块：GEFEM, AFEE。

(11) RBDL——边界分布荷载

组成特征：由边界分布荷载组成的一个实型数据集。

数据结构：

RBDL $\xlongequal{\text{def.}}$ I = 1, NDL —记录— $\left|\begin{matrix} -P_{x_1} & & X_c \\ -P_{y_1} & \text{或} & Y_c \\ -P_{x_2} & & P_{xc} \\ -P_{y_2} & & P_{yc} \end{matrix}\right.$

享用模块：GEFEM, ELAN。

(12) RRED——边界约束数据

组成特征：由边界指定位移约束所组成的一个实型数据集。

数据结构：

RRED $\xlongequal[\text{记录}]{\text{def.}}$ I = 1, NRD —— u_i

享用模块：GEFEM, RESP。

2.2 DFEM——有限元分析内部数据

DFEM 包括了有限元分析过程中形成的主要中间结果，它们的数据量都比较大，有些数据在内存不可能放下，而必须分批加工，分批进行内外存交换。因此，必须设置专门的外部数据集，它们是：

(1) RESY——单元刚度矩阵

组成特征：由依次存放的单元刚度矩阵所组成的一个实型数据集。

数据结构：

$$\boxed{\text{REST}} \overset{\text{def.}}{=\!=} \boxed{I=1,NIE} \overset{\text{记录}}{=\!=} \boxed{J=1,8} — \boxed{L=1,J} — K^{e}_{jl}$$

把每个单元的刚度矩阵作为一个纪录,下三角按行存贮。

享用模块:ELAN, AFEE。

(2) RWST——自重、初应变和温升产生的等效节点荷载

组成特征:自由重、初应变和温升产生的等效节点荷载组成的一个实型数据集。

数据结构:

$$\boxed{\text{RWST}} \overset{\text{def.}}{=\!=} \boxed{I=1,NIE} \text{记录} \boxed{J=1,8} — \boxed{L=1,3} — f$$

享用模块:ELAN, AFEE。

(3) RELO——边界分布荷载的等效节点荷载数据

组成特征:由等效于边界分布荷载的节点荷载数据所组成的一个实型数据集。

数据结构:

$$\boxed{\text{RELO}} =\!= \boxed{I=1,NDL} \text{记录} \begin{cases} -F_{x1} \\ -F_{y1} \\ -F_{x2} \\ -F_{y2} \end{cases}$$

享用模块:ELAN, AFEE。

(4) INFO——总刚矩阵存贮格式

组成特征:由总刚矩阵存贮格式(具体约定请参看第五章2.5节)所组成的一个整型数据集。

数据结构:

$$\boxed{\text{INFO}} \underset{\text{记录}}{\overset{\text{def.}}{=\!=}} \boxed{I=1,N} — IAII$$

享用模块:AFEE, RESP, SOLV。

(5) RSTI——总刚度矩阵

组成特征:由总刚度矩阵数据组成的一个实型数据集,记录

长度为100，总长度为INFO(N)。

数据结构：

| RSTI | $\underline{\underline{\text{def.}}}$ | I=1, INFO(N) | —— | a_{ij} 在RSTI数据集中的序号 |

享用模块：AFEE, RESP, SOLV。

(6) RLOA——总荷载列阵

组成特征：由总荷载列阵数据组成的一个实型数据集。

数据结构：

| RLOA | $\underline{\underline{\text{def.}}}$ | I=1, NLO | 记录 | J=1, N | —— | b_{ji} |

享用模块：AFEE, RESP, SOLV。

2.3 GUSD——有限元方法分析输出数据

GUSD包括了有限元方法分析结果的两个主要数据集，它们是：

(1) RUVD——节点位移列阵

组成特征：由求解有限元方程组所获得的节点位移列阵组成的实型数据集。

数据结构：与总荷载列阵完全相同

| RUVD | $\underline{\underline{\text{def.}}}$ | I=1, NLO | 记录 | J=1, N | —— | u_{ji} |

享用模块：SOLV, STRE, OPRO。

(2) RESR——单元应力结果

组成特征：由计算单元应力和主应力模块生成的单元上的应力和主应力组成，是一个实型数据集。

数据结构：

| RESR | $\underline{\underline{\text{def.}}}$ | I=1, NLO | —— | J=1, NEL | 记录 | $-\sigma_x$
$-\sigma_y$
$-\tau_{xy}$
$-\sigma_1$
$-\sigma_2$
$-\varphi$ |

享用模块：STRE, CHECK, OPRO。

3．模块说明

（限于篇幅，下面仅给出四个模块说明）

0.3.1.1，MFED——有限元数据管理模块

功能：它负责 PEFES 运行过程中的中间结果与文件之间的 I/O 工作，能够按上级模块的请求，对指定了数据集名称、起始记录和记录个数的数据，实现内存工作数组与文件之间的 I/O 操作。

接口：

上级模块——INPRO, GEFEM, ELAN, AFEE, RESP, SOLV STRE, CHECK等。

形参名	类型	作用	结构	数量
SET	C	数据集名	变量	1
ID	I	起始记录	变量	1
NR	I	交换记录个数	变量	1
WS	D	内存工作区	变量	1
MFLAG	I	运行状态	变量	1
IFLAG	I	交换特征	变量	1

其中

MFLAG = {
1 要求读的数据集尚未建立
2 超过了数据集的容量
3 要求读的数量超出了 WS 的容量

IFLAG = {
1 建立新数据集
2 对已建立的数据集进行更新和扩充
3 读指定数据集中的数据
4 清除指定的数据集

算法：由设计者自定。目标是有效地管理外存文件和 PEFES 运行过程中所生成的中间结果数据集，支持 PEFES 运行中的内存动态分配，以克服内存容量不足的限制，并努力提高交换速度。为此，建议开辟一个有名公用块，专门存放受本模块管理的数据集的基本特征和状态。其数据结构为：

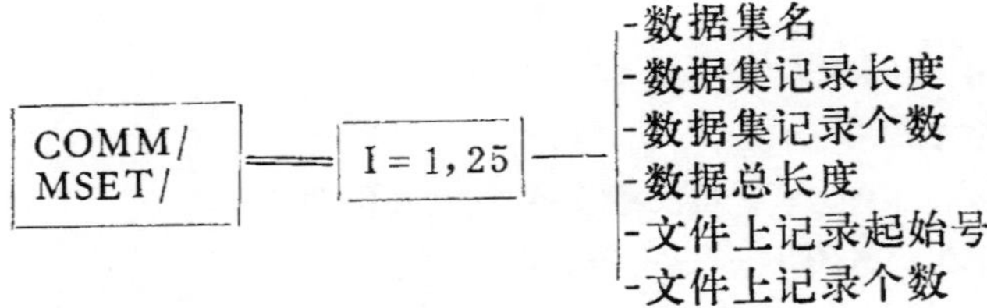

设计要求：内部工作单元不得超过200。

0.3.1.2，TEA——三角形单元分析模块

功能：根据上级模块的计算标志的要求，实现如下子功能：

(1) 计算单元刚度矩阵；

(2) 计算自重产生的等效节点荷载；

(3) 计算边界上的非节点集中力和分布力产生的等效节点荷载；

(4) 计算由温升产生的等效节点荷载；

(5) 计算由初应变产生的等效节点荷载；

(6) 计算由节点位移产生的单元应力和主应力。

接口：上级模块——ELAN, STRE。

参数名	类型	作用	结构	数量
IFLAG	整型	计算标志		1
XY	实型	坐标值	数组	6
DM	实型	材料数据	数组	6
NB	整型	有边界分布力的节点号	数组	3
TP	实型	$\triangle T_i$ 或 P_{bi} 或初应变 ε^0	数组	6
SK	实型	单刚、等效节点荷载或应力	数组	21

$$
IFLAG=\begin{cases}1 & \text{计算单元}\\ 2 & \text{计算自重荷载}\\ 3 & \text{计算温升荷载}\\ 4 & \text{计算初应变荷载}\\ 5 & \text{计算边界力荷载}\\ 6 & \text{计算应力}\\ 999 & \text{坐标有错误}\end{cases}
$$

算法：见第五章2.5节

设计要求：a）内部工作单元≤30

b）双精度计算

c）应该对节点坐标进行检查。三节点按逆时针旋转法则排序，判断面积是否为负或接近于零，若是则坐标值有错，应该终止计算，使IFLAG=999返回上级模块；否则，进行正常计算，然后正常返回。

0.3.2，AFEE——组装有限元方程组模块

功能：根据单元信息、荷载信息和单元分析结果组装有限元方程组的总刚矩阵和荷载列阵。

接口：上级模块——FEMA；

下级模块——MFED；

引用的数据集——IETO，ICLO，IEDL，RNCL，REST，RWST，RELO，IGFE；

生成的数据集——INFO，RSTI，RLOA。

算法：见第五章2.5节。

设计要求：a）双精度；

b）应该尽可能减少I/O次数。

0.3.4，SOLV——求解有限元方程组模块

功能：使用LDL^T分解法，求解具有多列荷载列阵的有限元方程组，得到节点位移列阵。

接口：上级模块——FEMA；

下阶模块——MFED，VLDL；

引用的数据集——IGFE，INFO，RSTI，RLOA；

生成的数据集——RUVD。

算法：①本模块直接调用变带型下半带存贮格式的LDL分解法标准算法子程序VLDL（N，M，ID，KA，KB，IA，A，B），详见本书第七章5.2节之例，其算法已在本书第五章2.5节给出。

②根据计算机的存贮空间、方程阶数N，RSTI和RLOA数据集的规模，动态分配内存空间，组织调用VLDL完成求解过程。

设计要求：①双精度；

②尽量减少 I/O 次数。

---

§5　基于数据流图的结构设计

这是一种系统地映射 DFD 图为初始结构的设计方法。鉴于 DFD 图的不同形态，存在两种具体的映射技术。

5.1　DFD 图分类

根据 DFD 图中数据流和加工的构造形态，可以把它们分成两类——变换型和事务基元中心型。

1．变换型 DFD 图

如果一张 DFD 图，具有较明显的输入、变换和输出界限，则称之为变换型 DFD 图，如图 6.13 所示。在这样的 DFD 图上，数据从物理输入端开始，一步一步向软件内移动，一直到某个数据流不能被看作是软件的输入时为止，则这个数据流前面的一个数据流称之为软件的逻辑输入。因此，逻辑输入是距离物理输入端最远且仍被看作为输入的那个数据流。与之相对应地；逻辑输出是指离物理输出端最远且仍被看作为软件输出的那个数据流。

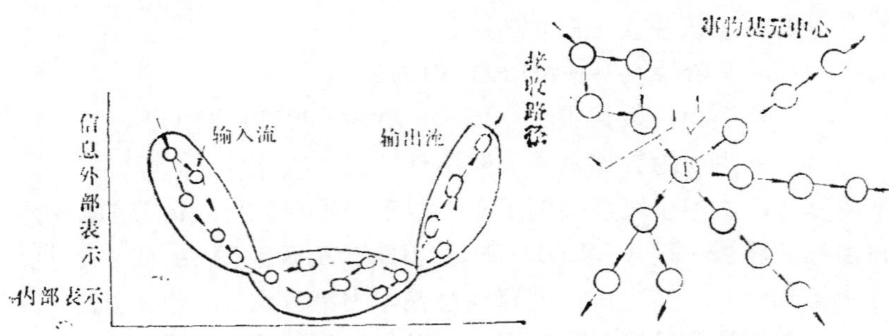

图 6.13　变换型 DFD 图　　　　图 6.14　事务基元中心型 DFD 图

处于逻辑输入和逻辑输出之间的部分称为软件的主加工部分，即变换中心。

2．事务基元中心型DFD图

软件的DFD模型含有事务基元中心，其形态如图6.14所示。事务基元流是由沿着将外部信息转换成一个个事务基元的接收路径而移动的数据来刻划的，事务基元中心对事务基元进行计算，然后根据计算值，向多个可能路径之一发送数据流。

5.2 变换型DFD图到软件结构

这是一种基于变换型DFD图的结构设计技术，基本步骤如下：

1．复查软件的DFD图，认真理解DFD图的输入、输出、加工及有关的数据流，看其是否有遗漏或分解不合理之处，必要时进行修改和精化。

2．确认DFD图是否为变换型。一般说来，软件内部的数据流图总可以表示成变换型的。因此，当DFD图存在明显的事务基元中心时，则应使用下一节的技术进行事务基元中心型的结构映射技术。当确认是变换型时，应该挑选一个贯穿整个软件的数据流线，称之为主数据流线，并识别逻辑输入和逻辑输出，从而将DFD图分成明显的三段。值得注意，逻辑输入和逻辑输出的识

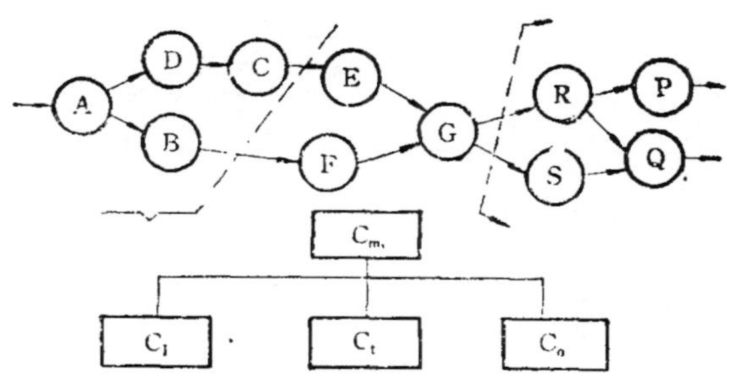

图6.15 变换型DFD映射成初始结构（上层）

别有相当大的自由度，不同的设计者可以对同一个 DFD 图划定不同的输入流、变换中心和输出流，因此获得稍有区别的初始结构图。例如，对于图 6.15 的 DFD 图，应该确认它是变换型的 DFD 图，贯穿全程的数据流线可以选为→A→D→C→E→G→R→P→，其输入流、变换中心和输出流的分界限如图所示。注意，针对选定的主数据流线，其它加工和数据流可以就近划定之。

3．基于对 DFD 图的识别和对输入流、变换中心和输出流的划分，映射 DFD 图形成软件的上层结构。首先，应设置整个软件的系统控制模块 C_m，进而设置输入控制模块 C_I，由它协调所有输入数据的接收和预加工，向变换中心部分提供数据；设置承担变换中心部分主加工控制的模块 C_t，它负责内部数据加工，把输入数据变换成可供输出的数据；设置输出控制模块 C_O，它负责输出的加工和实现输出。根据软件的复杂性，可以增设多个承担输入、变换和输出的控制模块。

4．根据 DFD 图及算法设计成果，即对每个基本加工选定或构造的计算方法和算法过程，逐步分解模块的控制范围，设计中层控制模块和下层基本加工模块，形成软件的初始结构图。针对

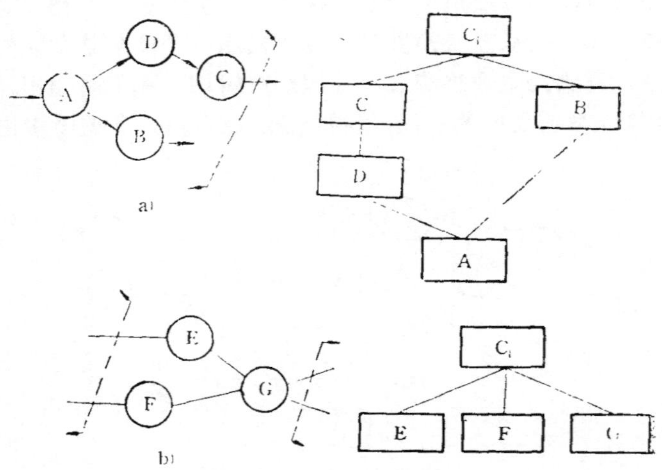

图 6.16 由 DFD 到初始结构（中、下层）

图 6.15 所示的输入流和变换中心，从 DFD 图到初始结构的映射过程如图 6.16 所示。对于较上层次应适当设置控制模块，对于较下层次应将一个基本加工直接映射成一个加工模块。例如，C 控制四个下层加工模块，C 和 B 离输入端最远，应靠近 C_i，B 和 D 又可以直接调用 A，从 A 获得进行加工的信息，故映射成图 6.16a 所示形式。实际的由 DFD 图到初始结构的映射，应该建立在设计者对 DFD 图的深刻理解的基础上。

5．进行与操作方式和支持性硬、软件接口以及与自诊断功能有关的设计。

6．按照良态结构设计准则，对模块进行合并、分解、修改和调整，改进结构图。

7．编写结构图及其说明。

5.3 事务基元中心型 DFD 图到软件结构

1．基本步骤与 5.2 完全相似，只是 2，3 步不同。图 6.17 的例子显示了这一映射技术。不同的 2，3 两步工作如下：

2．确认 DFD 图是否是事务基元中心型的。只要在DFD 图中存在明显的事务基元中心，即存在一个发射多条信息路径的起点，就应按如下过程映射它到初始结构。此时，应首先明确事务基元

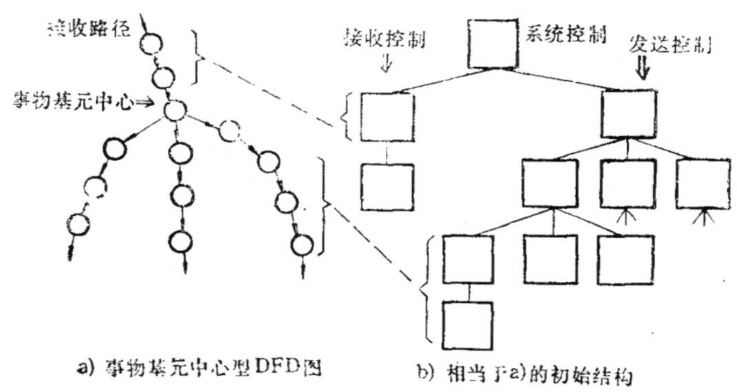

a) 事物基元中心型DFD图　　b) 相当于a)的初始结构

图 6.17 事务基元中心型 DFD图到软件结构

的接收路径和发送中心。如图 6.17 a 所示。

3. 事务基元中心型的 DFD 图映射成一个含有接收分支和发送分支的初始结构，因此其上层模块结构是明显的，含有一个系统控制模块，一个接收控制模块，一个发送控制模块。就每个分支而言，它又可以表现为变换型的或事务基元中心型的，应该一步步进行求精分解。

对于一个稍大和稍微复杂一点儿的软件项目，其系统分解图式往往是功能分解和数据流分解的结合形式。就数据流分解部分而言，往往一部分是变换型的，另一部分是事务基元中心型的，因此设计者应该基于自己对系统分解图式的理解，有效地把不同的结构设计方法结合起来，以便形成最合理的软件结构。

§6 总体设计评审

结构设计完工意味着总体设计任务已经全部完成，为了确保软件质量，应该进行软件总体设计评审。

总体设计评审是软件研制过程中的一个里程碑，它意味着软件的总体品质、特征和系统结构已经全部确定。总体设计评审的目的是尽早揭露软件设计中产生的或前面遗留下来的错误或缺陷。一些软件公司的调查表明，在整个软件开发过程中新引入的错误和缺陷有 50～65% 是在软件设计中产生的。有效的设计评审可以较早地揭露这些错误的 80%以上。典型例子表明，在设计评审中纠正一个错误，与在测试阶段纠正一个错误，和在运行维护中纠正一个错误，所需费用比是 1:15:67。因此，尽管设计评审要消耗工时和费用，但是，“究竟是现在少支付点儿？还是将来多花点儿?”，这是软件项目管理者应该权衡的。

总体设计评审应该由项目管理机构和质量保证单位邀请有经验的专家、高级程序员和用户代表组成专门小组来完成。评审前应将设计方案和文档交给评审者，并要求评审者写出书面评审意见，然后再进行会审。评审者的责任是评审设计方案的合理程度及文档的完备性，不是评审设计者，更不是自己发表独创性见解。评审者指出的错误或提出的问题，也不能要求当场解决。一般说来，评审的内容包括如下方面：

1．完整性，即软件设计是否完整地实现了需求分析说明中规定的软件功能、性能和对外接口的要求，全部设计成果是否都是可追踪的。

2．可行性，即设计方案中所涉及的支持技术是否成熟，是否超出技术限制。

3．正确性，即是否能证明设计的输入和输出之间的关系是正确的。

4．算法设计是否是在多方案比较中优选出来的，选择的依据是什么。

5．一致性，即在设计的各部分之间是否存在冲突。

6．接口的严密性，即软件的外部和内部接口是否都给出了完善和严密的定义。

第七章　细部设计

§1　引　　言

细部设计实质上是模块设计，它的任务是在算法设计和结构设计的基础上，针对每个模块设计实现指定功能、算法和外部接口要求的内部数据结构和程序逻辑结构，并且编写模块设计说明，为下一步的编程奠定基础。本章就是讲述细部设计的方法和技术。

在结构设计阶段，软件开发者把主要精力集中在系统结构上，即模块划分、数据组织、块间联系以及如何组装成软件，以形成一个实现了需求定义的软件结构。因此，结构设计只是确定了软件的总体结构，定义了模块的整体功能、外部接口、支配性算法以及模块间的隶属关系，并没有确定每个模块的程序过程；而细部设计则是针对一个个模块，进行详细的算法过程设计，内部数据结构设计，程序逻辑结构设计等。

指导细部设计的思想是结构化程序设计，它是建立在Boehm，Jacopini证明的数学定理的基础上，即任何复杂的程序逻辑都可以用图7.1所示的顺序、选择、循环三种基本结构的嵌套关系表示出来。为了提高表现程序逻辑的灵活性并保持结构化特征，在关于程序构造的国际标准（ISO／TC，97／SC7，DP8631）里，扩充了图7.2所示的三种控制结构。

值得指出，无条件转移的GO TO结构不是结构化程序设计的基本结构，应该竭力避免使用它。为了保证程序的结构特征，曾有人主张取消GO TO结构，但后来发现在严格限制下使用GO TO，可以使程序更为清晰，并减少程序段冗余。作者建议在如下两种情况下，可以使用GO TO结构。

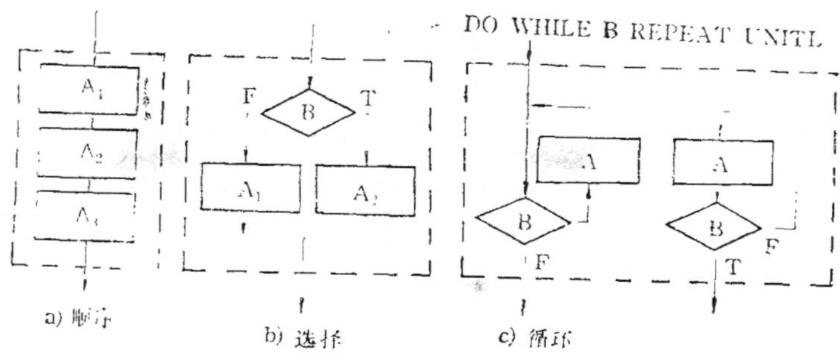

图 7.1　三种基本控制结构

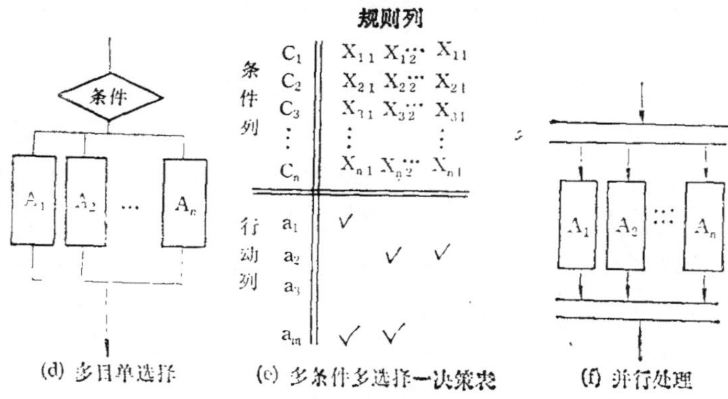

图 7.2　国际标准的扩充控制结构

· 用一种非结构化程序设计语言，例如 FORTRAN, 实现某种基本控制结构时；

· 不用 GO TO 会使程序功能模糊或较长的程序段重复出现时。

在保持结构化特征的情况下，可以保证每个程序模块只有一个入口和一个出口。结构化程序设计可以使不同程序员的软件产品风格一致，易于理解，易于调试和维护，并可以有效地使用自顶向下逐步求精的设计技术。

思考和设计一个模块内部程序结构的主要方法有

· 功能分解法：

· 数据流分解法；

· 基于数据结构的 Jackson 方法；

· 基于算法过程的设计方法。

前两个方法已在第二章详细叙述过，同样的思想方法可以用于模块内部的程序构造；Jackson 设计方法是一个既可以用于较小系统的总体设计又可以用于一个模块内部程序构造的方法，对于科学工程应用软件开发而言，它更多地适用于模块细部设计，因此我们把它放在本章§2里详述；对于以实现特定计算方法为主的模块，使用前三种方法进行程序逻辑设计都是不便的，而应该首先对计算方法进行程序设计性整理，以形成最少冗余的简练的算法过程，模块内部的程序构造应该以这种算法过程为基础进行，在本章§4里我们将讨论算法过程设计的有关技术。

细部设计的目标是要对每个模块给出可以直接进行编程的程序逻辑结构，因此以什么技术来精细、严格和规范化地表现程序逻辑结构就成为细部设计方法论的主要论题之一。目前流行的表现程序逻辑结构的主要技术是图示技术、语言技术和表格技术。在流行的表格技术中仅有实现多条件和多目标选择的决策表，没有构成描述复杂程序逻辑结构的完备体系。鉴于它已在第五章§4被叙述过，故在本章§3里我们仅给出部分图示和语言技术的规范化形式。

细部设计的成果是模块设计说明书，是对模块功能、外部接口、算法过程、内部数据结构、程序逻辑结构及编程要求的详细描述，是编程、模块调试和验收的依据。因此，设计者应该按软件开发规范要求认真编写模块设计说明。为了显示模块设计细节，我们在§5里给出了一个例子。

一般而言，对于一个新研制的软件项目，并非所有的程序模块都要从头开发。事实上，对于一个有经验的科学和工程软件设计者来说，可能有三分之二的程序模块或者比较简单，或者取之于现有的软件资源，对于它们不需要细部设计和编写模块设计说明。因此，对于一个新研制的软件，仅有30%左右的模块必须进行细部设计并写出模块设计说明。正是这些模块表现了新软件的创造性或复杂性，它们在未来软件里起着关键作用。

§2 Jackson 方法

本节我们将简要介绍基于输入和输出数据结构的 Jackson 设计方法。该方法不同于功能分解和数据流分解的设计方法，它并不强求自顶向下和逐步求精，也不是先建立模块化的软件结构，然后针对每个模块进行细部设计，而是一下子生成软件的过程描述。它不明显形成软件结构，模块及其关系只是设计过程的副产品，因此它对模块的独立性考察，没有给予足够的重视，这正是作者把它安排在本章叙述的根本原因。

Jackson 方法包括两个密切相关的方法形态：JSP（Jackson Structured Programming）和 JSD (Jackson System Development)。JSP 是 1972 年到 1974 年由英国学者 Michael Jackson 提出，现已应用得相当普遍。特别是在西欧，不少有影响的软件开发组织都在使用它。JSD 是 1978 年到 1981 年由 Michael Jackson 和 J. R. Cameron 提出，一些商业机构成功地使用这一方法开发了他们的系统，它的基本框架也已定型。因此，对于企事业管理和商业软件来说，Jackson 方法是一种既可以用于系统设计又可以用于细部过程设计的方法。

由于 Jackson 方法是自成体系的，为了保持其体系，故本节采用了不同于本书其他部分的符号和图式。

2.1 JSP 方法

1．系统网络图（SND）

Jackson 方法在设计一开始，总要先绘制系统的网络图 (System Network Diagram)，指出输入输出数据与处理之间的关系。SND 的基本图式如图 7.3所示。其中圆圈表示一个连续的

数据流，矩形框表示一个处理模块。数据流可以是通过终端输入或

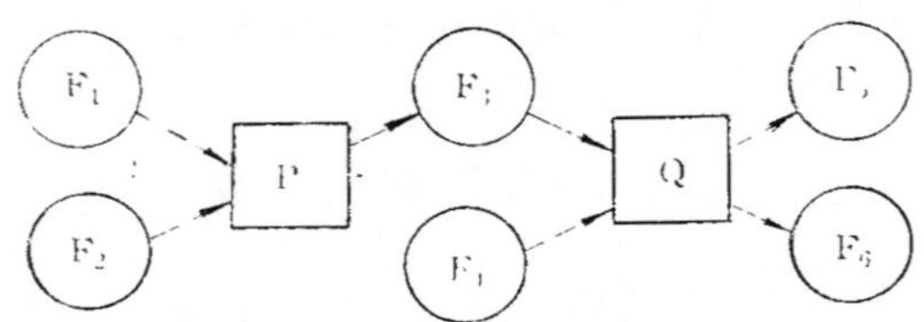

图 7.3　系统的网络图示意

输出的数据，文件，数据库上的记录或字段，或子程序序列。

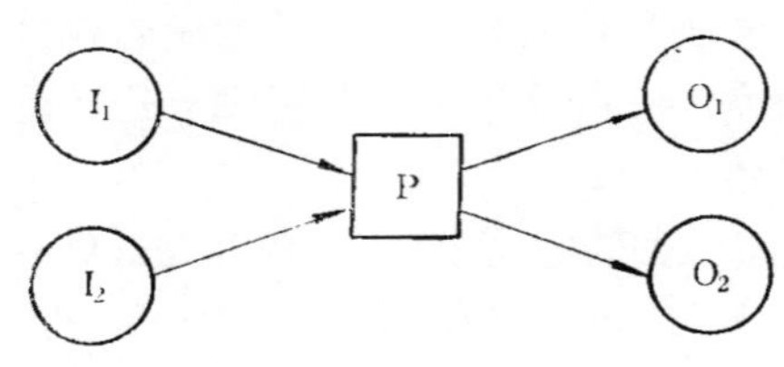

图 7.4　一个程序模块的网络图

对于一个模块的细部设计来说，其网络图只包含一个处理，如图 7.4 所示。

2．数据结构表示

Jackson 方法采用图 7.5 所示的基本图式来表现数据结构，由顺序、循环和选择三种图式组成。

3．JSP 方法的设计步骤

JSP 方法一般采用如下步骤来进行设计：

(1) 根据输入、输出和处理之间的关系绘出系统的网络图。

(2) 运用图 7.5 所示的基本图式及其嵌套形式表现输入、输出的数据结构，并确认输入、输出数据之间的对应关系。

(3) 根据输入与输出数据的数据结构及其对应关系生成程序结构图。

(4) 用某种程序设计语言列出一个合适的可执行的操作表，逐一分配到程序结构的适当位置。如果这一步骤遇到困难，则说明设计的程序结构欠合理。

(5) 把图示转成正文，并给循环、选择部分加上条件判断。

前三步是建立程序结构，限定仅用顺序、循环、选择三种结构；后两步完成程序设计并检查程序设计是否合理。

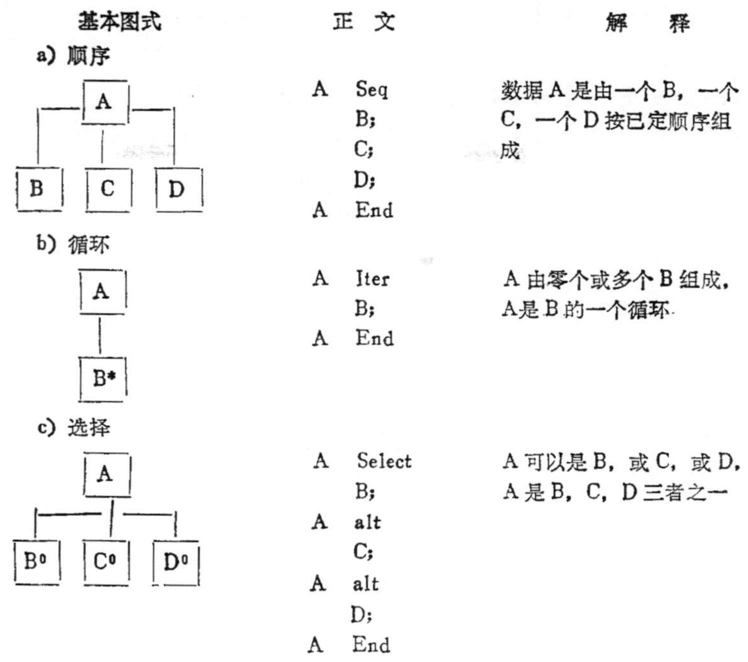

图 7.5 JSP 方法表现数据结构的基本图式

2.2 应用之例

本节我们通过两个例子来说明使用 JSP 方法进行程序设计的步骤。第一个例子是一个库存管理软件。由于比较简单，故我们直接用 JSP 方法进行细部设计。第二个例子是关于数值计算软件的，用 JSP 方法设计 Simpson 积分的算法模块。这个例子既说明了 JSP 方法对数值算法模块细部设计的可行性，也说明了对于数值算法程序设计的不实用性。

例 1　库存管理软件

一个工厂的仓库里存放着很多零件，每一次零件收发都用一张卡片记录下来，每张卡片上都记录着零件编号、收发标志（*I* 表示发，*R* 表示收）、数量等。所有卡片组成一个数据集合，按零件编号的递增顺序存进一个叫做 INF 的文件里。现在要设计一个软件，它能打印库存变化的汇总报表，表中的每一行列出某种零件的净变化量。为简单起见，假定汇总报表取图 7.6 所示格式。这个软件的系统网络图及输入-输出数据结构如图 7.7 所示。

库存变化汇总报表

零件编号	净变化量
A 1736	—450
A 1932	35
⋮	⋮
Y 4640	1845

图 7.6　库存变化汇总报表格式

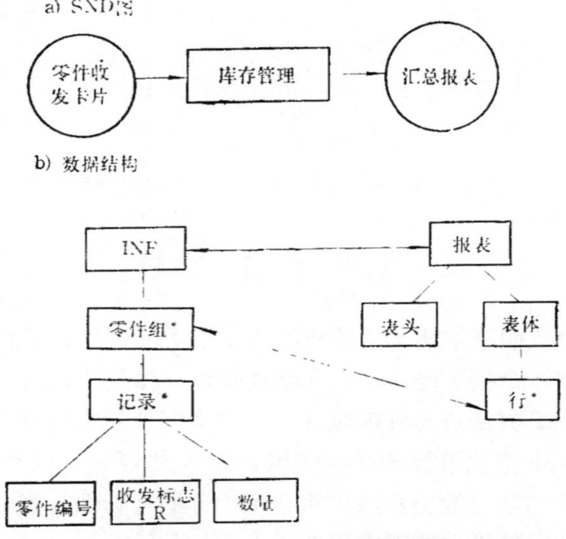

图 7.7　库存管理软件的 SND 图和输入-输出数据结构

这个软件输入-输出的数据结构是对应的。由于输入文件已经按零件编号排序，汇总报表中的一行对应于输入文件的一个零件组，即“零件的种类数”与“行数”相同，且排列次序一致。

输入-输出之间的对应关系已在图 7.7b 中以箭头标出。

找出了输入-输出数据结构之间的对应关系，便容易导出处

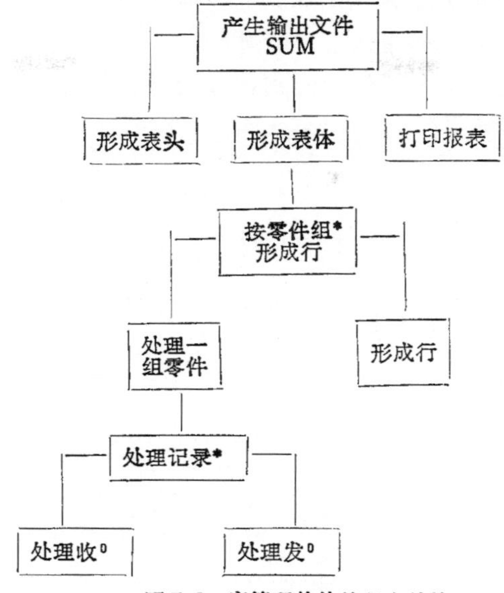

图 7.8　库管理软件的程序结构

理它们的程序结构了。库存管理软件的程序结构如图 7.8 所示。相应的操作表如下：

1. 打开输出文件 SUM；
2. 关闭输出文件；
3. 打印表头；
4. 打印报表的一行；
5. 把“库存变化汇总报表”置于表头上方

(假设局部变量 P 存放零件编号，Q 存放净变化量)；

6. 把 P 写入报表行中“零件编号”栏下；
7. 把 Q 写入报表行中“净变化量”栏下；
8. 把读出的那个记录的“零件编号” $\Longrightarrow P$；
9. $Q=0$；
10. 若“收发标志” $=R$，则 $Q=Q+$变化量；

11. 若“收发标志”$=I$，则 $Q=Q-$变化量；

12. 打开输入文件 INF；

13. 关闭输入文件 INF；

14. 读 INF 的一个记录。

最后，把上述每个操作分配到程序的适当位置，形成的程序结构如图 7.9 所示。

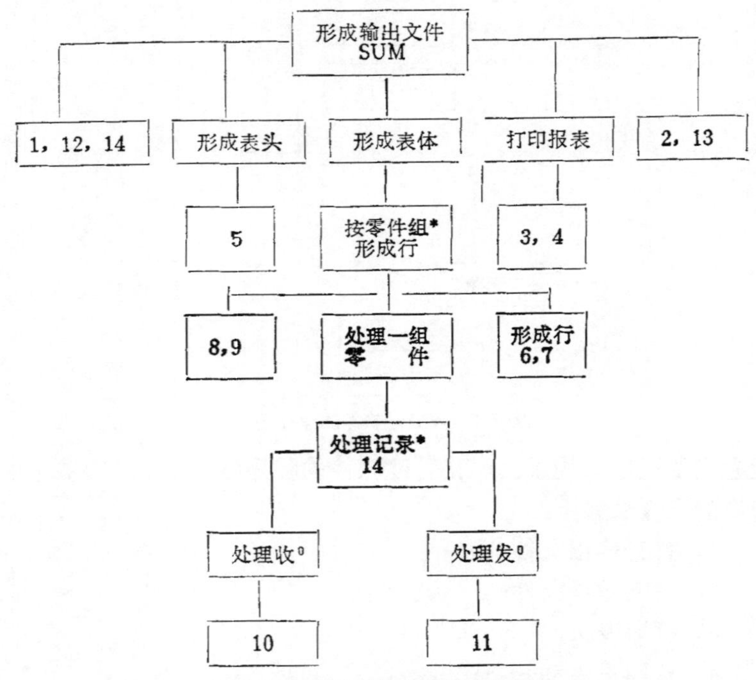

图 7.9 库存管理软件的操作分配

用 JSP 方法设计事务处理软件时，程序结构所依据的数据结构通常是相当清楚的。然而，当把它用于设计数值计算软件时，情况就不同了，寻找数据流和设计数据结构成为设计过程中最困难的步骤。下面的例子说明了这一点。

例 2 设计用 Simpson 公式计算定积分的程序模块

计算定积分

$$I=\int_a^b f(x)\,dx$$

的 Simpson 公式可以在一般的数值分析教程中找到。设 I_n 是用 Simpson 公式计算 I 的近似值。当 $h=\frac{b-a}{2}$时

$$I_1=\frac{h}{3}[f(a)+4f(a+h)+f(b)], \tag{7.1}$$

它表示过 $(a, f(a))$，$(a+h, f(a+h))$ 和 $(b, f(b))$ 作二次函数逼近于 $f(x)$，然后求二次函数的定积分而得到的近似值。如果将公式（7.1）分别用于 $[a, a+h]$与$[a+h, b]$ 两个区间，并将得到的结果相加，就会得到比 I_1更加精确的近似值

$$I_2=\frac{h_1}{3}[f(a)+4f(a+h_1)+2f(a+2h_1)+4f(a+3h_1)+f(b)],$$

其中$h_1=\frac{h}{2}$。逐步加密下去，计算更精确的近似值所用到的 $f(x)$ 的系数如表 7.1 所示。我们要编写的程序模块的输入是 a，b 和 ε，调用的是计算函数 $f(x)$ 值的子程序。程序应当逐次计算 I 的近似值 I_n，直到相邻两次近似值满足$|I_n-I_{n-1}|<\varepsilon$ 时为止。然后，打印出一行结果，其中包括 a，b, ε, 和 I^* $(=I_n)$。模块的网络图为

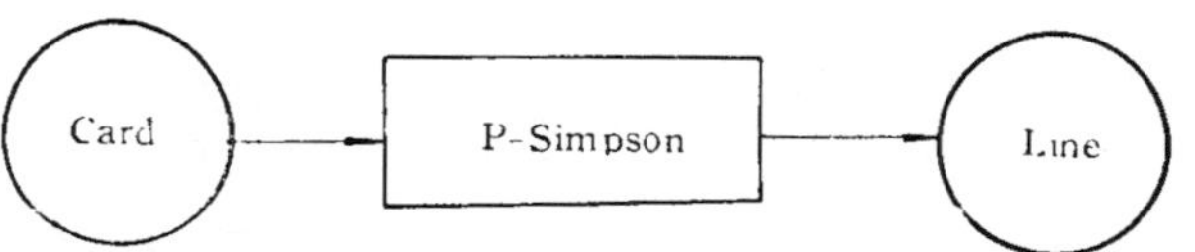

表 7.1 Simpson 积分公式系数表

离散点 / 系数 / 近似值	a	$a+\frac{h}{4}$	$a+\frac{h}{2}$	$a+\frac{3}{4}h$	$a+h$	$a+\frac{5}{4}h$	$a+\frac{6}{4}h$	$a+\frac{7}{4}h$,	b
I_1	1				4				1
I_2	1		4		2		4		1
I_3	1	4	2	4	2	4	2	4	1
I_4	1 4	2 4	2 4	2 4	2 4	2 4	2 4	2 4	1
⋮									

由表 7.1 可以看出，函数 $f(x)$ 在每个离散点上的值要乘的系数是 1，或 2，或 4，并有如下规律：

- 系数为 1 的离散点保持不变；
- 系数为 2 的离散点原先的系数是 2 或 4；
- 系数为 4 的离散点总是新增加的点。

因此，我们可以集中考虑系数为 4 的那些函数值，把它们做成一个文件 MUT4。于是模块网络图可以修改为

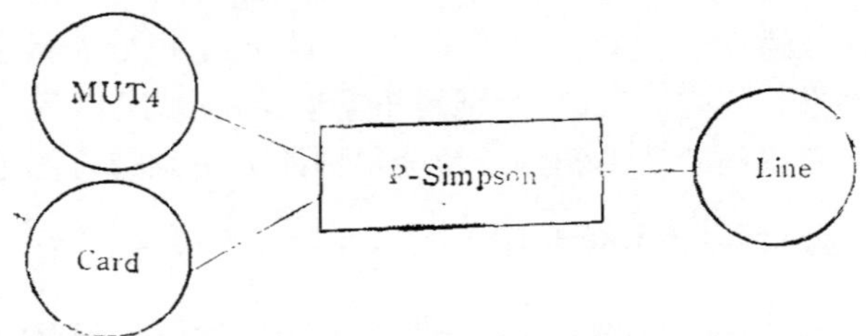

MUT4 文件的数据结构如图 7.10a 所示，P-Simpson 模块的程序结构如图 7.10b 所示。

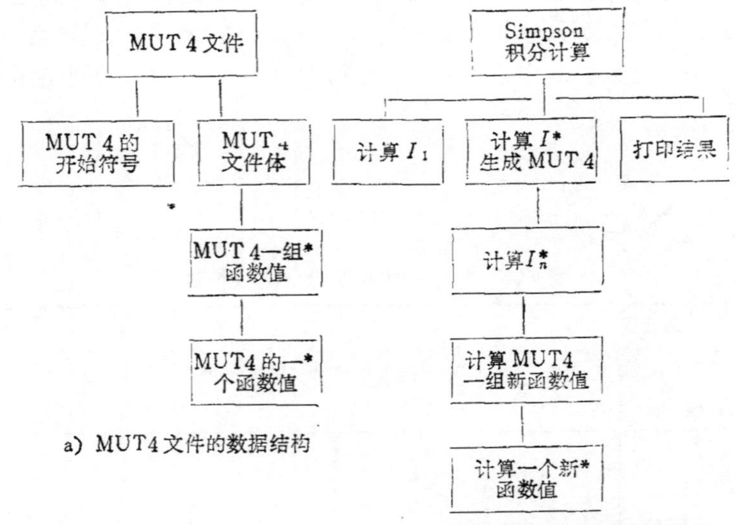

图 7.10　Simpson 程序模块的数据与程序结构

令 T_1，T_2，T_4 分别表示系数为 1，2，4 的函数值之和，n 表示积分近似值的编号，h 为区间等分的步长，$h=(b-a)/2^n$，x 为形参，由前面对算法的分析，我们得到如下的基本操作表：

1 $x=a+h$；

2 $x=a+2h$；

3 $n=1$；

4 $n=n+1$；

5 $T_1=f(a)+f(b)$；

6 $h=(b-a)/2$；

7 $h=h/2$；

8 $T_4=0$；

9 $T_4=T_4+f(x)$；

10 $I^*=\frac{h}{3}(T_1+2*T_2+4*T_4)$；

11 $T_2=0$；

12 $T_2=T_2+T_4$；

13 读入 a，b，ε；

14 打印 a，b，ε，I_n；

15 $I_0^*=I^*$；

16 打开输入设备 Card；

17 关闭输入设备 Card；

18 打开输出设备 Line；

19 关闭输出设备 Line；

20 $I_0^*=0$。

把以上的操作分配到程序结构的适当位置，便得到详细的程序结构，见图 7.11。对于一个具体的程序模块来说，细部设计任务到此已经完成。为了使读者对 JSP 方法的全过程有一个完整的了解，下面我们给出 Simpson 积分模块的程序编码：

PSIMP Seq（图见下页）

    Open Card; Open Line; Read Card;

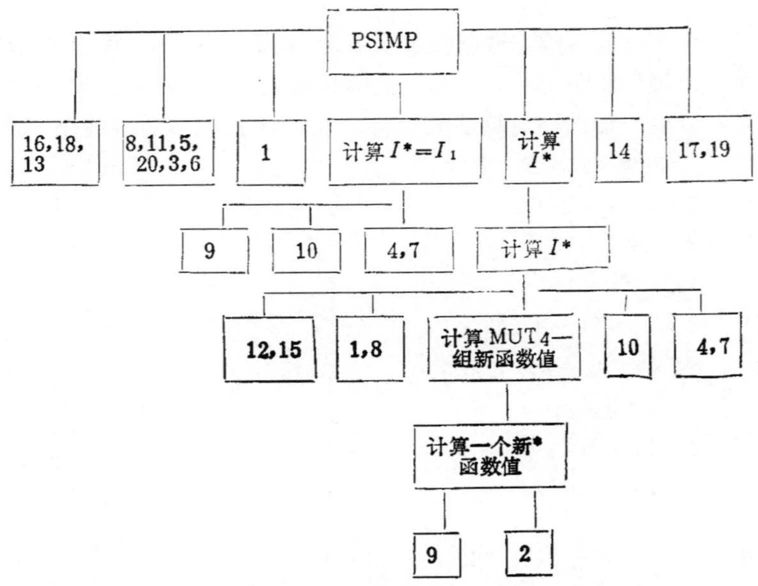

图 7.11 Simpson 积分计算模块的详细程序结构

$T4:=0$; $T2:=0$; $T1:=f(a)+f(b)$;

$I_0^*=0$; $n:=1$; $h:=(b-a)/2$; $x:=a+h$;

C-I_1 Seq

$T4:=T4+f(x)$;

$I^*:=h*(T1+2*T2+4*T4)/3$;

$n:=n+1$;

$h:=h/2$;

C-I_1 End

C-I^* itr While ($(n<2)$ | $(n\geq 2\&\text{abs}(I^*-I_0^*)/I^*<\varepsilon)$)

C-I_n Seq

$T2:=T2+T4$;

$I_0^*:=I^*$;

$x:=a+h$; $T4:=0$;

```
C-MUT4 GROUP itr While (x<b)
        C-T4    Seq
                T4: =T4+f(x);
                x: =x+2h;
        C-T4    End
C-MUT  4GROUP  End
    I*: =h* (T1+2*T2+4*T4) /3;
    n: =n+1; h=h/2;
C-In End
C-I* End
    Write a, b, ε, I*; Close Card;
    Close Line;
PSIMP End
```

其中 Seq 表示顺序程序段的开始，itr 表示循环段的开始，end 表示一个程序段的结束。

§3 程序逻辑表现技术

本节我们将讨论程序逻辑的表现技术，它们是进行细部设计的基本技术，读者应该至少掌握其中之一。

前面已经指出，目前流行的表现程序逻辑的技术主要是图示技术和语言技术。图示技术具有形象直观、易理解和易检查等优点，但不利于计算机化；而语言技术则利于计算化，可以自动生成细部设计文档，进而生成程序。

就图示技术而言，流行的有 IPO 图、流程图、盒式图和 PAD 图。在科学工程软件领域里，流程图是使用最早和最普遍的图示技术。它的基本结构和扩充结构如图 7.1 和图 7.2所示，用它们的嵌套组合形式可以表现各种复杂的程序逻辑。图 7.12 是用流程图表现程序结构的例子，其优点是形象直观、灵活简单。但是，由于带箭头的控制流线可以不受约束地画，可以绕来绕去，

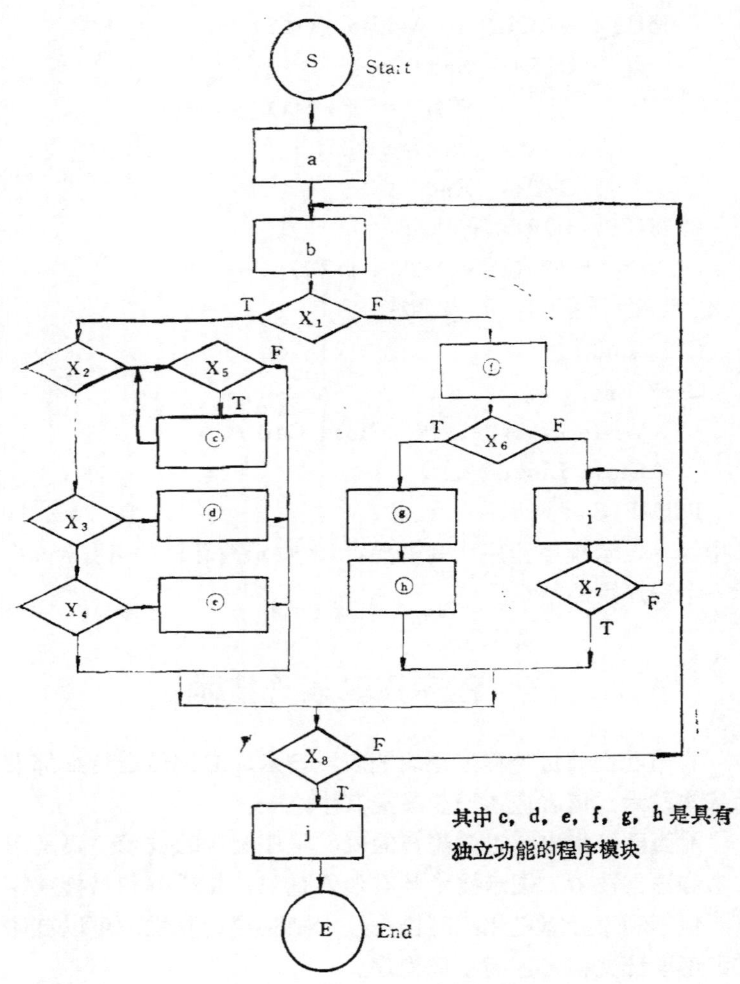

图 7.12 具有结构化特征的程序流程图

设计者容易使用不当，从而造成非结构化程序设计，更容易造成源程序和程序流程图不一致，给调试、确认和维护造成额外的负担。因此，本书不推荐用流程图作为表现程序逻辑结构的工具，而建议使用盒式图和 PAD 图。因为，用它们表现的程序结构保持了结构化特征，并具有逻辑清晰、风格一致、规律性强、图面效果好且易使源程序和程序逻辑图一致等优点。由于PAD图容易引入扩充型控制结构来避免程序冗余，并具有表现复杂数据结构的能力，故我们更推荐PAD图技术。

使用计算机进行程序设计是早在50年代人们就提出的软件工程课题，如何用形式化的语言体系表现程序细部结构是其一个重要的子课题。近年来，在半形式的PDL(Process Design Language)语言基础上，已经发展了一个形式化的PDL文本，形成了完善的表现程序细部设计的工具。就半形式化的PDL而言，它是介于自然语言和某一种程序设计语言之间的中间语言，是自然语言的一个子集，它包含自然语言的词汇和某一程序设计语言(例如PASCAL)的全部语法。但是，用它写出的程序结构不同于PASCAL程序，在其程序结构、数据结构和算法过程的说明里，较多地嵌入了用自然语言写成的正文和公式，其优点是易于理解，其缺点是无法用计算机直接生成程序。为了展示PDL语言的特征和用法，我们将在3.3节专题叙述。

3.1 盒式图

盒式图又称N-S图，它由Nassi和Shneiderman开发，后经Chapin拓广，所以也有人称之为Chapin图。在国际ISO标准里，对基本的盒式图又做了扩充，提供了如图7.13所示的控制结构。在使用盒式图表现的程序结构里，每个独立的处理都被框在一个盒子里，根据处理过程需要，可以把一些盒子套在另一个盒子里。由于这种图示技术不提供从盒子里转向盒子外的转移表示方法，故用它表示的程序结构保持了结构化程序的全部特征。图7.14是相应于图7.12所示的程序逻辑结构的盒式图。

为了完整地表现一个模块的程序结构，应该在盒式图之外附加一个数据盒子，其构造和程序结构盒子完全一样，分别标出每个盒子里的数据成份及其结构，清楚地显示了全局量和局部量。

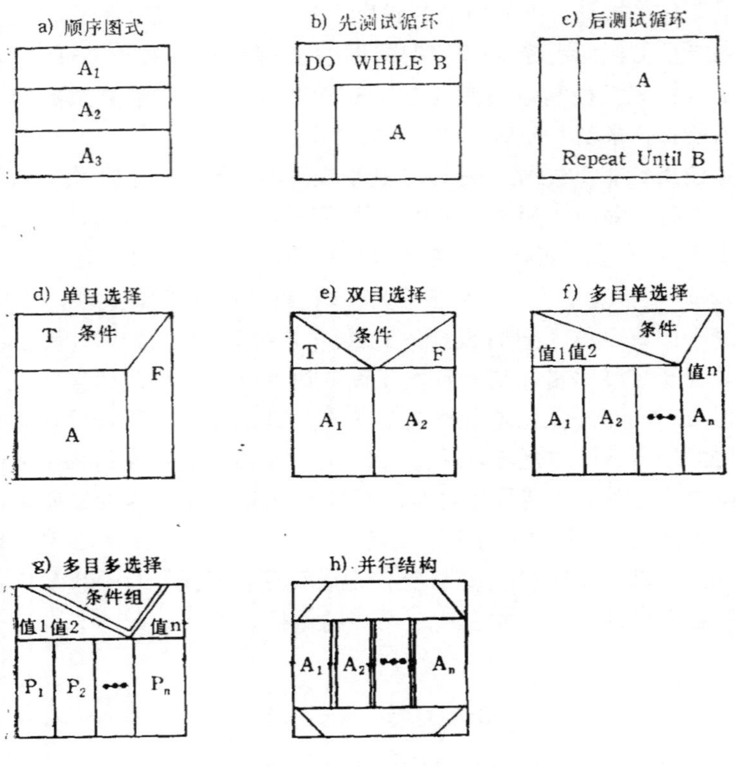

图 7.13 盒式图的控制结构

3.2 PAD 图

PAD (Problem Analysis Diagram) 图是一种二维展开的表现程序和数据逻辑结构的图示技术，由于用它表示的程序逻辑具有很强的结构化特征，故它已受到广泛重视，正被逐步采用。

PAD 图的基本图示符号和基本控制结构如图 7.15 和图 7.16 所示。表 7.2 列出了与 PAD 基本控制结构对应的五种常用算法语言的语句表示，使用它们的嵌套形式可以表现任何复杂程序的逻辑结构。图 7.17 是相应于图 7.12 所示程序逻辑的 PAD 图。

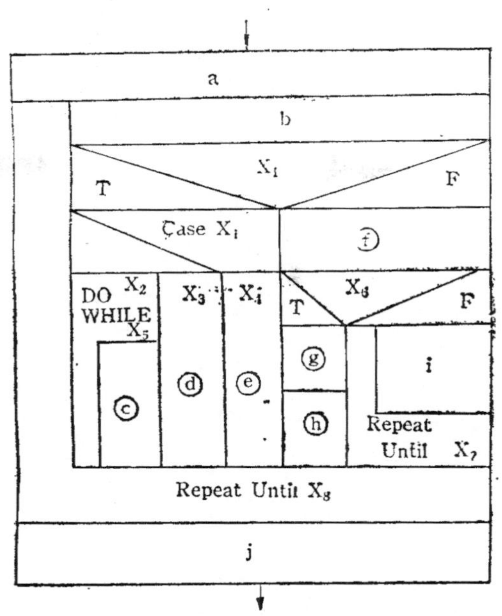

其中 c, d, e, f, g, h 外加圆圈表示嵌入进去的具有独立功能的程序模块

图 7.14 相应于图 7.12 所示程序结构的盒式图

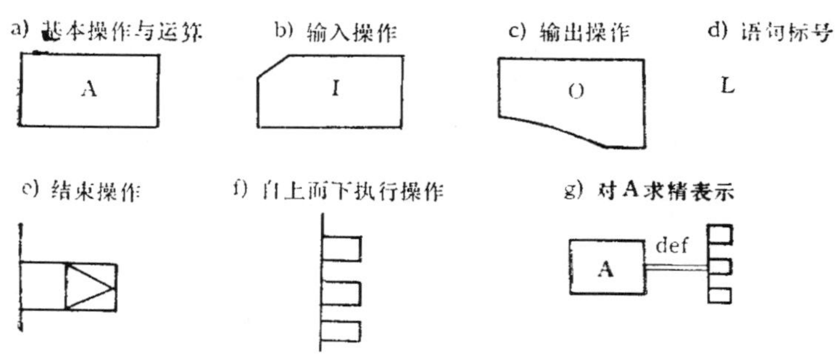

图 7.15 PAD 图的基本图式

当绘制一个复杂程序的 PAD 图时，应该适当安排图面，特别是当在一页图面上难以详细地表现整个程序的逻辑结构时，应该适当按层次或枝叶切割图面，构造分图。这时，在前一页的相应图式内，以标识符抽象表示操作内容，换页后以同样命名的图式开

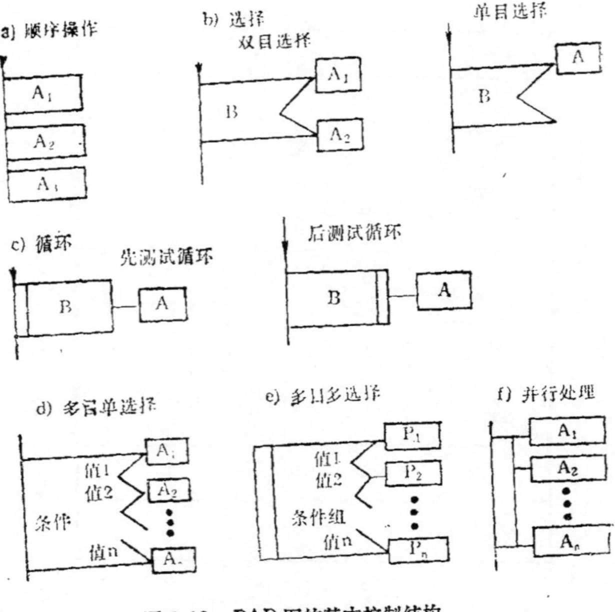

图 7.16 PAD 图的基本控制结构

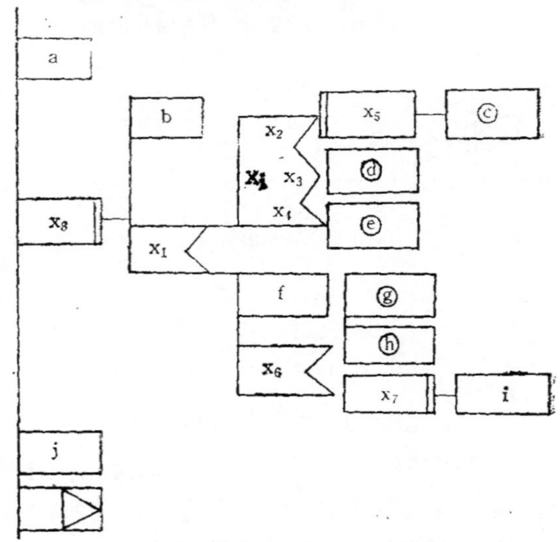

图 7.17 相应于图 7.12 所示程序的 PAD 图

表 7.2 PAD 基本控制结构与五种常用语言对应表

控制类型		PAD 结构	FORTRAN	C	PASCAL	PL/1	COBOL
循环	后测试	Ⓛ B — A	L CONTINUE A IF NOT B GO TO L	DO {A} WHILE B	REPEAT A UNTIL B	DO UNTIL B A END	PROGRAM A PROGRAM A UNTIL B

	先测试	Ⓛ B — A	L CONTINUE
			IF B THEN
			A
			GO TO L
			ENDIF
				WHILE B
				{A}
					WHILE B DO
					A
						DO WHILE B
						A
						END
							PROGRAM A
							UNTIL B

	DO 语句	I=M TO N — A	DO L I=M,N A L CONTINUE	FOR(I=M;I≤M ;I+) A	FOR I:=M TO N DO A	DO I=M TO N A END	PROGRAM A VARYING I FROM M BY I UNTIL I>N

接上表 7.2

控制类型	PAD 结构	FORTRAN	C	PASCAL	PL/1	COBOL

选择 双目	B A1 A2	IF B THEN
		A1
		ELSE
		A2
		ENDIF
			IF B {A1}
			ELSE {A2}
				IF B THEN A1
				ELSE A2
					IF B THEN A1
					ELSE A2
						IF B
						A1
						ELSE
						A2

选择 单目	B A	IF B THEN
		A
		ENDIF
			IF B {A}	IF B THEN A	IF B THEN A	IF B THEN A

选择 多目单选择	I 1 L1 A1 2 L2 A2 ⋮ n Ln An	GOTO(L1, L2, …, Ln)I L1 CONTINUE A1 GO TO L … Ln CONTINUE An L CONTINUE	SWITCH(I) {CASE L1:{A1} … CASE Ln:{An}}	CASE I OF L1:A1 … Ln:An END	SELECT(I) WHEN(1)A1 … WHEN(n)An END	GOTO L1…Ln DEPENDING ON 1 L1 A1 GO TO L … Ln An L

始，右面以 def.引出进一步的分解。例如，对于求解线性代数方程组的高斯消去法，其 PAD 图可以采用图 7.18 所示的分图技术。

为了避免相同功能的程序段的重复出现，造成源程序的冗余性，并能有效地表现复杂程序逻辑，在图 7.16 所示的基本控制结构之外，又引入了如表 7.3 所示的三种扩充控制结构。图 7.19 显示了三种扩充结构在程序逻辑结构表现中的应用。

对于一个经过精心设计的程序逻辑的 PAD 图，其树叶应该为语句级。对于这样的 PAD 图编程是十分方便的。只要从上到下、从左到右逐个对枝、叶完成从图示符号到程序语句的转换即可。

表 7.3　扩充的 PAD 控制结构

图示格式	功　　能	使 用 限 制
EXIT L	退出其所在的循环，把控制转向标号Ⓛ处，往下执行。	仅允许退出到本身以下的地方。
MERGE L	把控制从其所在的地方转到标号Ⓛ处。	仅允许顺向转移。
NEXT L	停止其所在的内层循环的本次执行，从头启动该循环层的下一次操作。	限制在其所在的循环层内。

3.3 PDL 语 言

下面先介绍一种半形式化的 PDL 语言。它是自然语言的一个子集，包含了自然语言中具有确切涵义的词汇和 PASCAL 语言的全部语法，是表现细部设计成果的有效工具。读者可以根据需要，仿照介绍的 PDL 语言，另外设计以某种程序设计语言的语句为基础的 PDL 语言。

为简单起见，这里仅给出 PDL 的四种说明语句。

这四种语句是数据说明语句，处理说明语句，子程序定义和调

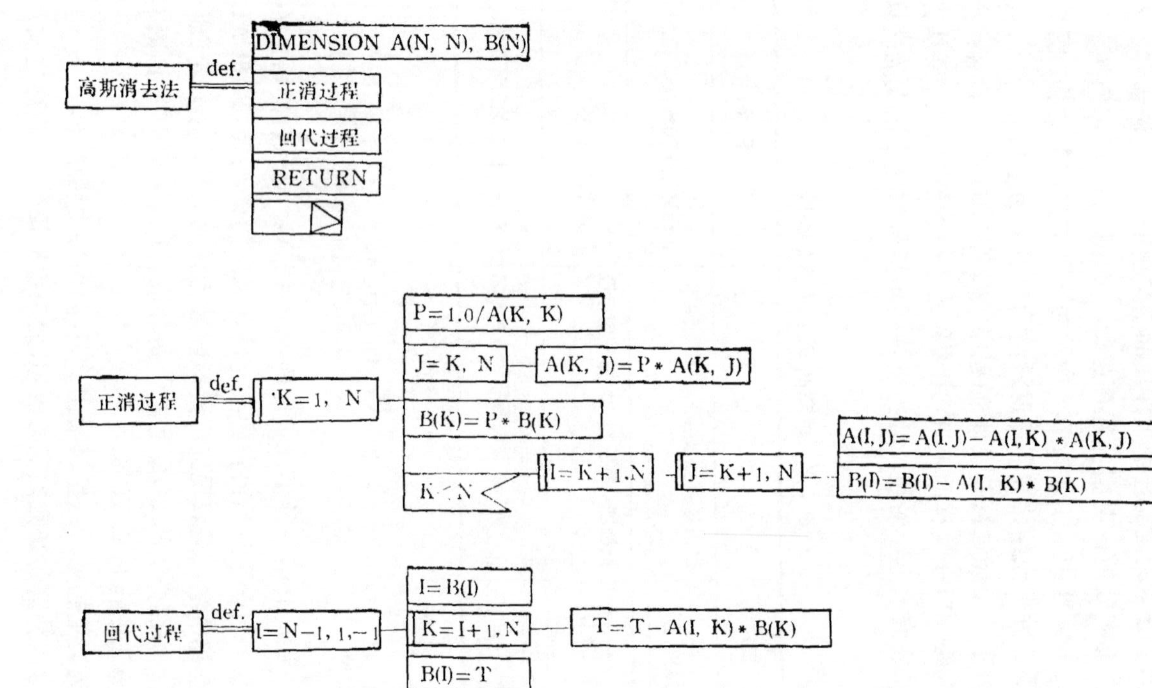

图 7.18　分图表示的 Gauss 消去法 PAD 图

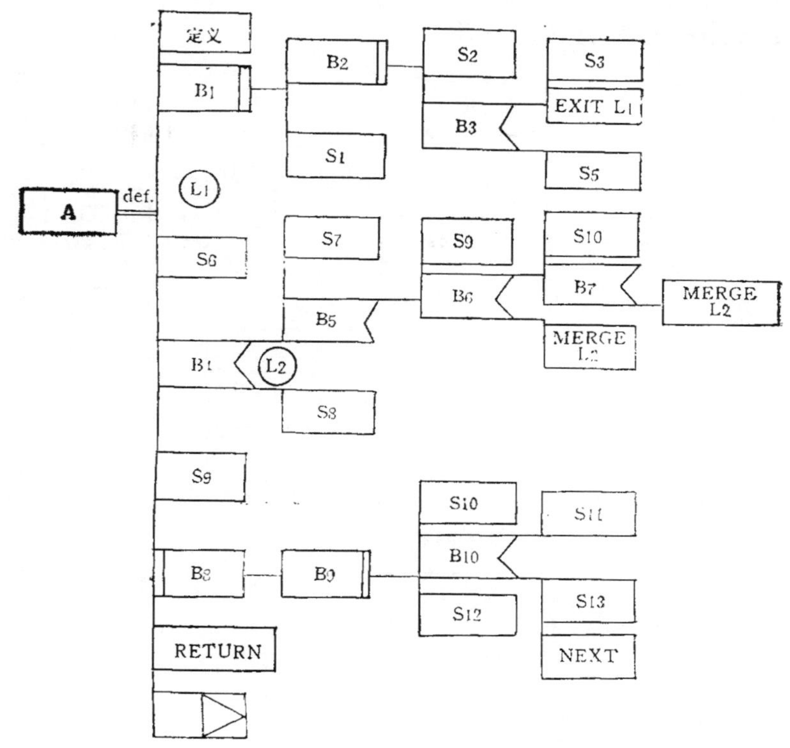

图 7.19 三种扩充控制结构的应用

用语句，I/O 语句。

（1）数据说明语句

数据说明语句能够对简单或复杂的数据组织，例如标量、链表等，给出确切的描述，其语法格式为

DECLARE〈名字〉AS〈限定词 1〉〈限定词 2〉

其中〈限定词 1〉为数据结构描述，它可以是：SCALAR（标量），ARRAY（数组），LIST（表），CHAR（字符），STRUCTURE（结构）等；〈限定词 2〉描述该数据名在模块中的使用特征。GLOBAL 表示全局量，LOCAL 表示局部量。例如

DECLARE 病员记录 AS STRUCTURE GLOBAL

其中 STRUCTURE 如图 7.20 所示。某病员记录一经定义，就可在程序中按病员标识符查询。

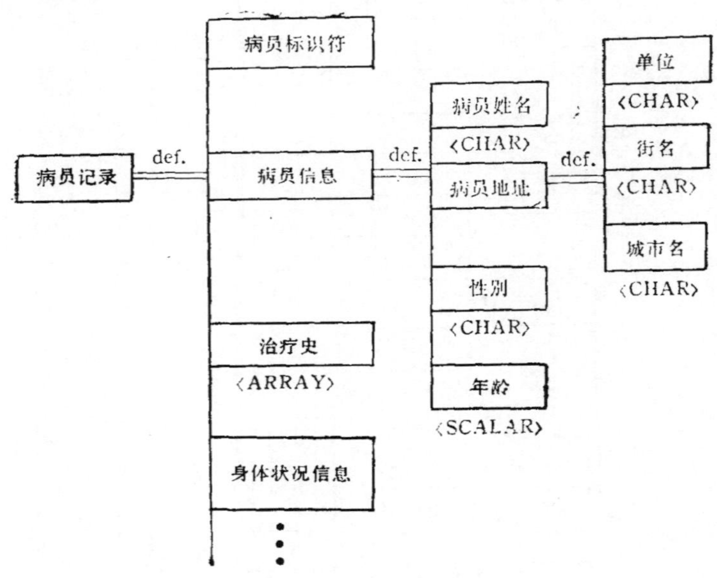

图 7.20 STRUCTURE 说明之例

(2) 处理说明语句

处理说明语句应包括计算赋值说明和控制结构说明。一个程序的 PDL 描述应保持结构程序设计特征，每个基本控制结构可看作为一块，基本控制结构可以相互嵌套。

a) 顺序结构的格式

BEGIN〈块名〉

〈语句或块序列〉

END

b) 选择结构的格式

IF 语法格式为

IF〈条件描述〉

THEN〈条件为真时应执行的语句或块序列〉

ELSE〈条件为假时应执行的语句或块序列〉
ENDIF

CASE 语法格式为

CASE〈CASE 变量名〉OF
〈值 1〉:〈CASE 变量 = 值 1 的执行部分〉
〈值 2〉:〈CASE 变量 = 值 2 的执行部分〉
……
〈值 n〉:〈CASE 变量 = 值 n 的执行部分〉
OTHERWISE〈省缺或出错需执行的部分〉
ENDCASE

c）循环结构的格式

DO-WHILE 语法格式为

WHILE〈条件〉DO
〈语句或块的序列〉
ENDDO

REPEAT-UNTIL 语法格式为

REPEAT UNTIL〈条件〉
〈语句或块的序列〉
ENDREP

DO-FOR 语法格式为

FOR 循环变量 = M TO N DO
〈语句或块的序列〉
ENDFOR

(3) 子程序定义与调用语句

在模块化结构的程序设计中，这两种语句是必不可少的。

a）子程序定义的语法格式为

PROCEDURE〈子程序名〉〈属性〉
    INTERFACE〈变量表〉
BEGIN
    〈语句和（或）块的序列〉

```
    RETURN
  END
```

b）子程序调用的语法格式为

CALL|RUN〈子程序名〉

（4）I/O 说明语句

这类语句的格式更依赖于与 PDL 相联的程序设计语言，比较典型的语句格式有

READ/WRITE TO〈设备名〉LIST〈I/O表〉

或 ASK〈询问选择〉，ANSWER〈响应选择〉

对于图 7.12 所示的程序逻辑结构，如果用 PDL 语言进行细部设计，则程序逻辑描述如下：

```
PROGRAM NAME
LABEL
Labels;
CONST
  常数说明
TYPE
  数据类型定义
VAR
  变量说明
过程及函数说明
BEGIN
〈a〉
REPEAT UNTLL x8
〈b〉
IF  x1
  THEN CASE xi OF
               x2:DO WHILE x5
                       CALL  c
                  ENDDO
```

```
            x3:CALL  d
            x4:CALL  e
        ENDCASE
   ELSE BEGIN
            CALL  f
        IF  x6
            THEN BEGIN
            CALL g
            CALL h
            END
         ELSE REPEAT UNTLL x7
            ⟨i⟩
            ENDREP
        ENDIF
        END
   ENDIF
ENDREP
⟨j⟩
END
```

从这一例子已经说明，PDL语言具有精确、简炼、易学等优点，如果采用形式化的PDL语言进行程序逻辑描述，还可以借助于计算机自动生成源程序文本。目前，已有多个形式化的PDL文本，在[53]里展示的PDL文本已对本节的描述做了全面的扩充，它是一种有效的细部设计工具。

§4 算法过程的设计

在科学工程应用软件里，总有相当部分的模块功能定义为按某个计算方法或一组计算公式实施从输入到输出的数据加工，因此这些模块的细部设计应该依据计算方法或公式进行。由于计算方法和公式的数学表示和程序表示是完全不同的两种表示形态，因此在进行程序逻辑设计之前，为了减少舍入误差保证计算结果的精度，并为了减少计算量提高效率，应该先对计算方法和公式进行程序设计性整理。设计出仅含有限个计算步骤，且不可能发生内部终止的良态算法过程，然后再设计内部数据组织和详细的程序逻辑结构。

4.1 算法分析与设计

对于一个计算方法或一组计算公式而言，算法分析与设计的目标是要针对数据结构和数据组织方式具体地构造一组操作，设计算法过程，在保证正确地实现数据加工的前题下，努力减少舍入误差和计算量，并确保算法过程正常进行。由于不同的计算方法和公式千差万别，故不存在一个统一和通用的算法分析与设计技术，但存在一些有用的算法设计的经验和技巧，比较常见者有：

1．算法过程必须忠实反映计算方法中规定的计算步骤。对于某些计算方法或公式，必须以适当精度的近似计算过程或公式取代之，并尽可能使计算结果的精度自适应于计算机环境。当以计算结果精度来控制某个算法过程终止时，应使精度控制量仅依赖计算字长，以保证在任何计算机上，都能使算法过程在有限计算步内终止；否则，应设置条件判断，使得算法过程在超过一定计算步之后强行终止。应该绝对避免在算法过程中出现零除或几乎零除的现象。

2．在进行算法分析与设计时，应对计算方法和公式进行整理。通过设置中间变量，以形成尽可能多的共享计算成份，减少重复性操作，特别是减少重复性的子程序调用；通过设置中间变量，以避免重复性的数组变量引用，特别是避免带下标表达式的数组变量的重复引用，并尽可能将不随循环变化的计算成份提前或推迟在循环体之外完成。除此之外，应尽可能减少循环层次，并降低运算符级别。从消耗 CPU 时间看，不同运算符的增长次

序是

+， -

*， /

* *，SQRT，LOG，…

运算符提高一级，CPU 时间要提高几乎一个量级。因此，在多层循环嵌套的内循环里，应该特别注意降低运算符级别。

3．算法过程应该在充分考虑到输入、输出数据结构和精细的内部数据组织的基础上设计，因为不同的数据组织策略会导致不同的算法过程。复杂的数据组织方式必须设置专门的数据操作块，以便有效地进行数据检索和 I/O。在数据组织方面，应尽量减少同样数据段的冗余，避免零散数据 I/O 和同样数据段重复性 I/O，因为数据 I/O 要消耗大量的 CPU 时间。例如，在微机上运行的有限元应用软件，当分析一千个自由度以上的工程问题时，数据 I/O 大约要消耗整个 CPU 时间的 70%。因此，在算法过程设计中努力降低数据 I/O 是大有可为的。此外，由于多维数组一定会引入多下标寻址，故在进行数据组织时，应尽量降低数组维数，凡是易用一维数组实现者，不要用二、三维数组。数值实验表明，对于数据量为 10 000 的数据段，若分别用一维数组和三维数组实现，在 IBM/PC-XT 机上，三维数组的寻址操作量大约是一维数组的两倍。

4．在设计算法过程时，应尽量避免人为地引入复杂的逻辑结构。实践证明，过度地精雕细刻，使算法过程复杂化，不仅不会带来 CPU 时间的减少，而且降低了算法和程序的可理解性，给软件调试和维护招致不便。

类似的、经验性的算法设计技巧，读者还可以总结出许多，其中一部分是与计算机硬件和软件环境相关的，不能一概而论。

4.2 算法过程设计之例

下面的例子是针对两种特定数据结构的共轭斜量法的算法过

程设计。众所周知，在求解大型稀疏线性方程组的迭代法中，共轭斜量法是行之有效的。对于线性方程组

$$Ax = f,$$

其中A为$n \times n$阶稀疏对称正定矩阵，$f = (f_1, f_2, \cdots, f_n)^T$为已知向量。在文献中可以查到常用的共轭量法的算法过程是

1．任取初始近似值$x^{(0)}$，计算

$r^{(0)} = f - Ax^{(0)}$,

$D_{k-1} = (r^{(0)}, r^{(0)})$,

并令$p^{(1)} = r^{(0)}$。

2．对于$k=1, 2, \cdots$按下述次序计算$x^{(k)}$，$r^{(k)}$，$p^{(k)}$，

$z = Ap^{(k)}$,

$\alpha_k = D_{k-1}/(p^{(k)}, z)$,

$x^{(k)} = x^{(k-1)} + \alpha_k p^{(k)}$,

$r^{(k)} = r^{(k-1)} - \alpha_k z$,

$D_k = (r^{(k)}, r^{(k)})$,

$\beta_k = D_k / D_{k-1}$,

$p^{(k+1)} = r^{(k)} + \beta_k p^{(k)}$,

$D_{k-1} = D_k$。

在上述算法里，当矩阵阶数n很大时，由于矩阵A的数据必须放在外存贮器内，计算$z = Ap^{(k)}$要消耗总运算量的百分之九十，因此设计共轭斜量法算法过程的核心是如何针对矩阵A的存贮结构设计最有效的矩阵与向量乘算法。

在现代大规模的科学和工程计算问题里，所出现的线性方程组一般有数千阶或数万阶，其系数矩阵中非零元素一般只占1%或更低。为了克服计算机内存限制，一般都将系数矩阵分成若干个记录放在外存贮器里，求解过程中再分批进行内外存交换。又由于内外存交换速度比较慢，故在算法设计中应尽量减少，内外存交换次数。

下面给出的矩阵与向量乘算法针对如下两种数据结构设计：

1．变带型下半带按行存贮。此种存贮结构已在本书第五章

2·5 节的算法设计之例中讲过，它最适宜于变带宽 LDL^T 分解的直接法。事实上，在科学和工程问题的数值分析中，经常是先用 LDL^T 分解法对 $Ax=f$ 进行求解，再用共轭斜量法对已经得到的解进行磨光迭代，以消除直接法引入的过大的局部误差。因此，为节省存贮量和计算量，有必要专门设计针对这一存贮结构的共轭斜量算法。

2. 下半带紧凑存贮。将矩阵 A 中各行第一个非零元至对角元之间的所有非零元依次按行存入数组 A 中，其非零元信息存在数组 INFO 中，INFO 的逻辑结构是

INFO $\overset{\text{def.}}{=\!=}$
- I = 1, n —— IAII a_{ii} 在数组 A 中的序号
- I = 1, NA —— JAIJ 非零元 a_{ij} 的列标号

其中 NA 表示矩阵 A 中下半带非零元总数。INFO 和数组 A 一般放在外存贮器里，分别占据若干个等长记录。对于第五章（5.9）所示的矩阵 A，其 INFO 和数组 A 的内容为

INFO：1, 3, 5, 7, 9, 1, 1, 2, 2, 3, 2, 4, 2, 5

A：a_{11}, a_{21}, a_{22}, a_{32}, a_{42}, a_{44}, a_{52}, a_{55}

按此存贮结构，可知矩阵 A 中第 i 行第一个非零元的列标号为

$$ij1 = \text{INFO}(n+\text{INFO}(i-1)+1) \qquad i>1$$

这两种存贮结构，特别是后者实现了存贮量的巨大节省，但对计算矩阵与向量乘积十分不便。在尽量减少 a_{ij} 的寻址操作和内外存交换的前题下，我们设计了计算 z 的每个分量

$$Z(i) = \sum_{j=ij1}^{n} a_{ij}p_j^{(k)} = \sum_{j=ij1}^{i} a_{ij}p_j^{(k)} + \sum_{j=i+1}^{n} a_{ji}p_j^{(k)},$$

$$i=1,2,\cdots,n$$

的算法步骤如下：

(1) 计算 $z(1)=a_{11}p_1^{(k)}$。

(2) 计算 $z(1)=z(1)+a_{21}p_2^{(k)}$，

$z(2)=a_{21}p_1^{(k)}+a_{22}p_2^{(k)}$，

……

对于 $j=ij1,\ ij1+1,\ \cdots,\ i-1$，计算

$$z(j)=z(j)+a_{ij}p_i^{(k)},$$

计算 $Z(i)=\sum\limits_{j=ij1}^{i}a_{ij}p_j^{(k)}$。

由上述算法步骤可以看出，对于每行非零元素的一次调入内存和每个非零元的一次寻址，要使用两次，从而大约减少一半的寻址时间和至少一半的内外存交换的次数，提高了计算效率。一般是在内存开辟一个尽可能长的存贮矩阵 A 部分元素的工作区，同时设计一个专门实现矩阵 A 元素 I/O 操作，并查找具体元素 a_{ij} 的程序段，这样计算 $z=Ap^{(k)}$ 的算法过程可以表述为

```
i1 = 1
FOR  i = 1, n  DO
      ii = INFO(i)
      z(i) = 0
      FOR l = i1, ii  DO
        ⎧ Al = A(l)     (由专门程序段完成)            ⎫
        ⎨ 对于数据结构 1： j = i - ii + l              ⎬
        ⎩ 对于数据结构 2： j = INFO(n + l)             ⎭
         z(i) = z(i) + Al * p(j)
   IF l < ii THEN
       z(j) = z(j) + Al * p(i)
       ENDFOR l
       i1 = ii + 1
  END  FOR  i
```

在使用本算法时，应该根据计算机环境和问题规模开辟尽可能大的工作区，分别存放 INFO 和 A 的非零元素以减少内外存交

换次数。

§5 模块设计

本节将给出模块设计的工作步骤，模块设计文档的编写要求，然后以一个例子显示模块设计文档的标准格式。

5.1 模块设计步骤

对于一个具体的软件模块而言，设计者应按如下步骤完成设计工作：

1．认真理解与该模块有关的算法设计说明和结构设计说明，从理解模块的功能、性能要求，输入、输出和其他接口约定，以及设计限制入手；精化模块内部的功能结构或数据流，对于以实现计算方法或一组公式为主的模块，应进行专门的算法过程设计；同时决定内部数据组织方案，并设计有关的数据结构；然后采用一种程序逻辑表现技术，做出该模块的程序逻辑表现。

2．如果设计中发现该模块的功能过多或过于复杂，可能造成模块的规模过大，设计者应该按照结构设计的方法和原则，对该模块进行再分解，从而形成若干个功能独立、比较简单且耦合度小的模块，对于每个子模块重复（1）和（3）两项工作。全部子模块设计完成后，封装在一起对外仍可作为一个模块看待。这些工作仍属于模块设计，不需要对总体设计返回任何信息。

3．编写模块设计说明。

一个模块的设计说明应按如下格式编写：

（1）封面（如图 7.21 所示）

（2）内容

a）模块功能

b）对外接口

·输入、输出数据的成份、属性、类型及其数据结构、传递方式，引用的文件名及其属性和数据结构；

• 下级模块；

• 必须联机的特殊设备（名称和型号）；

• 特殊的支持软件。

c）对 I/O 数据及运行状态的诊断要求

d）算法过程

e）内部数据组织

f）程序逻辑结构

g）编程要求。

5.2 模块设计说明之例

下面给出一个求解线性方程组的程序模块的模块设计说明，它是本书第六章 4.2 节之例中一个程序模块 VLDL 的细部设计。希望读者在进行较复杂的程序模块设计时，能按此格式编写模块设计说明。

模块设计说明的封面如图 7.21 所示，其内容如下：

1. 模块功能

本模块的功能是用 LDL^T 分解法求解系数矩阵为变带宽存贮且对称正定的大型稀疏线性方程组，可以一次对 M 列右端项求解。一次调用的具体功能可以是

(1) 只对系数矩阵 A 进行 LDL^T 分解，不进行正代与回代求解；

(2) 假定对 A 已经完成 LDL^T 分解，L 和 D 已按要求存放于数组 A 中，并给定了右端项列阵 B (N, M)，可以只进行正代和回代求解；

(3) 对给定的 A 和 B，既对 A 进行 LDL^T 分解，又进行正代和回代求解。

模块设计说明

模块名：求解变带宽对称正定线性方程组

引用名：VLDL (N, M, ID, KA, KB, IA, A, B)

设计者：崔俊芝

单　位：中国科学院计算中心

审核者：韩其瑜

单　位：中国科学院计算中心

日期：87年12月25日

图 7.21　模块设计说明封面

2．对外接口

本模块的调用形式是

CALL VLDL (N, M, ID, KA, KB, IA, A, B)

其中，N——整型，输入和输出均表示方程组阶数；

M——整型，输入时为右端项列数，输出时为方程解的个数；

ID——整型，输入时

$$ID=\begin{cases}1 & \text{只对}A\text{进行}LDL^T\text{分解,不进行正代与回代求解}\\ 2 & \text{对}A\text{已完成}LDL^T\text{分解,只进行正代与回代求解}\\ 3 & \text{先对}A\text{进行}LDL^T\text{分解,然后进行正代与回代求解;}\end{cases}$$

输出时

$$ID=\begin{cases}4 & \text{正常运行结束}\\ 5 & \text{表示分表中 } d_{i0}/\max\{a_{ii}\}\leqslant E\text{,不正常结束}\\ 6 & \text{表示正代过程前发现}\{b_{ik}\}\text{超出有效值域,不正常结束;}\end{cases}$$

KA——整型，输入时，KA＝IA(N)；

输出时

$$KA=\begin{cases} i_0 & \text{存放当 } d_{i0}/\max\{a_{ii}\}\leqslant E \text{ 时的 } i_0 \\ i_0 & \text{存放当 } E*b_{ik}>1 \text{ 时的 } i_0; \end{cases}$$

KB——整型，输出时存放当 b_{ik} 超出有效值域时的下标 k；

IA——整型，一维数组 IA（N），依次存放 A 中对角线元素在数组 A 中的位置；

A——实型，一维数组 A（KA），输入时存放矩阵 A 的下三角形部分，输出时存放分解后的下三角形因子 L 和对角阵 D，D 的元素占有原来 a_{ii} 的位置；

B——实型，二维数组 B（N，M），输入时按列存放 M 列右端项，正常求解结束时存放 M 列解；

RMIN——产生计算机最小数的标准函数子程序；

RMAX——产生计算机最大数的标准函数子程序。

3．算法过程

1^0 形成 AMA 和 AMI，供诊断使用

$$AMA=a_{i_0i_0}=\max_{1\leqslant i\leqslant N}\{a_{ii}\}\quad I0=i_0,$$

$$AMI=a_{j_0j_0}=\min_{1\leqslant j\leqslant N}\{a_{jj}\}\quad J0=j_0。$$

2^0 分解矩阵 A

$$A=LDL^T,$$

令 m_i 表示矩阵 A 中第 i 行的第一个非零元素的列号，则分解步骤为

a）$d_1=a_{11}$。

b）对于 $i=2,3,4,\cdots,N$

对于 $j=m_i,m_{i+1},\cdots,i-1$ 计算

$$IJ=\max(m_i,m_j),$$

$$\tilde{a}_{ij}=a_{ij}-\sum_{k=IJ}^{j-1}\tilde{a}_{ik}l_{jk},$$

$$d_i=a_{ii}-\sum_{k=m_i}^{i-1}\tilde{a}_{ik}l_{ik}。$$

对于 $j=m_i,\ m_{i+1},\ \cdots,\ i-1$ 计算

$l_{ij}=\tilde{a}_{ij}/d_j$ 。

3^0 正代与回代求解

对于 $k=1,\ 2,\ \cdots,\ M$ 计算

$$b_{iR}=b_{iR}-\sum_{j=m_i}^{i-1} l_{ij}b_{jk},\quad i=1,2\cdots,N。$$

对于 $i=1,\ 2,\ \cdots,\ N$ 计算

$$b_{ik}=b_{ik}/d_i。$$

对于 $i=N,\ N-1,\ \cdots,\ 2$ 计算

$$b_{jk}=b_{jk}-l_{ij}b_{ik},\quad j=m_i,\ m_{i+1},\ \cdots,\ i-1。$$

注意，按照矩阵 A 的存放规则，有

$\langle a_{ij}\rangle=\langle a_{ij}\rangle=A(IA(i)-i+j)$ ，

$m_i=i+1-\mathrm{IA}(i)+\mathrm{IA}(i-1)$ ，当 $i\geqslant 2$。

4．内部数据结构

除设置临时变量外，不增设内部数据结构。

5．自诊断要求

a）要求分析之前检查是否出现AMI＜EPSLON。如果是则说明对角线元素几乎等于零或小于零，不能保证系数矩阵正定，不应该进行分解工作，而应当置 ID = 5 和 KA = J0 返回上级模块，其中 EPSLON = RMIN * 10^4。

b）要求在分解过程中随时检查是否存在对于某个 i_0 出现 d_{i_0}/AMA≤EPSLON，如果是则说明在分解和求解过程中可能引入较大的误差，应当终止分解，置 ID = 5，KA = i_0 返回上级模块。

c）在实施正代与回代求解之前，应检查 $\{b_{ik}\}$ 的有效值域，即对每个 k（$1\leqslant k\leqslant M$）计算

$$\mathrm{BMAX}=\max\{b_{ik}\}=b_{i_0k}\ ,$$

$$1\leqslant i\leqslant N。$$

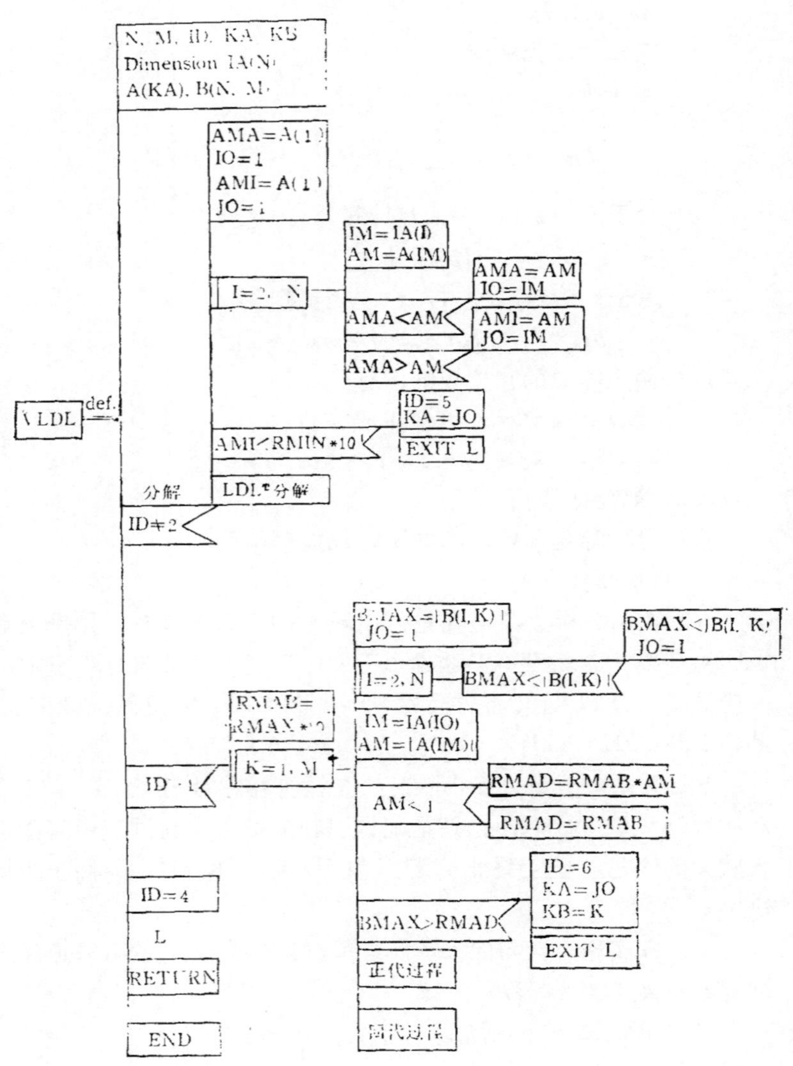

N, M, ID, KA, KB
Dimension IA(N)
A(KA), B(N, M)
AMA=A(1)
IO=1
AMI=A(1)
JO=1
IM=IA(I)
AM=A(IM)
AMA=AM
IO=IM
I=2, N
AMA<AM
AMI=AM
JO=IM
AMA>AM
ID=5
KA=JO
EXIT L
\LDL
def.
AMI<RMIN*10
分解
LDLᵀ分解
ID≠2
BMAX=|B(I, K)|
JO=1
BMAX<|B(I, K)|
JO=I
I=2, N
BMAX<|B(I, K)|
RMAB=
RMAX*10
IM=IA(IO)
AM=|A(IM)|
K=1, M
ID=1
RMAD=RMAB*AM
AM<1
RMAD=RMAB
ID=6
KA=JO
KB=K
BMAX>RMAD
EXIT L
ID=4
L
RETURN
正代过程
END
回代过程

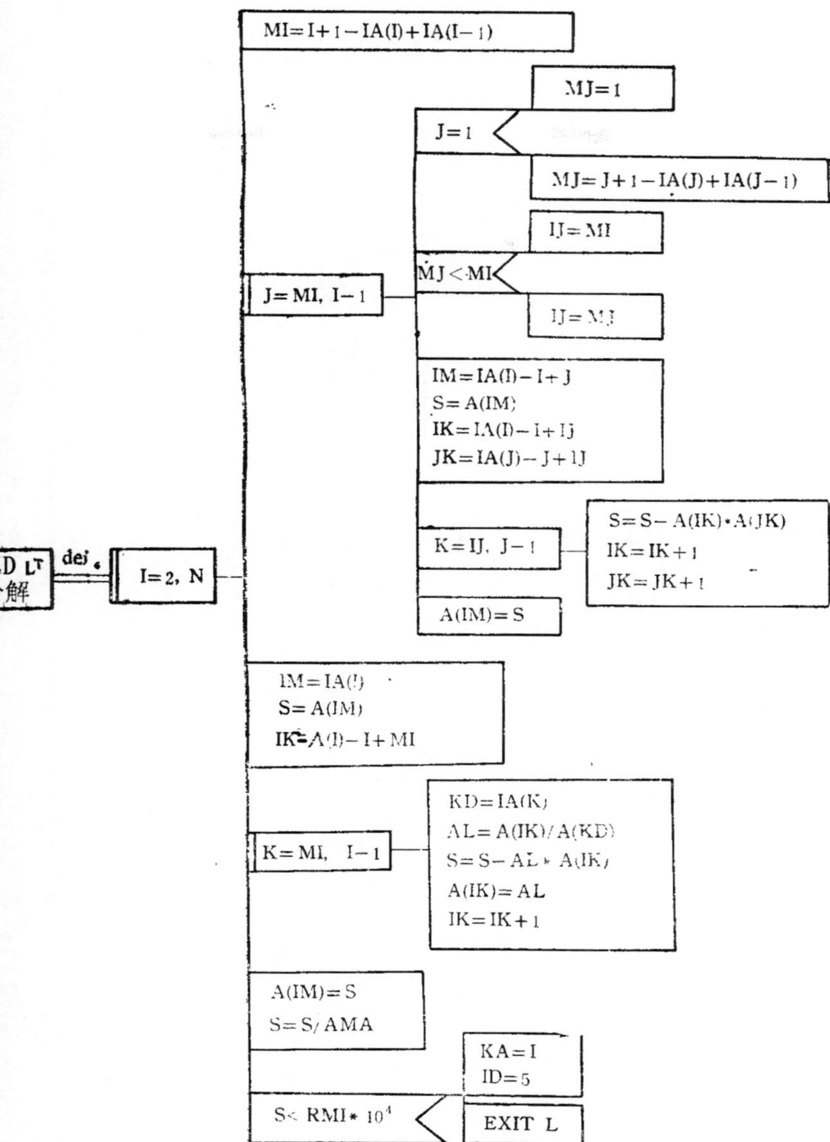
LD LT 分解
dej
I=2, N
MI=I+1−IA(I)+IA(I−1)
J=MI, I−1
MJ=1
J=1
MJ=J+1−IA(J)+IA(J−1)
IJ=MI
MJ<MI
IJ=MJ
IM=IA(I)−I+J
S=A(IM)
IK=IA(I)−I+IJ
JK=IA(J)−J+IJ
K=IJ, J−1
S=S−A(IK)*A(JK)
IK=IK+1
JK=JK+1
A(IM)=S
IM=IA(I)
S=A(IM)
IK=A(I)−I+MI
K=MI, I−1
KD=IA(K)
AL=A(IK)/A(KD)
S=S−AL*A(IK)
A(IK)=AL
IK=IK+1
A(IM)=S
S=S/AMA
KA=I
ID=5
S< RMI*10⁴
EXIT L

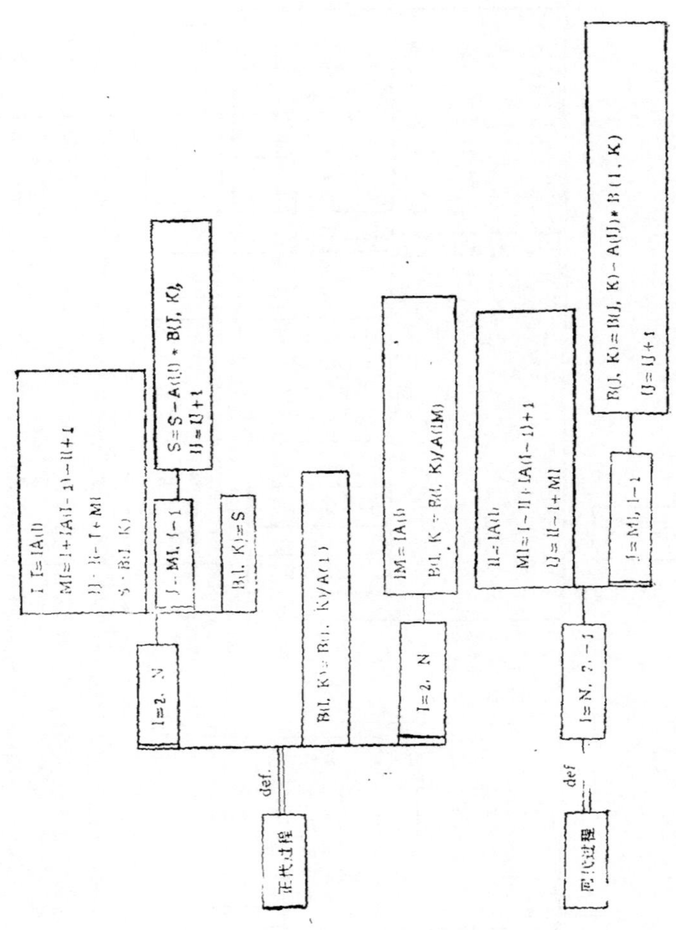

正代过程
def.
I=2, N
J=MI, I−1
S=S−A(IJ)*B(J, K),
IJ=IJ+1
B(I, K)=S
I=2, N
IM=IA(I)
回代过程
def
I=N, 2, −1
II=IA(I)
J=MI, I−1
B(J, K)=B(J, K)−A(IJ)*B(I, K)
IJ=IJ+1

如果 BMAX>RMAD 则应该停止求解，说明 b_{ik} 超出有效值域，应该置 ID = 6，KA = i_0，KB = k，其中

$$\mathrm{RMAD}=\begin{cases}\mathrm{RMAX} * d_{i_0} * 10^{-5}, & 当\ d_{i_0}<1\ 时,\\ \mathrm{RMAX} * 10^{-5}, & 当\ d_{i_0}\geqslant 1\ 时。\end{cases}$$

6．程序逻辑结构的 PAD 图

7．码程要求

a）要求用标准 FORTRAN-77 编程，并遵守本书第八章 § 3 的编程规则。

b）双精度计算。

第八章　实现方法与维护

§1　引　　言

软件的实现应该包括编程、调试、测试验收三个阶段，它们是落实软件设计方案的实际活动，其目标是生成实现了软件需求定义的、经过严格地可靠性确认的源程序文本及其有关的软件文档。

编程是软件设计的直接引申，是在模块细部设计的基础上进行的。编程可以按模块为单位分别进行，每个模块的编程应该严格和正确地实现模块设计说明。编程的目标是生成软件的第一个源程序文本。编程应该考虑的问题及有关技术将在§2里予以叙述。

调试是在编程基础上进行的。调试的依据是软件设计文档及编程生成的第一个源程序文本，调试活动是程序设计者自己测试程序中的错误并进行排错的活动，其目标是生成可靠的软件源程序文本。有关调试的方法和技术将在§3里予以叙述。

从软件工程管理角度看，测试与验收是确保软件产品质量的关键步骤。这是指由软件管理机构指定专人或专门的小组，从软件应用角度，对软件产品的全面确认。实施软件测试验收的工作步骤、方法和技术将在§4给出。

软件不同于一般的工业产品，投入使用之后必须伴随维护。关于软件维护的重要性、艰难性，维护的基本方法和步骤将在§5简述。

§2　编　　程

编程是软件开发期的一个重要阶段，它是在软件设计，特别是模块设计的基础上进行的。在没有使用计算机进行自动编程之前，人工编程是一项技术性很强的工作，它需要程序设计者耐心、细致、安静和连续的思维活动。只有程序员经过专门的技术训练，并且集中精力、全力以赴地工作，才能产生高质量的源程序文本，才能使程序易于调试和确认。

编程对未来软件的总体品质影响极大。为了使未来软件具有较强的可移植性、可维护性和较高的运行效率，在编程之前必须精心选择程序设计语言；在编程中应该采用合理的数据存取技术和巧妙地运用程序设计语言，并遵守一致的编程规则。

2.1 语言选择

在编程之前必须首先确定程序设计语言文本，对于多种语言混合使用的特殊软件，必须详细指定每个模块的程序设计语言。为了保证未来软件的可移植性。应该尽可能采用国际或国家标准的程序设计语言文本，因为不同的语言具有不同的描述算法和表现数据结构的能力，具有不同的适用范围。在选择语言时，应该考虑如下因素：

- 软件应用领域；
- 计算机硬、软件环境及其对不同种语言的程序模块进行联接运行的能力；
- 算法的复杂性；
- 数据结构的复杂性；
- 开发人员对语言的熟悉程度。

总之，必须精心选择程序设计语言及其文本编号。

就目前状况而言，科学工程应用软件，多数采用单一的FORTRAN 语言，部分采用 C 语言和 HB 语言、或 PASCAL 语言、或 BASIC 语言。

第一章 § 5 已经指出，采用标准的高级语言文本仅是实现可移植性的第一步，这就是说基于标准的高级语言编程，未必一定能保证源程序的可移植性。因为标准语言文本只是文字性规定，没有约定实现标准的具体技术，因此不同的编译器在实现标准语言编译时就可以采用不同的技术。这种不同的编译技术就会造成使用同一个标准语言文本编写的程序，在一个编译器下是正确的，在另一个编译器下是错误的。例如，在 FORTRAN 编译技术中，对实现子程序参数传递可以有两种技术——换名法和赋值法。对于不同的技术，下列程序的执行结果是不同的。

```
FUNCTION F (x, y)
  x = x + 1
  y = y + 1
  F = x + y
RETURN
PROGRAM
  A = 1
  B = F (A, A)
END
```

对于换名法，在 FUNCTION 中，A 经过两次加 1，故 B = 6；对于赋值法，在 FUNCTION 中两个变量 X 和 Y 分别加一次 1，故 B = 4。值得指出，参数传递的不同方法，目前主要发生在不同语言编译器之间。

为了使源程序文本具有较强的可移植性，对于 FORTRAN-IV 而言，B. G. Ryoler 建议采用它的一个可移植性强的子集 PFORT，后者是在多种计算机上合理实现的 FORTRAN-IV 编译的一个共同子集，已为许多数学软件研制者所采用。对于 FORTRAN-77，1987 年 A. C. Day 定义了一个 FORTRAN-IV 和 77 可接受的子集，简称 CF（Compatible FORTRAN）。PFORT 和 CF 为基于它们开发的源程序的可移植性奠定了基础。

2.2 编程规则

对于一个软件公司或一个行业性应用软件项目而言，应该制定和遵守统一的编程规则。它会极大地提高软件产品的可维护性和可继承性，使源程序文本美观、清晰、易于理解，具有统一的程序风格，从而便于调试、维护、推广应用和二次开发。现有各类软件工程规范中都有一项是编程规则。下面我们给出一个经过实际试行的 FORTRAN 语言的编程规则，供读者参考。对于一个应用软件项目的研制者而言，可以直接引用之，或参照它制定自己项目的编程规则。

FORTRAN 语言编程规则

一、程序模块

FORTRAN 程序模块是指 PROGRAM，SUBPROGRAM，SUBROUTINE，FUNCTION，BLOCK DATA 等。

1. PROGRAM 和 SUBPROGRAM 主要实现模块调用和流程控制，不应包含大量的计算和输入输出，尽可能仅由 CALL 语句、IF 语句、DO 语句和 GO TO 语句组成。

2. 一个程序模块的长度，一般不应超过 250 行。若按 McCabe 复杂性度量，应使 G（M）≤15。

3. 每个程序模块都应该命名，名字应有特定含义，通常应是英文全名的缩写。

4. 一个程序系统或一个软件包中，名字的定义应具有一致性。

5. SUBROUTINE 或FUNCTION 模块的形式参数不宜过多，各参数的顺序应为

* 整型参数在前，实型参数次之，其他类型参数在后；
* 输入参数在前，输出参数在后；
* 在上述前提下，按参数在程序中出现的顺序排列。

二、程序结构

一个程序模块应按如下顺序表达。

1．程序模块开始标志。

* * * * * 模块名 * * * * * * * BEGIN * * * *

2．模块名。例如

SUBROUTINE 名字（参数 1，参数 2，…，参数 N）

3．模块描述部分。

一个程序模块应有一个描述部分，对模块的功能、性能、参数及运行中的关键问题做出文字说明。叙述应准确、简炼、具体。描述部分应按如下顺序叙述。

· 模块的全名；

· 模块的功能和性能；

· 本模块对计算机特殊设备的依赖性；

· CALLED BY

调用本模块的上级模块名；

· INPUT

输入参数的含义和类型。若无输入参数，则填入 NONE，若有开关参数，则按下述格式说明：

```
IF  K  GO  TO  (L1, L2, …, Ln)
          L1        功能 1
          L2        功能 2
          ……;
```

· OUTPUT

输出参数的含义和类型，若无输出参数，则填入 NONE；

· WORKSPACE

COMMON 公用区说明

特殊的数组、变量和文件说明；

· CALL

本模块调用的下级模块名字。若无，则填 NONE；

· ERROR

本模块运行中可能发生的问题或错误说明，出错位置、状态及后果。若无运行错误出现，则填入 NONE；

· SUPPLEMENT

描述部分前后各用一行“—”号与程序的其他部分隔开。

4．说明语句。

说明语句应按下列顺序出现。

IMPLICIT

LOGICAL

INTEGER

REAL

DOUBLE PRECISION

COMPLEX

CHARACTER

DIMENSION

COMMON

EQUIVALENCE

EXTERNAL

5．DATA 语句。

6．语句函数语句。

7．程序体。

a）为降低程序的复杂性，提高可读性，应尽量避免使用赋值转语句和计算 IF 语句。此外，对于一个大型软件，应专门设置数据文件管理模块，一般程序模块不直接输入输出，不和外部设备打交道。

b）注释行。为了增强程序的可读性，在程序体中每个具有独立功能的程序段之前，要用注释行说明它的功能。注释不应是 FORTRAN 语句的重复，它们应该对程序起补充说明的作用，说明应简练。注释行的内容一律在第 7—72 列之间。每个 GO TO 语句之后应加注释行，说明转去干什么。

c）继续行。继续行符号一律使用“! ”，使其同 FORTBAN 运算符分开，不致于把它视为 FORTRAN 语句的一部分。

d）语句标号。程序模块的编制者应按如下规则定义语句标号。

· 运算执行语句标号由 10 起，逐次为 10，20，30，…；格式语句标号用四位数字表示，加在 FORMAT 语句之前。读格式语句的标号第一位数字为 1，写格式语句标号第一位数字为 2，即 1000，1 010，2 000，2 010，…。例如：

```
      第 7 列
       ↓
   10  CONTINUE
          ⋮
       DO 30  I = 1,    N
          A = B + C
          ⋮
       DO  20  J = 1,  N
          L = SIN (A, B, C)
          ⋮
   20  CONTINUE
   30  CONTINUE
   40  RETURN
 1010  FORMAT (…)
          ⋮
 2010  FORMAT (…)
          ⋮
        END
```

e）注释性空行。为提高程序体内各程序段之间分隔的清晰度，应当使用注释性空行和空格。

f）循环语句格式。循环语句采用退排格式，即内层语句退两格。

g）条件语句格式。条件语句也采用退排格式，例如

```
IF (T·GT·0·0) GO  TO  50
  K=K+1
50    CONTINUE
```

8. RETURN

9. 格式语句

格式语句位于 RETURN 与END 语句之间或 STOP 与 END 语句之间。相应于输入的格式语句在前，相应于输出的格式语句在后。

10. END。

11. 模块结束标志。

```
* * * * * * 模块名 * * * * * * * END * * * * *
-----------------------------------------------
```

2.3 静 态 检 查

程序编完后，应该认真地进行静态检查，它是编程工作的重要组成部分。静态检查的具体工作是：

· 判断接口数据的引用关系是否正确；

· 判断源程序和相应的程序逻辑结构是否一致；

· 判断有无语法错误。即判断有无使用未定义的变量，变量的类型与其引用是否一致，输出参数是否在所有分枝里都赋了值，转语句的标号与其应转的标号是否一致，DO 循环和 IF 语句的嵌套关系是否正确；

· 判断计算公式实现正确否？

· 全程静态模拟执行过程；

· 判断注释行使用是否正确、完善。

§3 调　　试

调试是研制者自己对软件进行测试，诊断错误的属性和位置，

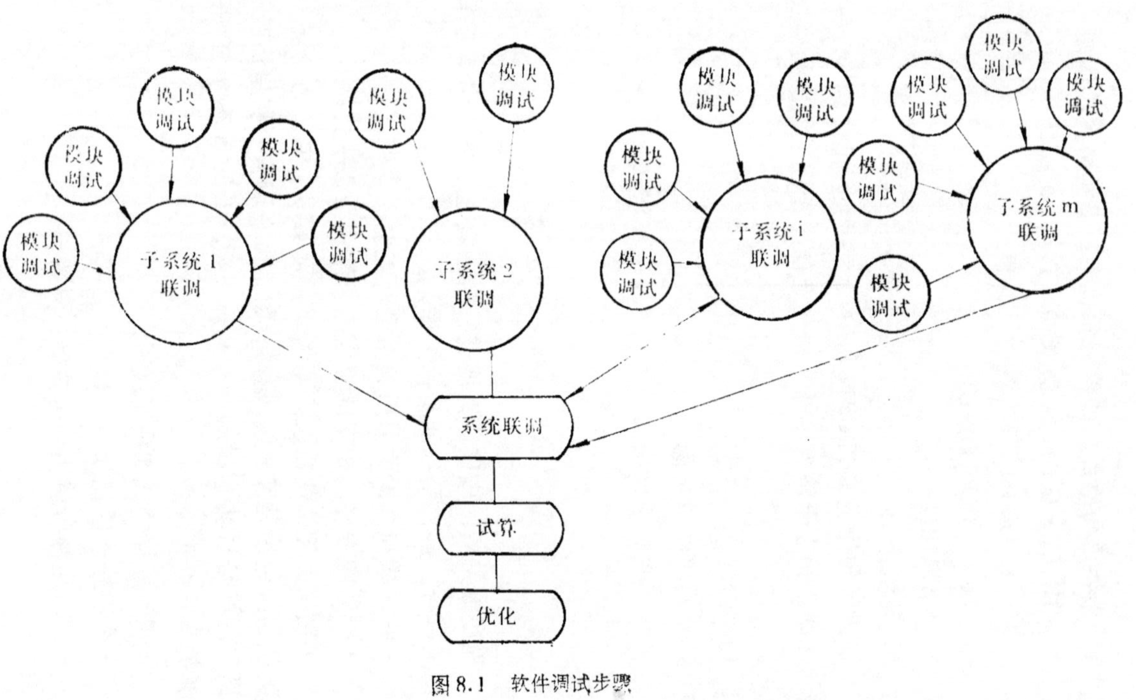

图8.1 软件调试步骤

并进行改错的实际活动。它是软件生存期里的一个重要阶段，其目标是生成满足软件需求分析说明和设计说明的软件产品。

一般而言，调试包括测试与排错两步，即首先揭露源程序有错，然后进行排错。自顶向下的逐步求精的系统设计，原则上应该采用自顶向下的调试过程。但是，对于一个大型软件项目，由于算法结构、程序结构及数据结构的复杂性，分割的模块多，参加研制的人员多，故一般采用自顶向下和自底向上相结合的调试方法，整个调试工作按图 8.1 所示的步骤进行。

3.1 软件测试

对软件进行测试不是为了证明它不隐含错误和缺陷，恰恰相反，是为了证明它隐含着错误，以便进行有的放矢地排错。如果采用了各种可能的测试手段，都没有证明程序隐含错误，则以反证法确认了软件的可靠性。

就软件测试方式而言，可以分为静态分析与动态测试两种方法。静态分析应该由程序设计人员在编程之后立即进行。因此，软件测试主要指动态测试。测试是为了发现错误而执行程序的过程，测试的主要工作是根据已经生成的软件设计文档和源程序文本，精心地选择或构造一组测试数例，然后利用这组数例执行程序，揭露程序中存在的错误。主要测试方法有：

1．穷举法

这一方法是把测试对象的整个输入集合和操作命令作为测试数例。因为一个程序的输入集合往往是无穷的，故穷举法一般只能近似地实现。

2．黑箱测试法

这一方法是把测试对象看作一个黑箱，测试者完全不考虑程序内部的逻辑结构，只注意测试对象的功能是否与其设计说明相一致。因此，黑箱测试又称数据驱动或输入/输出驱动测试。

3．白箱测试法

这一方法允许测试者利用程序内部的逻辑结构及有关信息。设计或选择测试数例，对程序进行测试，以求实现全部路径测试。因此，这一方法又称透明测试法。但是，对于一个具有多重选择和循环嵌套的程序而言，不同的执行路径可能是一个天文数字，实际上难以精确地实施这一测试方法。而且即使精确地实现了白箱测试，也不能断言测试过的对象完全正确。例如由于程序员疏忽而漏掉了某些路径；或者算法路径正确但算法过程不稳定等这些隐含性错误单靠白箱测试是测不出来的。

一般而言，软件测试的工作步骤是

· 构造测试对象的执行环境；

· 选择或构造测试数例；

· 利用测试数例实际执行程序，记录运行状态并收集运行效果；

· 分析运行状态和效果，发现测试对象在功能和性能方面的错误与缺陷。

对于不同的测试对象——模块、子系统或整个系统，具体实施这些测试步骤的内容是不一样的。

3.2 排　　错

测试只能揭露程序中有错误、或存在出错的征兆，因此脚踏实地排除错误则是调试阶段的一项本质工作。排错由两部分组成：

· 诊断错误的确切属性和位置；

· 修改程序，纠正错误。

经验表明，前者可能占排错工作量的 80—95%。

1. 诊断错误的属性和位置

没有一套万能的技术可以有效地诊断出隐藏在程序中的所有错误的属性和位置，但是，如下一些经验性的警句，在诊断错误时是十分有用的：

(1) 思考，——冷静地分析出错的征兆和信息。一位好的程序员可以不用计算机而靠冷静分析算法、程序逻辑、数据结构、关键性语句及出错信息，就能够发现绝大多数错误的属性和位置。

(2) 在诊断错误时，如果走进了死胡同或陷入了绝境，请您最好停止独自分析，转而把问题讲给有经验的程序员听，听者不需要什么准备，他的一般性发问，可以使您晃然大悟，找到问题的症结。

(3) 选用调试工具进行转贮，追踪或制造停止等手段帮助思考。但是，经验指出，甩掉这些工具的人比利用这些工具的人排错的效率要高。

(4) 避免动态试验，仅把它作为一种无奈的手段，有些程序员总喜欢利用动态试验，即改变程序中的某些语句，进行动态测试，试图找到错误的属性和位置。这是一种不愿做艰苦地思考，而靠碰运气的盲目行动，其成功率不高，往往掺加进新的错误，使排错工作复杂化。

2．修改程序的注意事项

修改源程序时，应注意如下事项：

(1) 在出现某个错误的地方，可能还隐藏着别的错误。经验证明，程序中的错误常常是密集的，祸不单行。因此，修改之前必须进行局部性的普查与全面思索。

(2) 注意正在进行的修改是否能解释与错误征兆有关的全部信息。经常发生修改不彻底的现象，即修改了导致错误的一部分程序段。因此，虽然修改了但错误征兆照样存在。

(3) 修改作业正确性的概率不是100%。经验表明，修改作业不一定正确，往往由于不慎而引起了新的错误，甚至比修改前错误更严重。因此对修改后的程序必须进行重新测试和确认。

(4) 当心改正了一个错误，又产生了新的错误，经常出现修改是非本质的或修改引进了没有预料到的副作用，原有的错误消失了但出现了新的错误。因此，修改后必须进行完善性确认。

(5) 排错迫使程序员回到了设计阶段，即修改程序必须在认真地研究了必要的设计文档之后进行，修改源程序必须伴随以修改设计文档。对于模块调试而言，凡不涉及设计文档的修改，可仅仅修改源程序；凡涉及到模块设计文档的修改，必须将模块设计文档与源程序同步修改；凡涉及到模块功能、算法及接口数据的修改，应按修改规则办事，即先提出修改申请，经主持人根据总体功能要求给予确认后，再进行修改；在修改源程序的同时，必须修改相应的设计文档，然后进行重新测试；测试证明正确后，应写出修改报告。

3.3 模块调试

对于模块化的软件设计而言，模块调试是调试工作的基础。调试的目标是确认反映模块功能的五个特性已正确地实现。这五个特性是外部接口、算法公式、存贮量与精度限制、正常执行的结束方式、对接口数据出错的处理方式等。

具体实施模块调试的策略有两种：增量调试和非增量调试。非增量调试是把每个模块作为独立的程序体，单独进行调试，不同模块的调试可以同步进行。在模块调试的基础上，再按功能组合关系，进行子系统或系统联调。增量调试则不是独立地调试每个模块，而是基于自顶向下，或自底向上，或关键模块先行的三种考虑之一，从某一个或某几个模块开始进行调试，然后按照结构设计说明，逐步增加尚未调试的模块。

在对一个模块进行调试时，无疑需要构造驱动程序和模拟下级模块外部特征的桩模块。因此，采用增量调试策略的自然优点是减少了构造驱动程序和桩模块的数量，并且把模块调试和系统联调自然地联接在一起，逐步完成接口确认。但是，对于大型软件，由于算法复杂和模块数量多，研制人员也多，严格的增量调试不利于发挥所有人员的作用。

模块调试的主要工作是

1．构造驱动程序和桩模块。

2．设计测试数例并进行模块测试，这是模块调试的关键步骤。精心地设计测试数例极为重要。一般而言，模块测试应采用透明的白箱测试法，设计测试数例时应注意如下几点：

- 要设计执行到所有分枝、满足上下限和循环次数要求的数例，一般的测试数例目标是测试计算结果是否正确，而处于极限状态的数例，是测试计算结果的精确度和可靠性；
- 凡是模块设计说明中指定的模块功能都必须有相应的调试数据或例题，以满足功能要求；
- 对每个模块应明确输入接口信息的值域，凡是超出值域的信息，模块应作出数据有错判断。对错误的数例程序应能转向处理错误的程序段，并指出错误性质，以满足健壮性要求；
- 应努力使测试数例对程序的检查做到定位。

3．排错。

4．对于关键性程序模块，调试完成后应写出模块调试完工报告，确认模块的功能和性能。对于一般的软件，这样的模块约占总数30%。

3.4 利用PAD图设计模块测试数例

下面介绍一个利用模块的PAD图设计测试数例的有效方法。

首先，把模块PAD图中每个顺序连接的所有计算图式定义成一个树叶，并假定在每个树叶上不再含条件选择、循环和多分支选择图式；然后，对每个树叶进行编号；当设计一个数例时，应该统计它所覆盖的树叶；设计的全部测试数例应实现对树叶的全局覆盖。

例如，已知数组A(L)（L>0）中存放着L个大小不等的数，程序模块SEQUEN的功能是将A（L）中的数按要求的次序进行排序。当K=1时，按由小到大排序；当K≠1时，按由大到小排序。模块SEQUEN的PAD图如图8.2所示。

针对SEQUEN的PAD图设计的测试数例如表8.1所示，它们实现了全部枝叶的测试。

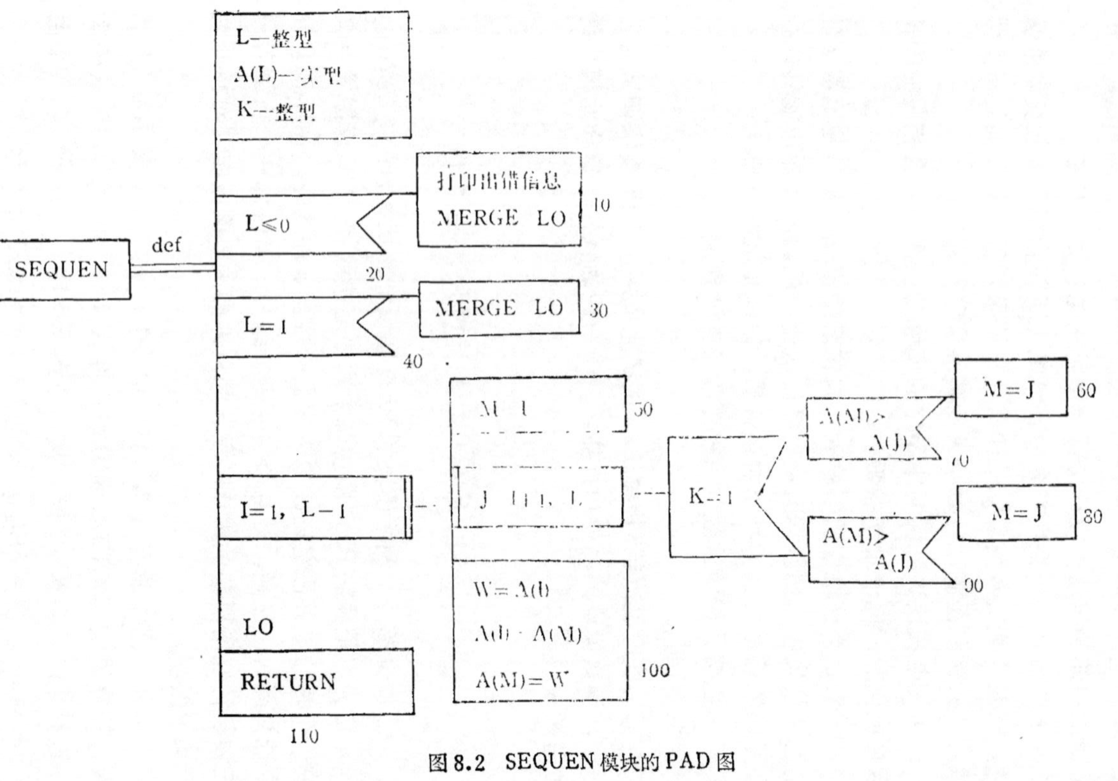

图 8.2 SEQUEN 模块的 PAD 图

表 8.1　SEQUEN 模块的测试数例

编　号	测　试　数　例		已经测试的树叶	未测试的树叶
	原始数据	输出结果		
1	K=1, L=3 A(1)=7 A(2)=9 A(3)=5	A(1)=5 A(2)=7 A(3)=9	20, 40, 50, 60, 70. 100 110	10, 30 80, 90
2	K=2, L=3 A(1)=7 A(2)=9 A(3)=5	A(1)=9 A(2)=7 A(3)=5	20, 40, 50 80, 90, 100, 110	10, 30
3	K=1, L=1 A(1)=7	A(1)=7	20, 30	10
4	K=1, L=0	打印出错信息	10	无

可以采用如下定义的三个指标来度量对于一个程序模块的测试程度。

$$\text{可执行语句测试系数 } C_0\frac{\text{测试过的执行语句数}}{\text{可执行语句总数}}\times 100\%,$$

$$\text{可执行枝叶测试系数 } C_1=\frac{\text{测试过的执行枝叶数}}{\text{可执行的枝叶总数}}\times 100\%,$$

$$\text{可执行路径测试系数 } C_2=\frac{\text{测试过的执行路径数}}{\text{可执行路径总数}}\times 100\%。$$

3.5　联调、试算与优化

模块调试之后必须进行子系统或系统联调，这是因为穿过接口时，数据可能会丢失；在有共享数据域时，一个模块可能会无意地对另外的模块起反作用；各自正确的模块组合起来时，其功能的组合可能不产生所要求的总功能；单独可以接受的误差可能会被放大到不可接受的程度；全程数据结构会呈现出无赋值或过多地重复赋值等问题。可怕的是，这类问题可以列出许多许多。

系统联调主要是检查接口数据传递的正确性，及模块之间控制关系的正确性。对于大中型软件，在联调的基础上，必须进行大量的试算。试算是研制者自己对软件进行有效性测试的过程，它在软件调试中占有极重要的地位，试算是对整个系统的实际运行考验，是研制者，也是用户相信系统可靠的根据，试算往往要占用很长的时间并消耗相当比重的计算费用。在试算过程中不可避免地包含着对系统的修改，包括局部性的或全局性的修改。所有修改都应按一定格式进行，即提出修改申请，写出修改说明与确认修改正确的说明。优化则是在试算过程中对消耗80%CPU时间的程序段进行优化处理。这样的程序段往往不到全系统的10%。目标是提高未来软件的经济效益，降低消耗/利润比。优化的办法是更新或精化算法和程序，或者对某些模块采用效率较高的计算机语言，例如由FORTRAN换成汇编语言或C语言等。

联调和试算的主要工作是

1．设计联调试算例题。一般而言，设计的联调试算例题，应满足如下要求

• 应包括一般性例题，以检查软件的功能是否全部实现；

• 应包括极限性例题，以检查软件的精度，可靠性和可处理的问题的规模；

• 对系统规定的诊断功能，应该设计算例，以检查系统的诊断和定位能力；

• 算例应具有代表性，包括各种类型、各种规模。

2．测试与排错。发现错误和缺陷应及时纠正。如发现设计错误，应按照规定的修改规则，对设计文档及源程序同步修改。

3．完善与确认软件的使用文档。这是联调试算阶段的一项重要工作，主要是完善和确认使用手册，并编写算例集。它们以实例形式告诉用户软件具有什么功能和性能，怎样使用软件，以及怎样识别和利用软件的计算结果。

3.6 程序的正确性证明

正如E.W.Dijkstra所说：测试只能说明程序有错，而不能证明无错。“彻底”的测试，即使对于非常简单的程序也要付出巨大的代价。这就导致了程序正确性证明技术的研究。它是验证程序正确性的一条途径。

近年来已经发展了一些半形式与形式化的证明方法，并开发了基于完全形式化的验证系统，从而提供了一条在假定的环境下证明程序行为的技术。证明程序正确性的一般方法是所谓归纳断言法，基本思想是对所验证的程序建立一组定理，定理得到证明就保证了程序中无错。这种方法要求人们首先对程序的输入条件和正确结果写出断言，这些断言以形式逻辑系统的符号表示，通常是一阶谓词演算公式；然后对程序中的每个循环写一个断言，描述在循环中的不变量条件；这样，程序就被划分成固定数目和一定长度的路径。对每一路径，任取一端的断言沿路径移动，同时插入程序语句的语义来修改断言，直至抵达该路径的另一端点。这时，在这一端点就存在两个断言——原始断言和从相应端点推导出的断言，进而写出一个定理——从原始断言推导出的断言，最后去证明这个定理。如果定理能被证明，那末只要程序终止，就证明程序无错。其它的程序证明技术有谓词变换法，部分目标归纳，计算归纳，结构归纳和间断归纳等。

程序正确性证明给出一个令人鼓舞的思想，但是尚没有达到实用阶段。要证明一段程序正确必须付出巨大的代价，况且，既使证明无误，程序也未必一定可靠。应该指出，程序正确性证明的方法，对于软件技术而言，不仅在于它可能作为证明程序正确性的技术，更重要的在于它提供了设计和编制一般程序的思路，使程序设计人员在调试之前避免了一些可能发生的错误。例如，程序正确性证明中的“最弱前置条件”、“循环不变式”等概念已直接为程序的设计与编写提供了重要的思想方法。调试一般程序的难易程度固然与程序的规模和复杂性有关，但也与程序设计人员的水平有关。如果他具有较好的程序设计理论和技能，再加上认真负责，就一定会编出高质量的源程序文本。

§4 测试验收

软件的测试验收是软件开发期的最后一个阶段，是确保软件产品质量的一个关键步骤。

这里的软件测试是从软件产品的外部功能和性能诸方面，对软件进行总体的确认性测试。而验收是在软件测试通过的基础上，对软件配置和软件文档资料的总体检查验收，测试验收使用户得到了一个合格的软件产品，测试验收的事件流如图 8.3 所示。

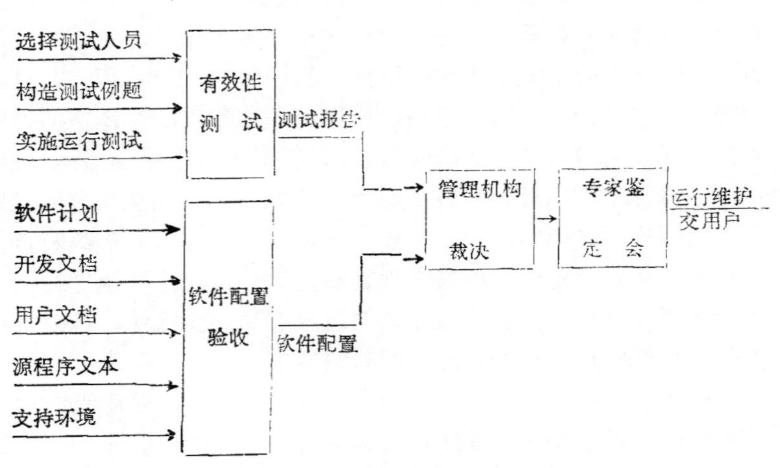

图 8.3 测试验收的事件流

4.1 确认性测试

正在开发的软件项目，必须具备下述条件，方可进入测试验收阶段。

· 完成了模块调试、子系统和系统联调、系统试算等全部调试工作。功能、性能已满足需求分析说明的要求，人机接口正确无误；

· 软件文档基本齐备，特别是使用手册和算例集已经完稿；

· 进行过全面测试的支持性硬、软件齐备；

· 主管部门同意进入测试验收阶段。

条件不成熟就进入测试验收，对软件项目开发和软件质量控制有害无益。

一般的验收性测试，都采用黑箱式测试方法。测试的目标是确认软件的有效性。因此，主持测试的人员一定不能是软件研制者本人，研制者只是协助测试。软件项目的主管部门应该邀请具有如下条件的人员担当软件的测试者，对于大型软件项目应该组成专门的测试小组。

· 具有一定的科学工程计算经验，熟悉该软件的应用领域；

· 具有选择和设计测试例题与数据，决定测试策略与步骤，判断测试结果正确与否，和编写测试报告的能力；

· 有判断软件文档合格与否的能力。

测试人员应在仔细阅读被测试软件的需求分析说明的基础上，精心地设计和选择测试例题。测试例题应满足如下要求，以实现对软件功能和性能的确认。

· 有代表性。既要有一般性例题，又要有特殊的、极限性例题；

· 例题规模应包括大、中、小型；

· 测试例题的初始数据输入，应包括不同类型的错误输入，以测试软件检错、纠错等诊断能力，以确保软件的可靠性；

· 对单项功能程序至少要确定三个不同类型的例题，实现对程序的测试。对于以集成形式研制的多功能的软件系统，其测试例题应分功能或性能进行设计或选择。对于每个功能，至少也应确定三个例题。

软件对测试例题的运行状态及其结果是说明软件正确性、可靠性和适应性的关键。因此，必须严格选择和设计测试例题。

对于大型软件，特别是对于计算机系统负荷比较大，且联机运行的硬、软件及数据库比较庞大的软件项目，测试之前必须制定周密的测试计划。测试过程中应该认真记录运行状态，并搜集全部输出结果。测试人员在研究了运行状态和输出结果之后，应写出测试报告。报告应是对软件需求分析说明中所列出的全部功能和性能的逐项肯定与否定，进而对软件的全部能力，特别是可用性做出说明。对于发现软件中的错误或缺陷，应按例题、运行过程和结果分析情况，列出一个问题清单，以供软件管理机构和质量控制部门裁决。

4.2 验　收

测试通过之后，方可进行软件产品验收。验收人员应严格审

表 8.2　软件文档目录

	小型软件	中型软件	大型软件
软件研制文档	可行性研究与计划 需求分析说明 软件设计说明 调试报告 测试报告	可行性研究与计划 需求分析说明 名词术语标定说明 用户接口设计说明 算法设计说明 结构设计说明 模块设计卷宗 调试报告 软件开发总结 测试报告	可行性报告 软件开发计划 功能需求说明 数据需求说明 软件配置说明 质量保证计划 名词术语标定说明 用户接口设计说明 算法设计说明 结构设计说明 模块设计卷宗 调试报告 软件开发总结 测试计划 测试报告
软件用户文档	用户手册	使用手册 理论手册	系统概述 输入输出说明 操作手册 例题集 理论手册

表 8.3 软件生存期与文档生成

阶段 / 文档	软件计划	需求分析	软件设计				编程	调试	测试验收	使用维护
			用户接口设计	算法设计	结构设计	细部设计				
可行性研究与计划	✓									
需求分析说明		✓								
名词术语标定说明			✓							
用户接口设计说明			✓							
算法设计说明				✓						
结构设计说明					✓					
模块设计卷宗						✓	✓	✓		
调试报告								✓		
软件开发总结									✓	
测试报告									✓	
使用手册			✓					✓		
理论手册				✓						

查软件的全部配置，特别是软件文档。审查软件文档是看其是否符合规定的文档标准。

一般而言，对软件文档的要求应随软件的复杂性和规模而异。表 8.2 针对不同的软件列出了研制者应提供的软件文档。表 8.3 针对中型软件列出了生成各类软件文档初稿的时间。

软件验收应该是严格的，否则会损害用户利益，给运行维护留下后患。测试验收完成的标志是会审，目前国内流行的形式是专家鉴定会。软件通过了测试验收，意味着软件研制期正式结束，它将被转给用户去发挥经济技术效益。

§5 软件维护

第一章已经指出，软件不同于其他产品，运行着的软件必须伴随以维护，而且维护相当耗费人力和投资。软件工程的发展告诉我们，维护是一项工程，特别是维护大型软件，它涉及到一系列的方法和技术。鉴于本书主要研究软件研制的软件工程方法，故本节仅简单地介绍一下软件维护的概念和技术。

5.1 维护的重要性

使用与维护是软件生存期里的一个重要阶段。对于一个具体的软件而言，这一阶段的长短，在很大程度上决定于维护工作的好坏。再好的软件，如果没有维护，它在市场上的竞争力也会很快消失。特别是大型软件，交付使用后总还潜伏着许多问题。例如，结构分析软件 SAP-5，是一个拥有近三万行 FORTRAN 语句的有限元软件，是在 1971 年公开的 SAP 版本的基础上，经过四次较大规模的修改、更新而形成的，并且经过了许多工程实际问题的考验。1979 年 7 月我国从美国引进，通过我国科学和工程计算工作者的使用，从 1979 年到 1984 年，又发现和修改了原版本中 49 个缺陷和错误。因此，在大型软件投入使用之后，经常地进行诊断和纠正错误的工作是完全必要的，我们称这种维护活动为纠错性维护。此外，一个大型的应用软件，生存期应该在十年以上，否则研制这个软件就是极不合算的。在这十年间，硬件至少要改朝换代两次，因此必须有适应环境改变的修改活动。还有大量的用户，他们需要扩充现有的应用软件，增加一两项新的功能。修改现有的软件比重新开发一个软件要合算得多，这就需要功能扩充的完善性维护。因此，维护不仅是保证现行软件正常使用的手段，而且是派生新软件产品的重要途径。

维护的直接效果是提高了软件的商业竞争力。我们经常会听到人们对没有维护的软件产品的报怨和对于有人维护负责到底的软件产品的赞扬。此外，软件的特点之一是一次性生产，可以多次销售。保持好的声誉是大大有利可图的。另外，维护软件不同于维护机械产品，经过维护的软件是不留伤疤的，它可以使新用户不知道现行软件的前身存在的任何问题。

5.2 维护的艰苦性

很遗憾，软件维护的重要性至今没有被多数人承认。领导不重视维护，没有人干维护工作的现象相当严重地存在着，其原因是：软件维护是一项艰苦、乏味而且不受人重视的工作；现在的软件文档很不完善，其中有错；理解和修改别人的程序实在困难。维护人员经常招来许多报怨。当修改不能满足用户需求时，用户不满意；当修改引入了潜在性的新错误时，不仅使软件可靠性下降，而且引起原研制人员不满；当维护的经费增加时，领导不满意；而维护人员取得的成绩，总是视为平平常常，理所当然，很难受到奖励。

值得注意，软件维护的生产率仅是开发生产率的1/40。这就是说，维护比开发困难得多，维护不易见成果。事实上，软件维护的生产效率模型可以表为

$$M = P + Ke^{-(c-d)},$$

其中P表示有效的生产性维护，实际的纠错工作；第二项表示非生产性维护，即阅读、理解或分析原来的设计方案、数据接口或程序设计思想等。K是一个经验常数；C是软件的可维护性指数，如果软件是一个良态软件，则C较大；d反映维护人员对软件的熟悉程度，若不熟悉，d就大。由此看来，当软件的可维护性很差，维护人员又不熟悉维护对象时，消耗会按指数增长。

5.3 软件的可维护性

读者已经从软件评价一节得知，可维护性是衡量软件质量的重要指标，它直接影响着软件维护中的消耗。怎样提高软件的可维护性呢?参考Kopetz提供的资料，作者认为研制工作对软件的可维护性的影响因素是

- 有无合格的软件人员；
- 算法设计的可理解性；
- 系统结构的清晰度和可扩充性；
- 数据结构的可理解性；
- 程序设计语言的标准化程序；
- 软件文档的完善性和规范化程度；
- 测试数例的合理性与完善性；
- 内部纠错功能；
- 开发环境与运行环境的一致性。

因此，我们必须做好软件研制阶段的各项工作，以提高未来软件的可维护性。

关于软件可维护性的定量估计是困难的。然而，我们可以通过定量记录维护活动的若干属性来间接评价正在维护的软件的可维护性，Gilb提供了一些与维护有关的时间消耗。

- 问题识别时间；
- 管理推迟的时间；
- 维护工具汇集的时间；
- 问题分析时间；
- 修改说明的时间；
- 修改程序的时间；
- 局部测试的时间；
- 整体测试的时间；
- 维护评审的时间；

• 总计恢复的时间。

通过把不同软件的类似的维护记录进行比较，可以间接地估计出它们的可维护性。

5.4 维 护 方 法

软件维护工作的事件流如图 8.4 所示。在使用期，维护软件的基本方法是：

• 建立专门的维护组织，指定专门的维护人员，特别是对于大型应用软件项目；

• 维护工作文本化，维持工作必须是可追踪的；

• 必须保持 1—2 套前期版本，以免后患；

• 建立专门的测试例题集。

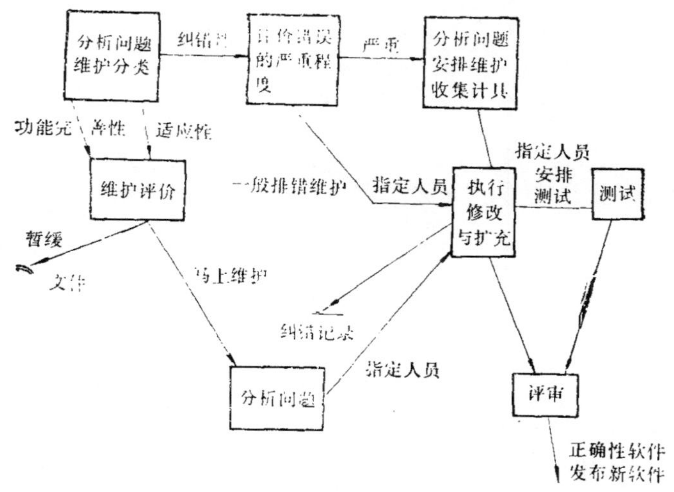

图 8.4 软件维护事件流

停止维护和销售就意味着软件退役，它暗示了软件生存期即将结束。退役了的软件不一定没人使用，只是没人维护。软件退役的原因一般是：原软件已经失去竞争力；原软件已经修改很多，从商业上考虑，用原名下如换新名；原软件错误太多，名声很坏，纠错更新后，换名会带来新的竞争力。目前，每年出现的新的应用软件有75%是通过维护旧软件而生成的。

结 束 语

软件工程是软件人员运用多种科学技术知识建造计算机化的知识密集型软件产品的过程，它给软件人员发挥创造性提供了无限的天地。无论是未来的软件工程环境，还是辅助软件开发的专家系统，以及最好的软件工程方法，都不能取代软件人员的创造性。未来的软件环境，决不是要我们软件人员坐等最优质的软件产品的自动生成；而是要我们软件人员有更高的素质，更卓越的创造性。未来世界对软件的需求，决不是“傻瓜型”的软件工程环境可以应付了的。新意义下的软件危机是长存的。未来的软件世界，需要我们永生为之奋斗！

参 考 文 献

[1] E. W. Dijkstra, Go To Statement Considered Harmful, Comm. ACM., Vol. 11, No. 3, 1968。

[2] E. W. Dijkstra, Notes on Structured Programming, Academic Press, New York, 1972。

[3] L.A.Lopez, POLO: Problem Oriented Language Organizer, Computer and Structures, Vol. 2, No. 4, 1972。

[4] L. A. Lopez, POLO II: User's Manual for Subsystem Generator, Department of Civil Eng. Univ. of Ilinois, 1973。

[5] J. Farley, Naming Structure and Madularity in Programming Languages, Uni. of California, Berkeley, Calif., Tech. Rpt. TR-17, Aug. 1973。

[6] H. D. Mills, Mathematical Foundations of Structured Programming, IBM Tech. Rep., 1973。

[7] D. J. Evans, Software for Numerical Mathematics, Academic Press, New York, 1974。

[8] 唐稚松，结构程序设计与结构程序设计语言.计算机应用与应用数学，12(上). 1975, 12 (中), 1976, 12 (下), 1977。

[9] N. Wirth, Algorithms+Data Structures=Program, Prentice-Hall, N. J., 1976。

[10] W. Cowell, Portability of Numerical Sotfware Workshop, Springer-Verlag, Heidelberg, 1976。

[11] E. W. Dijkstra, A Discipline of Programming, Prentice-Hall, N.J., 1976。

[12] P. Freeman, Software Reliability and Design: A Survey, Proc. 13th Design Automation Conf., IEEE, 1976。

[13] D. Teichroew and E. Hershey, PSL/PSA: A Computer Aided Techniques for Structured Documentation and Analysis of Information Processing System, IEEE Trans. on Soft. Eng., Vol. 3, No. 1, 1977。

[14] D. Ross and K. Schoman, Strucrured Analysis for Requirements Definition, 同上。

[15] J. R. Rice, Mathematical Software III, Academic Press, New York, 1977。

[16] 钟万勰，一个多用户的结构分析程序 JIGFIX (I), (II), 大连工学院学报, No.3, 4, 1977。

[17] H. D. Mills and R. C. Linger. On the Development on Large Reliable Programs, Current Trends in Programming Methodology, Vol. 1, 1977。

[18] D. E. Knuth, Structured Programming with Go To Statement, 同上。
[19] O. C. Zienkiewicz, The Finite Element Method, McGraw-Hill, New York, 1978。
[20] L. D. Fosdick, Numerical Software, IFIP TC 2.5, Working Conf. of Performance Evaluation of Numerical Software, North-Holland, Amsterdam, 1978。
[21] D. Jacobs, Numerical Software, Needs and Availability, Academic Press. New York, 1978。
[22] E. Yourdon, L. L. Constantine, Structured Design, Yourdon Press, 1978。
[23] G. J. Myers, The Art of Software Testing, John Wiley and Sons Inc., New York, 1979。
[24] Harry G. Schaeffer, MSC/NASTRAN Primer, Static and Normal Modes Analysis, Schaeffer Analysis, Inc., 1979。
[25] M. A. Henhell and L. M. Delves, Production and Assessment of Numerical Software, Conf. on Production and Assessment of Numerical Software, Liverpool, 1979, Academic Press, New York, 1979.
[26] R. F. Boisvert, J. R. Rice and E. N. Houstis, A System for Performance Evaluation of Partial Differerntial Equation Software, IEEE Trans. on Soft. Eng, SE5, 4, 1979。
[27] J. R. Rice, Methodology for Algorithm Selection Problem, Performance Evaluation of Numerical Software. Edited by L. D. Foscdick, North-Holland, Amsterdam, 1979。
[28] R. A. Adey, Engineering Software I, CMC, Southampton, Springer-Verlag, Heidelberg, 1979,
[29] C. Jones, A Survey of Programming Design and Specification Techniques, Proc. IEEE, Specification of Reliable Software, 1979。
[30] R. C. Linger, H. D. Mills and B. I. Witt, Structured Programming, Theory and Practices, Addison-Wesley, Massachusetts, 1979。
[31] GTICES System Laboratory, School of Civil Eng., Georgia Institute of Technology, Atlanta, Georgia 30332, USA。
[32] HAJIF研制组, HAJIF-I型的说明书, 航空科技, 1980。
[33] 崔俊芝, 计算机科技应用软件, 电子计算机动态, Vol. 18, No.8.1981。
[34] J. E. Samment, D. W. Waugh and R. W. Reiter, PDL/Ada A Design Language Based on Ada, Proc. of ACM Annual Conference, Nov. 1981。
[35] L. J. Peters, Software Design: Method and Techniques, Yourdon Press, 1981。
[36] B. W. Boehm, Software Engineering Economics, Prentice-Hall, N.J., 1981。
[37] R. Welland, Decision Tables and Computer Programming, Heyden and Son Ltd., 1981。
[38] IEEE Computer Society, Software Engineering Standards Application Workshop, IEEE, 1981。

[39] H. Williamson and S. Rohlfs, The User Interface Design Process, Proc. of Intern. Symp. on Comp. Message Sys., North-Holland, Amsterdam, 1981。
[40] Automatic Dynamic Incremental Nonlinear Analysis, User's Manual, Sep. 1981, ADINA Engineering Inc, 1981
[41] R. A. Adey, Engineering Software II, CMC, Southampton, Springer-Verlag, Heidelberg, 1981。
[42] J. G. Rice, Build Program Technigue, A Practical Approach for Development of Automatic Software Generation Systems, John Wiley, New York, 1981。
[43] IEEE Computer Society, Advances in Software Technology, Proc, Trends and Application 1981, National Bureau of Standards, Gaithersburg Maryland, New York, IEEE, C 1981。
[44] B. Manfred and S. Gunther, Theoretical Foundation of Programming Methodology, Lecture Notes of An Intern. Summer School, Directed by F. L. Bauer, 1981。
[45] C. A. Brebbia, A Handbook of Finite Element Systems, CML Pub. Ltd., Southampton, 1981。
[46] J. K. Reid, The Relationship Between Numerical Computation and Programming Languages, Proc. IFIP TC2, Working Conf. on RNCPL, USA, 1981。
[47] T. G. Lewis, Software Engineering, Analysis and Verification, Prentice-Hall, N. J. 1981。
[48] S. V. Pollack, Strutured FORTRAN 77 Programming, Boyd & Fraser Publishing Company, 1982。
[49] R. S. Pressman, Software Engineering: A Practitioner's Approach, McGraw-Hill, New York, 1982,
[50] D. Neel, Tools and Notions for Program Constructions: An Advanced Course, Cambridge Univ. Press, Cambridge, 1982。
[51] Intern. Seminars on Software Engineering, Theory and Practice of Software Technology, The Proceeding, 1982。
[52] N. Vosbury and J. Dingeldine, PDL User manual, SDC, 1982。
[53] 唐稚松，适应于多种程序设计方式的程序发展环境，计算机研究与发展，Vol. 19, No. 11, 1982。
[54] 仲华豪、冯玉琳，程序设计方法学，计算机研究与发展，Vol. 20, No. 3, 4, 1983。
[55] 何克清，“计算机软件工程学”，武汉大学出版社，1983。
[56] R.E.A.Mason, Information Processing 83, Proc. IEIP 9th World Computer Congress, Paris, 1983, North-Houand, Amsterdam。
[57] R. B. Hurley, Decision Tables in Software Engineering, Van Nostrand Reinhold Company, New York, 1983。
[58] K. P. Jacobsen, Fully Integrated Superelements: A Database Approach to Finite Element Analysis, Comp. & Struc., Vol. 16, No. 4, 1983。
[59] S. D. Rajan and M. A. Bhatli, Data Management in FEM-Base Op-

timization Software, Comp. & Struc., Vol. 16, No. 4, 1983。
[60] H. D. Mills, Software Productivity, Little Brown and Company, 1983。
[61] J. R. Rice, Numerical Methods, Software and Analysis, McGraw-Hill, New York, 1983。
[62] R. A. Adey, Engineering Software III, CMC, Southampton, Springer-Verlag, Heidelberg, 1983。
[63] 朱三元、计立奇、陈敏，国外软件工具研究综述，计算机应用与软件，Vol. 1, No.4,5,6, 1984。
[64] IEEE Computer Society, Tutorial on JSP & JSD: The Jackson Approach To Software Development, IEEE Computer Society Press, 1984。
[65] B.Boehm, etc, A Software Development for Improving Productivity, IEEE Computer, 6, 1984。
[66] E. L. Wilson and M. I. Hoit, A Computer Adaptive Language for the Development of Structure Analysis Programs, Comp. & Struc., Vol. 19, No. 3, 1984。
[67] W. Miller, The Engineering of Numerical Software, Prentice-Hall, New Jersey, 1984。
[68] A. I. Wasserman, Information System Design Methodology, Tutorial on Soft. Design Tech. 4th Edition by P. Freeman, A. I. Wasserman, IEEE Computer Society, 1984。
[69] G. Booch, Object-Oriented Design, 同上。
[70] 中国科学院计算中心四室二组，FEPS系统用户手册，中国科学院计算中心，1984。
[71] J. R. Rice and R. F. Boisvert, Solving Elliptic Problems Using ELLPACK, Springer-Verlag, New York, 1984。
[72] Cui Jun-Zhi, The Program and Data Organization of the Adaptive FEM Software, Proc, 2nd Intern. Conf. Comp. Civil Eng., Science Press, Beijing, 1985。
[73] Cui Jun-Zhi and Wang Shao-Hua, The Software Structure of BDP and Its Computational Method Organization, Proc. Intern. Conf. EPMESC, Macau, 5-9.Aug, 1985。
[74] 潘锦平，软件开发技术，上海科学技术出版社，1985。
[75] 董士海，PDL-软件设计的有效工具，计算机应用与软件，Vol. 2, No. 4, 1985。
[76] 刘键，程序模块划分的一种数学方法，计算机应用与软件，Vol. 2, No.6, 1985。
[77] E. Kant, Understanding and Automating Algorithm Design, IEEE Transaction on Soft. Eng., Ser. II, No. 11, 1985。
[78] 崔俊芝，有限元软件述评(一)、(二)，计算结构力学及其应用，Vol.2, No.4, 1985, Vol.3, No.1, 1986。
[79] D. R. Rehak and H. C. Howard, Interfacing Expert Systems with Design Data Bases in Integrated CAD System, CAD, Vol. 17, No. 9, 1985。

[80] R. D. Tavendale, A Technique for Prototyping Directly from a Specification, Proc. 8th Intern. Conf.on Soft. Eng., IEEE Comp. Society Press, 1985。
[81] R. E. Fairley, Software Engineering Concepts, McGraw-Hill, New York, 1985。
[82] D. N.Card, G. T. Page, etc, Criteria for Software Modularization, Proc. 8th Intern. Conf. on Soft. Eng, IEEE Comp. Society Press, 1985。
[83] M. Stephens and K. Whitehead, The Analyst-A Workstation for Analysis and Design, Proc. 8th Intern. Conf. on Soft. Eng., IEEE Comp. Society Press, 1985。
[84] I. Sommerville, Software Engineering, Addison-Wesley, Massachusetts, 1985。
[85] 周伯生,董士海,软件工程环境引论,计算机研究与发展, Vol.23,No.7,1986,
[86] A. Behforooz, O. P. Sharma, An Introduction to Computer Science: A Structured Problem-Solving Approach, Prentice-Hall, N. J. 1986。
[87] G. A. Pascoe, Element of Object-Oriented Programming, BYTE, Vol. 11, No. 8, 1986。
[88] S. Conte, H. Dunsmove and V. Shen, Software Engineering: Metrics and Models, Addison-Wesley, Massachusetts, 1986。
[89] 何克清、毋国庆、张亮, 程序设计方法 PAM, 计算机研究与发展, Vol.23, No.1, 1986。
[90] P. Klahr and D. K. Waterman, Expert System, Techniques, Tools and Application, Addison-Wesley, Massachusetts, 1986。
[91] R. J. K. Jacob, A Specification Language For Direct-Manipulation User Interfaces, ACM Trans.Graphics, 8, 1986。
[92] 黄如福等, 建筑工程设计软件包中的软件技术——POL 部分, 建筑科学, 2, 1986。
[93] J. Blank and M. J. Krijger, Software Engineering Methods and Techniques, Wiley-Interscience Publication, New York, 1987。
[94] D. V. Steward, Software Engineering with Systems Analysis and Design, Monlerey, Calif. Brooks/Cole, 1987。
[95] 余江, 软件开发的速成原型技术, 计算机科学, No.2, 1987。
[96] 陈火旺,王周敬,基于机构的规范语言与程序开发,计算机科学,No. 6,1987.
[97] 徐永嘉, 工程数据库的数据描述语言, 计算机工程, No.3, 1987。
[98] 徐龙山,软件工程和 PSL/PSA语言,计算机研究与发展,Vol.24,No.1,1987。
[99] D. Barstow, Artificial Intelligence and Software Engineering, Proc. of 9th Intern.Conf. on Software Eng., 1987。
[100] 徐献瑜、张绮霞, 数学软件与 STYR 系列, 软件工程进展, No.1, 1987。
[101] K.Matsumura, H.Mizutani and M. Arai, An Application of Structural Modeling of Software Requirement Analysis and Design, IEEE Trans. Soft. Eng., SE 13, No. 4, 1987。
[102] 雷朝宣, 结构模式和程序理解系统, 计算机科学, No.3, 1987。
[103] 吕天玲、何克清, 面向对象的设计方法, 计算机科学, No.4, 1987。

[104] 王远琦，软件设计中的几个心理陷阱，计算机科学，No.6，1987。
[105] P. Gorny and M. J Tauber, Visualization in Programming, Springer-Verlag, Heidelberg, 1987。
[106] D. Bjorner et al., VDM-87: VDM-A Formal Method at Work, Springer-Verlag, Heidelberg, 1987。
[107] A. Kelemenova and J. Kelemen, Trends, Techniques and Problems in Theoretical Computer Science, Springer-Verlag, Heidelberg, 1987。
[108] H. Mills, etc, Principles of Computer Programming: A Mathematical Approach, Allyn Bacon, Massachusetts, 1987。
[109] 李新，软件工程环境用户接口的形式描述与自动生成，计算机学报，Vol.11, No.10, 1988。
[110] 邢汉承，林阿龙，面向对象的程序设计语言，计算机工程，No.4, 1988。
[111] 仲萃豪，叶农，软件工程认知体系，计算机科学，No.1, 1988。
[112] 陈火旺，庞建民，直觉主义逻辑、类型理论与软件形式化开发，计算机科学，No.1, 1988。
[113] J. Woodcock and M. Loomes, Software Engineering Mathematics, Formal Methods Demystified, Pitman Publishing, London, 1988。
[114] 中国科学院计算中心，工程设计应用软件开发标准，中国石油化工总公司设计电算中心站，1988。
[115] Cui Jun-Zhi, The Methodology of Adaptive Algorithm Organization for Comprehensive Software, Proc. of Symp. on Scientific Software, May, 1989, China, Uni, of Science and Tech. Press, 1989。
[116] H. D. Mills, V. R. Basili etc, Mathematical Principles for Software Engineering, Issues in Software Engineering Education, Edited by Re. Fairley and P. Freeman, Springer-Verlag, Heidelbeirg, 1989。
[117] T. J. Biggerstaff, A. J. Perlis, Software Reusability, Vol. I Concepts and Models, Vol. 2, Application and Experience, ACM Press, 1989 。
[118] H. R. Hartson and D. Hix, Human-Computer Interface Development: Concepts and System for its Management, ACM Computing Surveys, Vol. 21, No. 1, 1989。
[119] L. R. Dykes and R. D.Cameron, Towards High-Level Editing in Syntax-based Editors, Soft. Eng. J., Vol. 5, No. 4, 1990。
[120] J. Desoi etc, A Graphical Environment for User-Interface Design and Development, Soft. Eng. J., Vol. 5, No. 5, 1990。
[121] A. L. Beltzer, Variational and Finite Element Methods, A Symbolic Computation Approach, Springer-Verlag, Heidelberg, 1990。
[122] 董士海，计算机软件工程环境和软件工具，科学出版社，1990。
[123] 仲萃豪，丁茂顺等，应用软件的开发方法，计算机科学，No.1, 1991。
[124] 崔俊芝，李明瑞、王寿梅，有限元方法软件环境的软件结构与技术，1991 计算数学天津会议论文集，1991。
[125] Cui Jun-Zhi, Li Mingrui and Wang Shoumei, The Standardized Techniques of SEFEM'S Algorithms and Datum, Proc.of Asian Pacific Conf. on Computional Mech. 11-13 Dec, 1991。

《计算方法丛书 · 典藏版》书目

1 样条函数方法 1979.6 李岳生 齐东旭 著
2 高维数值积分 1980.3 徐利治 周蕴时 著
3 快速数论变换 1980.10 孙 琦等 著
4 线性规划计算方法 1981.10 赵凤治 编著
5 样条函数与计算几何 1982.12 孙家昶 著
6 无约束最优化计算方法 1982.12 邓乃扬等 著
7 解数学物理问题的异步并行算法 1985.9 康立山等 著
8 矩阵扰动分析(第二版) 2001.11 孙继广 著
9 非线性方程组的数值解法 1987.7 李庆扬等 著
10 二维非定常流体力学数值方法 1987.10 李德元等 著
11 刚性常微分方程初值问题的数值解法 1987.11 费景高等 著
12 多元函数逼近 1988.6 王仁宏等 著
13 代数方程组和计算复杂性理论 1989.5 徐森林等 著
14 一维非定常流体力学 1990.8 周毓麟 著
15 椭圆边值问题的边界元分析 1991.5 祝家麟 著
16 约束最优化方法 1991.8 赵凤治等 著
17 双曲型守恒律方程及其差分方法 1991.11 应隆安等 著
18 线性代数方程组的迭代解法 1991.12 胡家赣 著
19 区域分解算法——偏微分方程数值解新技术 1992.5 吕 涛等 著
20 软件工程方法 1992.8 崔俊芝等 著
21 有限元结构分析并行计算 1994.4 周树荃等 著
22 非数值并行算法(第一册)模拟退火算法 1994.4 康立山等 著
23 非数值并行算法(第二册)遗传算法 1995.1 刘 勇等 著
24 矩阵与算子广义逆 1994.6 王国荣 著
25 偏微分方程并行有限差分方法 1994.9 张宝琳等 著
26 准确计算方法 1996.3 邓健新 著
27 最优化理论与方法 1997.1 袁亚湘 孙文瑜 著
28 黏性流体的混合有限分析解法 2000.1 李 炜 著
29 线性规划 2002.6 张建中等 著